Esta coleção tem como objetivo proporcionar textos que sejam acessíveis e de indiscutível seriedade e rigor, que retratem episódios e momentos marcantes da História, seus protagonistas, a construção das nações e as suas dinâmicas.

TUTANKAMON

TUTANKAMON
Faraó, Ícone, Enigma

AUTOR: Joyce Tyldesley

DIRETOR DA ALMEDINA BRASIL: Rodrigo Mentz
EDITOR: Marco Pace
EDITOR DE DESENVOLVIMENTO: Rafael Fulanetti
ASSISTENTES EDITORIAIS: Larissa Nogueira e Letícia Gabriella Batista
ESTAGIÁRIA DE PRODUÇÃO: Laura Roberti

TÍTULO ORIGINAL: *Tutankhamun – Pharoah, Icon, Enigma*
TRADUÇÃO: Jorge Pereirinha Pires
REVISÃO: André Morgado
DIAGRAMAÇÃO: Almedina
DESIGN DE CAPA: FBA
IMAGEM DE CAPA: O Faraó diante de Osíris. Pintura mural no túmulo de Tutankamon
© DEA / G. DAGLI ORTI / De Agostini / Getty Images

ISBN: XXXXXXXXXXXXX
Março, 2023

Dados Internacionais de Catalogação na Publicação (CIP)
(Câmara Brasileira do Livro, SP, Brasil)

Tyldesley, Joyce
Tutankamon : faraó, ícone, enigma / Joyce
Tyldesley. – 1. ed. – São Paulo : Edições 70,
2023.
ISBN 978-65-5427-074-8
1. Arqueologia - História 2. Egito - História'
I. Título.

23-148224 CDD-932

Índices para catálogo sistemático:

1. Egito Antigo : Civilização : História 932
Henrique Ribeiro Soares - Bibliotecário - CRB-8/9314

Este livro segue as regras do novo Acordo Ortográfico da Língua Portuguesa (1990).

EDITORA: Almedina Brasil
Rua José Maria Lisboa, 860, Conj.131 e 132, Jardim Paulista | 01423-001 São Paulo | Brasil
www.almedina.com.br

TUTANKAMON

JOYCE TYLDESLEY

FARAÓ
ÍCONE
ENIGMA

ÍNDICE

AGRADECIMENTOS

Muitas pessoas me ajudaram e encorajaram a escrever este livro. Em particular, gostaria de agradecer ao Dr. Paul Bahn, ao Dr. Robert Connolly, à professora Fayza Haikal, ao Dr. Meguid el Nahas, ao Dr. Nicky Nielsen e a James Wills. Estou particularmente grata ao Dr. Steven Snape, que forneceu muitas das traduções hieroglíficas usadas neste livro.

Na Headline Books, gostaria de agradecer a Georgina Polhill, Fiona Crosby, Iain MacGregor e Mark Handsley: todos os quatro mostraram uma grande paciência quando sucessivos acessos de fraca saúde ameaçaram o acabamento deste projeto. Finalmente, gostaria de agradecer aos estudantes *online* de Egiptologia da Universidade de Manchester os seus muitos anos de leal apoio e de estimulantes discussões.

TUTANKAMON EM CONTEXTO

Não é possível estudar Tutankamon — nem, na verdade, qualquer faraó — sem alguma compreensão da história, da geografia e das tradições do Antigo Egito. Esta secção preliminar proporciona a informação fundamental que irá sustentar a nossa investigação aprofundada sobre a vida e a morte de Tutankamon.

O período a que chamamos Época Dinástica — o período em que o Egito foi governado por um rei (hoje em dia conhecido como «faraó») — começou aproximadamente em 3100 a. C., com a unificação das cidades-estado independentes espalhadas ao longo do vale e do delta do Nilo, e terminou em 30 a. C., com o suicídio de Cleópatra VII e a absorção do Egito pelo Império Romano. Ao longo de três mil anos, os egípcios dinásticos desenvolveram uma função pública altamente eficiente, prodigiosas técnicas de construção, uma espetacular arte bi e tridimensional, um panteão de deuses e deusas, e uma sofisticada teologia da morte, que incluía a preservação do cadáver envolto em ligaduras, numa forma ainda semelhante à vida. Durante muito deste tempo, o Egito foi a nação mais rica e mais poderosa no mundo mediterrânico oriental.

Para o turista ocasional, o Egito dinástico poderá parecer perfeito, coerente e imutável do início até ao fim. Uma visita a um dos muitos cemitérios de elite revelará figuras quase idênticas desempenhando alegremente ações quase idênticas nas paredes de pedra; uma visita a um templo antigo revelará reis de pedra tridimensionais que se erguem altivos, orgulhosos e indistinguíveis para adorarem os deuses e as deusas, reverenciados por gerações de antepassados. A data desses monumentos parece quase imaterial. Terão quatro mil anos ou uns meros três mil?

Na verdade, não importa, porque são essencialmente os mesmos. Esta reconfortante sensação de se visitar um lugar simultaneamente isolado do mundo exterior e deixado intacto pelo tempo é evidentemente uma ilusão: a visão seletiva e sedutora que é oferecida por artistas dispostos a mostrarem os melhores e mais tradicionais aspetos da sua terra.

Um exame mais minucioso das provas escritas e arqueológicas torna claro que, na verdade, a vida mudou ao longo dos anos, com a introdução de novos povos, novas tecnologias, novas crenças e novas modas. Na sua maior parte, essas mudanças ocorreram gradualmente. Mas há períodos em que a mudança súbita — invasão ou guerra civil por exemplo — causou um sobressalto. Em 1352 a. C., a coroação do «rei herético» Akhenaton anunciou um desses sobressaltos: uma mudança teológica sem precedentes, que pôs em causa muitos séculos de certeza religiosa e levou a corte a transferir-se para um novo modo de vida e de morte numa nova cidade real. Foi nessa atmosfera de incerteza religiosa que Tutankamon nasceu.

Os sacerdotes do Egito estavam muito conscientes da passagem do tempo. Estavam encarregados de fazer ofertas regulares — muitas vezes a cada hora — aos deuses em nome do rei. Essas ofertas agradariam aos deuses, os quais, em agradecimento, permitiriam que o Egito e o rei prosperassem. A marcação precisa do tempo era, portanto, um assunto de grande importância. Os sacerdotes monitorizavam os movimentos do Sol e das estrelas para calcularem as horas, e mantinham a Lista do Rei — um extenso registo dos nomes reais e das durações de reinados que se estendia até à era mítica em que eram os deuses, em vez dos homens, que governavam o Egito — para registarem a passagem dos anos. Esses anos eram contados como ciclos repetidos de reinados, com cada novo rei a reiniciar o ciclo com um novo ano 1. Tutankamon datou os acontecimentos com referência ao seu próprio reinado: ano 3 do reinado de Tutankamon, ano 4 do reinado de Tutankamon, e assim por diante. Os egiptólogos usam frequentemente este antigo sistema; não para desconcertarem os não-especialistas, mas porque ele é extremamente preciso. Conseguimos ser muito precisos quando dizemos que um determinado jarro de vinho foi selado no ano 9 de Tutankamon, mas temos dificuldade em converter esse ano 9 ao nosso próprio calendário linear. O jarro de vinho foi selado em 1345 ou em 1346 a. C.?

A isto vem juntar-se uma camada adicional de complexidade quando um rei muda de nome. Akhenaton chegou ao trono como Amenotep IV, e o seu sucessor, Tutankamon, chegou ao trono como Tutankaton;

ambos mudaram de nome por razões religiosas pouco depois de tomarem posse.

Para que a vasta Lista do Rei pudesse ser gerida, os historiadores do final do período dinástico separaram os monarcas em «dinastias»: sucessivas linhagens de reis que estavam ligados, mas não eram necessariamente parentes consanguíneos. Em tempos mais recentes, essas dinastias foram agrupadas em períodos de governação centralizada (Reinos) interpolados por períodos de governação descentralizada ou de controlo estrangeiro (Períodos Intermédios):

Primeiro Período Dinástico (3100–2686 a. C.): dinastias I–II.
Reino Antigo (2686–2160 a. C.): dinastias III–VIII.
Primeiro Período Intermédio (2160–2055 a. C.): dinastias IX–XI (parte).
Reino Médio (2055–1650 a. C.): dinastias XI (parte)–XIII.
Segundo Período Intermédio (1650–1550 a. C.): dinastias XIV–XVII.
Novo Reino (1550–1069 a. C.): dinastias XVIII–XX.
Terceiro Período Intermédio (1069–664 a. C.): dinastias XXI–XV.
Período Tardio (664–332 a. C.): dinastias XXVI–XXXI.
Período Macedónio e Ptolemaico (332–30 a. C.).

Esta classificação está longe de ser perfeita e ignora as ricas complexidades da longa história do Egito. As divisões entre os reinos e os períodos não são de modo algum tão evidentes como o sistema sugere. Mas é uma classificação que acabou por ficar profundamente entranhada no pensamento egiptológico e não pode ser evitada. Por conseguinte, Tutankamon pertence ao final da XVIII dinastia. Segundo um sistema de datação diferente, mas igualmente problemático, ele governa o Egito durante o final da Idade do Bronze.

Os reis e as rainhas do final da XVIII dinastia, a família de Tutankamon e seus contemporâneos, são:

Tutmés IV (reinou de 1400 a 1390 a. C.) e rainha Nefertari.
Amenotep III (reinou de 1390 a 1352 a. C.) e rainha Tiy.
Amenotep IV/Akhenaton (reinou de 1352 a 1336 a. C.) e rainha Nefertiti.
Smenkhkare (reinou de 1338 a 1336 a. C.) e rainha Meritaton.
Tutankaton/Tutankamon (reinou de 1336 a 1327 a. C.) e rainha Ankhesenpaaton/Ankhesenamon.
Ay (reinou de 1327 a 1323 a. C.) e rainha Tiye.
Horemheb (reinou de 1323 a 1295 a. C.) e rainha Mutnodjmet.

O breve reinado de Smenkhkare coincide com o reinado de Akhenaton: parece que eles foram corregentes, com Smenkhkare a desfrutar de um breve reinado a solo ou a falecer antes de conseguir uma governação independente. As rainhas Tiy (consorte de Amenotep III) e Tiye (consorte de Ay) têm o mesmo nome: escrevi-o de formas diferentes para distinguir as duas. Ay não nasceu na realeza, mas poderá ter estado ligado à família real pela sua irmã (que foi, talvez, a rainha Tiy) e pela filha (que foi, talvez, a rainha Nefertiti). Também Horemheb era um plebeu, mas a esposa dele, Mutnodjmet, poderá ter sido irmã de Nefertiti com um nome idêntico. O seu reinado assinala o fim da XVIII dinastia. O rei seguinte, o seu amigo e colega Ramsés I (reinou de 1295 a 1294 a. C.), é classificado como o primeiro rei da XIX dinastia. Sucedeu-lhe o filho, Seti I (reinou de 1294 a 1279 a. C.), e o neto, Ramsés II (reinou de 1279 a 1213 a. C.), hoje em dia popularmente conhecido como «O Grande Ramsés». Os primeiros reis raméssidas estão, portanto, mais intimamente ligados aos reis de Amarna do que talvez gostassem que nós soubéssemos.

A família de Tutankamon inclui alguns dos personagens mais conhecidos do mundo antigo. Akhenaton e Nefertiti, em especial, fascinaram os historiadores durante mais de um século; ele pelas suas incomparáveis convicções religiosas, e ela inicialmente pela sua grande beleza, e mais recentemente pelo poder político que se lhe reconhece. Cada um deles deixou arte tão impressionante que é instantaneamente reconhecível três mil anos após as suas mortes. Ao período em que o «herético» Akhenaton governou o Egito a partir da sua cidade, isolada e construída de propósito, foi dado um nome moderno: a Época de Amarna.

É impossível contar a história de Tutankamon sem referirmos esses seus antecedentes de Amarna. No entanto, as histórias da vida de Amarna ameaçam constantemente sobrepor-se à própria história de Tutankamon, ao ponto de ele correr o risco de se tornar uma mera nota de rodapé na sua própria biografia. Neste livro, eu deixei que Tutankamon assumisse o centro do palco, recordando-o não como ele é muitas vezes visto — um trágico menino-rei sepultado com uma vasta quantidade de objetos fúnebres em ouro —, mas como ele gostaria de ter sido lembrado. O meu Tutankamon é um faraó tradicional nascido em tempos difíceis, que procura restaurar a ordem numa terra deixada ao abandono. Governa o Egito durante dez anos pacíficos e está prestes a alcançar as suas ambições quando a morte intervém.

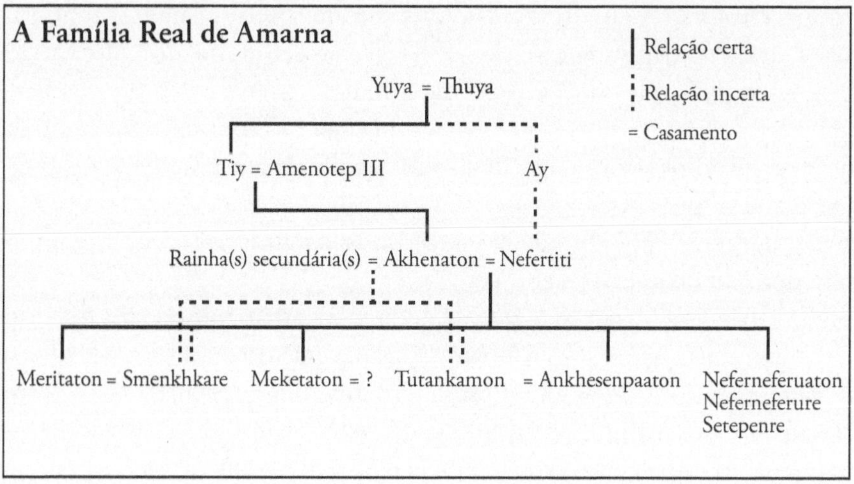

O Egito de Tutankamon

Tutankamon herdou uma terra com duas metades muito diferentes, unidas por uma dependência: «O Rio». O Rio entrava no Egito pelo sul, na cidade fronteiriça de Assuão e corria para norte durante 900 quilómetros até se dividir em múltiplos braços e se escoar no mar Mediterrâneo. É difícil sobrestimar-se a importância dele. O Rio trazia água e prosperidade para uma região que fora isso era árida, permitindo que as pessoas pescassem, caçassem, criassem animais e cultivassem comida, linho e papiro. Servia como via pública, lavadouro e esgoto, e proporcionava a lama espessa que era necessária para se criar olaria, bem como um interminável abastecimento de tijolos. Hoje em dia, o Rio é mais conhecido como o Nilo.

O norte do Egito, ou Baixo Egito, era o amplo e raso delta do Nilo: uma húmida extensão de campos, canais e pauis de papiros cuja extensa linha costeira e a ponte terrestre do Sinai proporcionavam ligações ao vasto mundo mediterrânico. A cidade principal, Ineb-Hedj, ou «Muralhas Brancas» (hoje em dia mais conhecida como Mênfis), ocupava uma localização estrategicamente importante na junção do Alto e Baixo Egito, perto da moderna Cairo. Mênfis foi fundada na época da unificação e continuou a ser importante ao longo de toda a Época Dinástica. Durante o Novo Reino, foi um significativo centro de comércio internacional, com navios vindos do Mediterrâneo oriental a chegarem através do braço Pelusíaco do Nilo, para ali descarregarem cobre, madeira e resina; e recolherem cereais, vidro e ouro egípcio. Os burocratas que viviam e trabalhavam em Mênfis construíram impressionantes túmulos de pedra no vizinho cemitério de Sacara; o cemitério que alberga as primeiras pirâmides do Egito. O principal deus de Mênfis era o amortalhado artífice-criador Ptah. No seu apogeu, o complexo do templo de Ptah era uma visão magnífica, com templos maiores e menores, santuários mais pequenos, portões monumentais, avenidas processionais e lagos sagrados. Hoje em dia, a maior parte da antiga Mênfis, incluindo o templo de Ptah, já desapareceu.

O sul do Egito, ou Alto Egito, era o longo e estreito vale do Nilo. Era um território mais quente e seco à beira do Rio. Construíam-se casas de tijolos de lama para os vivos à beira do solo fértil que bordejava o Rio — a Terra Negra — e construíam-se casas de pedra para os mortos no vasto e inóspito deserto — a Terra Vermelha —, que ficava para além disso. A cidade principal, Waset, conhecida pelos locais simplesmente como «A Cidade» (e mais conhecida hoje em dia como a antiga Tebas ou a moderna Luxor), devia o seu elevado estatuto aos governantes locais que uniram o Egito após o Primeiro e o Segundo Períodos Intermédios e que, subsequentemente, usaram a riqueza de que dispunham para desenvolverem a sua cidade natal e promoverem os deuses locais. Muita da Tebas da XVIII dinastia foi construída na margem oriental do Nilo, ao redor e entre os complexos de templos de Karnak e de Luxor. Hoje em dia, esta antiga cidade está quase inteiramente perdida sob a moderna cidade de Luxor. O principal deus de Tebas era Amon, «O Oculto», que se fundira com o deus-sol para formar a divindade composta Amon-Ra. Era adorado no seu extenso complexo de templos de Karnak e, modestamente velado para proteger a sua secreta pessoa, fazia trajetos regulares pelas ruas, viajando para sul até ao templo de Luxor na celebração anual do festival Opet, ou vogando pelo Rio para ir visitar os templos mortuários reais que ornavam a orla do deserto.

Situada na margem oriental do Nilo, a meio caminho entre Tebas e Mênfis, Aketaton, ou «Horizonte de Aton», foi a novíssima cidade real construída em terreno virgem pelo antecessor de Tutankamon, Akhenaton. Hoje em dia, Aketaton é mais conhecida como Amarna ou el-Amarna. A Amarna preservada na arte de Akhenaton é uma cidade-jardim cheia de palácios, de templos solares e de árvores: uma cidade de luz e de pessoas felizes. A Amarna preservada pela arqueologia é um lugar muitíssimo mais sombrio: uma cidade onde as crianças trabalham nos estaleiros de construção, os pobres passam fome e a elite é forçada a abandonar a sua tradicional expectativa de uma vida além da morte. Tutankamon nasceu em Amarna: é aí que a sua história começa.

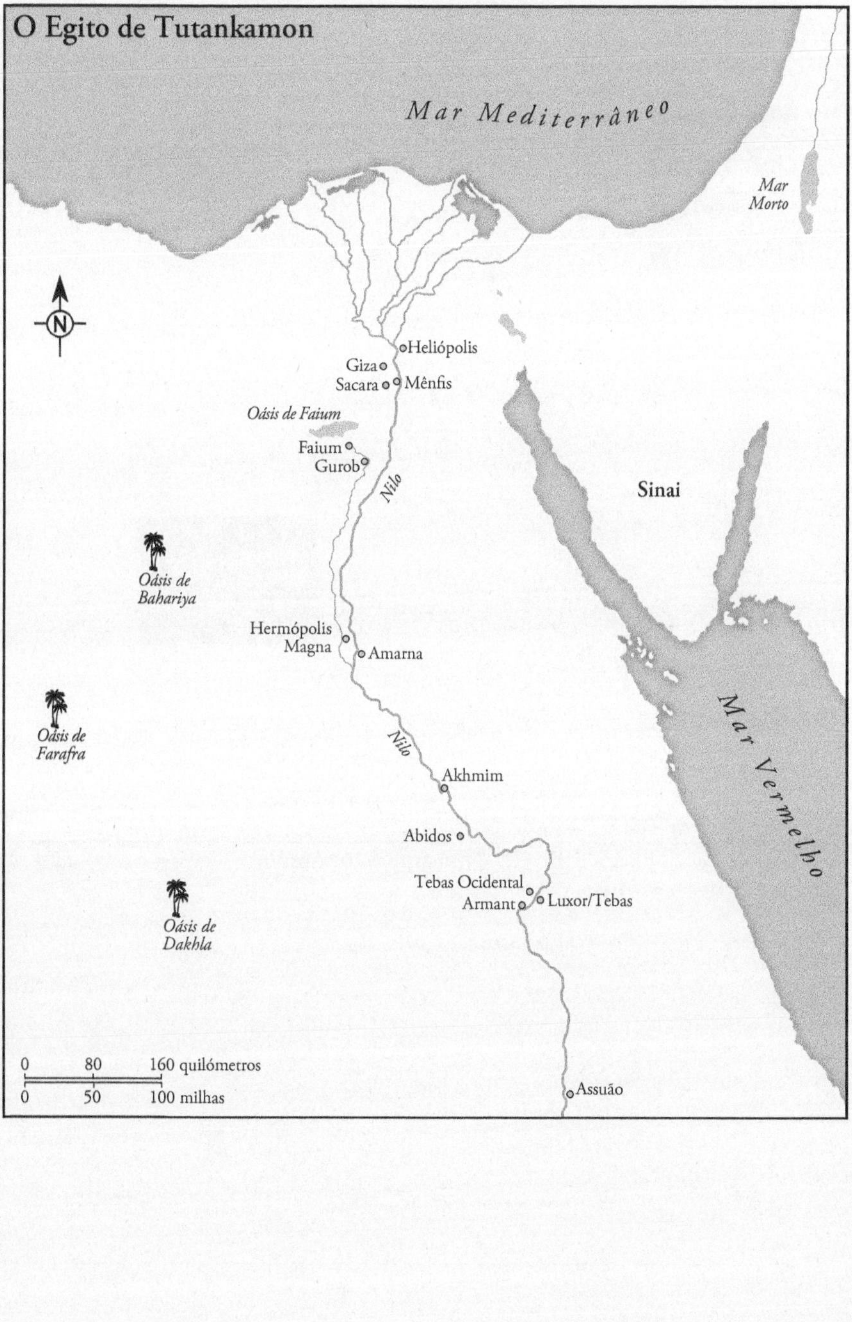
O Egito de Tutankamon
Mar Mediterrâneo
Mar Morto
N
Heliópolis
Giza
Sacara
Mênfis
Oásis de Faium
Faium
Gurob
Nilo
Sinai
Oásis de Bahariya
Hermópolis Magna
Amarna
Oásis de Farafra
Nilo
Mar Vermelho
Akhmim
Abidos
Tebas Ocidental
Armant
Luxor/Tebas
Oásis de Dakhla
0 80 160 quilómetros
0 50 100 milhas
Assuão

Vale dos Reis

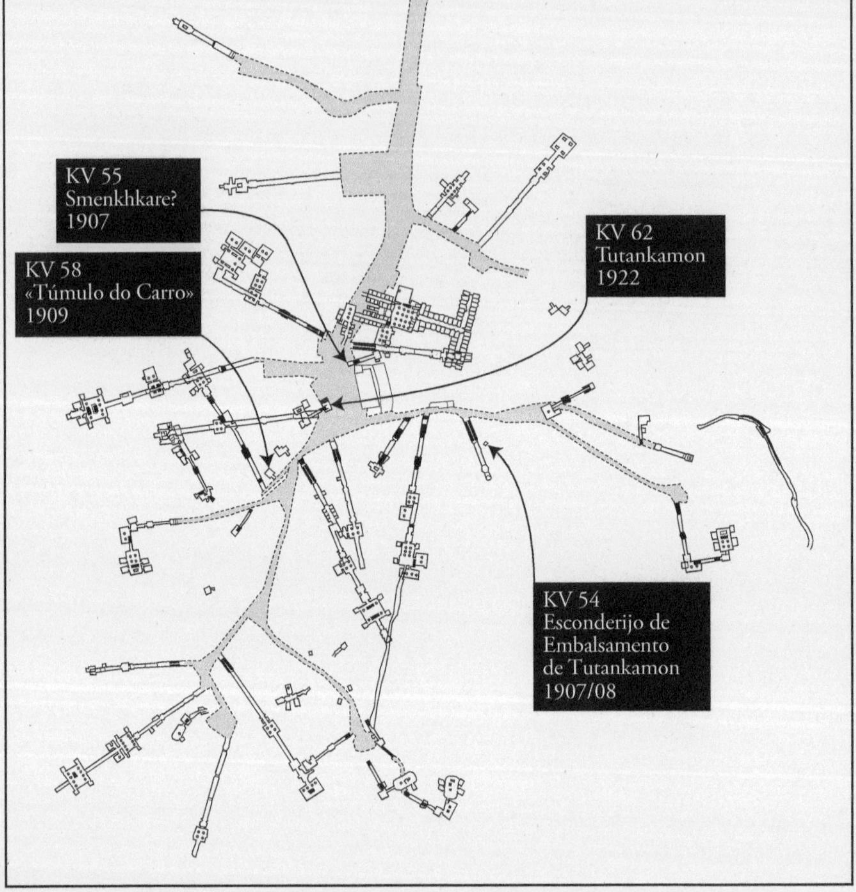

Corte transversal do Vale dos Reis, mostrando o túmulo de Tutankamon e do KV55

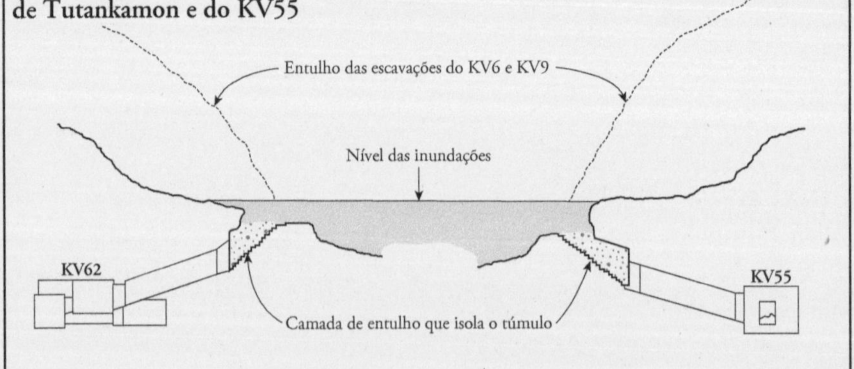

Os números dos túmulos e das múmias

Durante muitos séculos, os reis do Reino Antigo e do Reino Médio construíram magníficas pirâmides em cemitérios desertos do norte do Egito. Os reis da XVIII dinastia quebraram essa tradição e começaram a talhar os seus túmulos nas rochas do remoto Vale dos Reis, na margem ocidental do Nilo, em frente à cidade de Tebas. Foi atribuído a cada um dos túmulos um número sequencial KV. Os túmulos do Vale Ocidental, uma derivação do Vale Oriental dos Reis, ou vale principal, receberam números intermutáveis WV ou KV, pelo que o túmulo de Amenotep III pode ser designado como KV22 ou WV22. Somente vinte e cinco dos túmulos KV são túmulos reais. Outros foram construídos para a elite egípcia que não pertencia à realeza, enquanto outros nem sequer são túmulos. O mesmo sistema é aplicado em toda a vasta necrópole tebana, sendo atribuídos aos túmulos na baía Deir el-Bahri números específicos DB, e recebendo outros túmulos uma numeração mais generalista TT (túmulos tebanos).

Em 1922, o túmulo de Tutankamon recebeu o número seguinte na sequência, tornando-se o KV62. Desde então foram descobertos dois túmulos: o KV63 (descoberto em 2005) é uma câmara de armazenamento ou oficina de mumificação e o KV64 (descoberto em 2011) pertenceu originalmente a uma mulher desconhecida da XVIII dinastia, mas foi saqueado e usurpado durante a XXII dinastia.

O número do túmulo pode ser usado para identificar qualquer múmia anónima encontrada no interior desse túmulo específico. Assim, por exemplo, do túmulo-oficina KV55 do Vale dos Reis proveio o muito discutido homem anónimo que é conhecido simplesmente como múmia KV55, ao passo que da jazida do túmulo KV35, o túmulo original de Amenotep III, provieram, entre outras, as múmias femininas conhecidas como KV35EL (a «Senhora Idosa») e KV35YL (a «Senhora Mais Nova»). Todas estas três múmias aparecem na história de Tutankamon.

O túmulo de Tutankamon é constituído por quatro câmaras, uma curta passagem e um lanço de escadas. Os nomes usados para descrever as câmaras — Antecâmara, Anexo, Câmara Fúnebre e Tesouro (originalmente chamada a Arrecadação) — não são os nomes que Tutankamon teria reconhecido, mas nomes modernos potencialmente enganadores que foram usados pelos escavadores.

A cada um dos artigos da sepultura, ou grupos de artigos, foi atribuído um número de referência antes de serem removidos do túmulo.

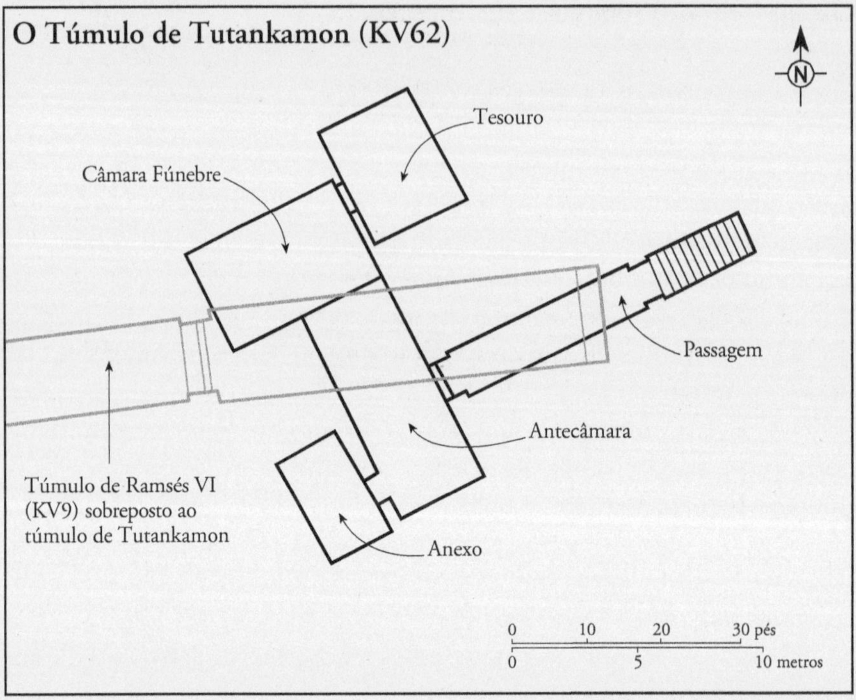

A alguns também foi dado um nome moderno, o que em muitos casos tem igualmente potencial para nos iludir: uma característica cadeira de ébano entalhado com um assento recurvo (n.º 351), por exemplo, é conhecida hoje em dia como «trono eclesiástico» simplesmente porque fez lembrar a Howard Carter os cadeirões usados pelos bispos modernos, ao passo que uma vasilha de alabastro em forma de lótus com duas asas passou a ser a «taça dos desejos» (n.º 14) porque a inscrição que ela ostenta exprime um anseio por uma vida pacífica depois da morte: «Que o teu espírito viva, que tu despendas milhões de anos, tu que amas Tebas, sentado com teu rosto voltado para o vento norte, teus olhos contemplando a felicidade.» Os números de referência foram atribuídos aos objetos fúnebres enquanto a equipa de escavação ia progredindo pelo interior do túmulo da seguinte forma:

1–3: Exterior do túmulo e escadaria;
4: Primeira porta;
5–12: Passagem;
13: Segunda porta;
14–170: Antecâmara;

171: Bloqueio do Anexo;
172–260: Câmara Fúnebre (a múmia de Tutankamon é o n.º 256);
261–336: Tesouro;
337–620: Anexo.

Estes números de referência serão usados para indicar artefactos específicos ao longo deste livro.

Após trabalho de conservação no Vale dos Reis, a vasta maioria dos objetos fúnebres foi transferida para o Museu do Cairo, indo o material botânico para o Museu Agrícola do Cairo. Em 2020–2021, foram gradualmente transferidos para o Grande Museu Egípcio em Gizé. A maioria das múmias reais da XVIII dinastia está agora albergada no Museu Nacional da Civilização Egípcia. Tutankamon, porém, ainda jaz no seu túmulo do Vale dos Reis.

PRÓLOGO

(PELO MENOS) DUAS HISTÓRIAS DE UM REI

Tutankamon sabia que a morte não tinha de ser o fim da sua vida. Enquanto rei morto, dispunha de diversas opções entusiasmantes. Poderia fundir-se com o amortalhado rei Osíris, para governar os defuntos que executavam trabalhos agrícolas no Campo dos Juncos. Ou poderia juntar-se à equipa do barco solar de Ra, para ir combater os demónios noturnos que ameaçavam impedir o Sol de se erguer. Poderia até tornar-se uma estrela, cintilando eternamente no profundo céu azul. Mas também sabia que tais futuros estavam longe de ser garantidos. Para alcançar alguma vida depois da morte, Tutankamon tinha de ser recordado. Se viesse a ser esquecido — se todos os seus vestígios fossem eliminados do mundo dos vivos —, sofreria uma segunda morte, da qual não podia haver retorno. Era um destino demasiado horrível para ficar confiado ao acaso. Ao longo do reinado, Tutankamon trabalhou de forma a impor a sua presença no território para que a sua história pudesse ser lembrada pelas gerações vindouras. Dez anos, porém, não foram suficientes. Tutankamon faleceu inesperadamente jovem, com as suas ambições por cumprir. Não foi um prudente planeamento, mas antes uma sucessão de acontecimentos imprevistos, bem como um inesperado aguaceiro, que lhe permitiram tornar-se o rei do Egito mais bem lembrado.

Tutankamon deixou não uma, mas duas histórias muito diferentes, separadas por mais de três mil anos. A primeira, contada na primeira e mais longa parte deste livro, é a história que ele próprio haveria de reconhecer; a biografia do rei enquanto viveu, a sua morte e o seu funeral. É, infelizmente, uma história que carece severamente de pormenores.

Na falta de quaisquer registos oficiais do seu reinado, e sem disporem de testemunhos oculares que acrescentassem alguma personalidade aos povos da Antiguidade, os egiptólogos foram obrigados a fazerem de detetives. A vida de Tutankamon foi reconstruída como uma série de acontecimentos desarticulados usando indícios respigados da arqueologia, da arte e de casuísticas inscrições monumentais. As lacunas de informação foram preenchidas com especulação informada e, de vez em quando, com pensamentos esperançosos. À medida que foram surgindo novas provas, esses dados fragmentários foram reavaliados e rearranjados a fim de produzir uma nova versão da mesma história. Tendo ensinado egiptologia em diferentes níveis durante muitos anos, sei que alguns leitores acharão frustrante esta falta de um enredo claro e verão a discussão minuciosa dos pormenores como não passando de umas ninharias académicas. Este livro é escrito para aqueles que veem a história egípcia como um desafio intelectual e que apreciam a oportunidade de passar as provas pelo crivo, detetar indícios significativos e usá-los para reconstruírem a sua própria versão do passado. Para tais leitores a incerteza — a sensação de uma história prestes a ser revelada — contribui para o júbilo de se estudar o mundo antigo.

É óbvio que as descrições mais antigas da vida de Tutankamon — relatos escritos antes da descoberta do túmulo e antes de se desembrulhar a sua múmia — estarão desatualizadas e serão enganadoras. É muito menos óbvio que as «biografias» escritas no passado mais recente possam contar histórias muito diferentes. Enquanto um egiptólogo poderá acreditar que Tutankamon era filho do poderoso faraó Amenotep III, um outro poderá defender, de forma convincente, que ele era filho do rei herético Akhenaton, e um terceiro, apoiado por estimulantes provas, poderá classificá-lo como filho do umbroso corregente de Akhenaton, Smenkhkare. Enquanto a mãe de Tutankamon poderá com igual validade ser selecionada a partir de uma lista que inclui, sem se limitar a elas, as rainhas Tiy e Nefertiti, as princesas Meritaton e Meketaton, a secundária rainha Kiya ou Tadukhepa, nascida no estrangeiro, que, tendo sido enviada para o Egito para desposar Amenotep III, sobreviveu ao noivo e casou-se com o seu filho. Para acrescentar uma camada adicional de complexidade, houve quem sugerisse que Nefertiti ou Kiya poderiam na verdade ser Tadukhepa. Esta falta de certezas acerca de acontecimentos fundamentais continua ao longo da vida de Tutankamon — qual foi o seu caminho até ao trono? Terá governado em Amarna? Combateu no campo de batalha? Coxeava? — e até à sua morte, que já foi atribuída à tuberculose, à malária, a homicídio, a feridas em combate, a um acidente com uma quadriga em alta velocidade ou a espezinhamento por um hipopótamo.

A minha própria abordagem à história de Tutankamon baseia-se vagamente no princípio da Navalha de Occam: «as entidades não devem ser multiplicadas para além do que é necessário», ou, sendo as restantes coisas iguais, a explicação mais simples é normalmente a mais correta. Confrontada com duas ou mais teorias em competição, eu tendo a aceitar a que for mais clara. Apliquei esta abordagem ao longo de todo o livro, mas destaquei as áreas em que outros optam legitimamente por uma visão diferente e, por vezes, fiz perguntas para as quais, de momento, não há resposta.

Embora possam ser escassas e desarticuladas, as provas deixam uma coisa clara. Tutankamon esteve longe de ser um rei típico. Nascido em Amarna — a cidade isolada construída por Akhenaton —, foi educado para adorar somente um deus: o disco solar conhecido como Aton. Ao longo da infância de Tutankamon, Aton verteu a sua luz vivificante sobre o rei do Egito, habilitando-o a governar como um ser semidivino. Os deuses tradicionais do estado, relegados para as sombras, apenas podiam assistir. A elite, aqueles que rodeavam o rei, também era forçada a assistir enquanto, lenta e inexoravelmente, o poder real ia perdendo importância no interior das fronteiras do Egito e em todo o império para além delas. A morte de Akhenaton conduziu a sua experiência religiosa a um final abrupto. Não fizera o suficiente para persuadir a corte de que Aton proporcionava o caminho para a verdadeira iluminação. E assim, com a ajuda dos respetivos conselheiros, Tutankamon dedicou o reinado à restauração dos gloriosos dias pré-Amarna: dias que ele era demasiado novo para haver experimentado.

Dez anos após ter herdado o embaciado trono, muito tinha sido cumprido, e, com Amarna abandonada, o panteão restabelecido, a necrópole real reaberta e o exército prestes a conseguir as vitórias que lhe assegurariam o império, parecia que Tutankamon estava destinado a tornar-se um dos grandes faraós. Foi então que uma expedição mal planeada conduziu tudo a um final abrupto. Enquanto o Egito carpia o rei perdido, a família real desfez-se sob a pressão de encontrar um sucessor adequado. A era dos reis-sol havia terminado: estava prestes a começar a era dos reis-guerreiros.

A outra história de Tutankamon, que é contada na segunda e mais breve parte deste livro, é a história muito mais bem documentada da descoberta e escavação do seu túmulo, e da reinvenção do rei que se seguiu à sua ressurreição. Em novembro de 1922, uma equipa de egiptólogos britânicos, financiada por lorde Carnarvon e dirigida por Howard Carter, decidiu-se a descobrir o mal recordado rei da XVIII dinastia, Tutankamon. Esperavam encontrar um cortesão idoso que, tendo obtido a coroa por matrimónio na família real, falecera pouco depois devido à idade avançada. Em vez disso, para sua grande surpresa, descobriram um «menino-rei» deitado num leito de caixões dourados e rodeado por uns espantosos 5398 objetos fúnebres. A escavação por eles levada a cabo suscitou um interesse público global sem precedentes em Tutankamon e nos seus elaborados preparativos para a morte, o qual, promovido por ocasionais exposições itinerantes de objetos fúnebres, autênticos e réplicas, continuou até hoje.

Na sua narrativa tradicional, esta descoberta é uma história épica de aventura, de morte súbita e de ouro cintilante, em que o arqueólogo surge como um herói que luta para revelar o passado a um mundo admirador. Mas nem toda a gente encarou a escavação como um triunfo. Já durante os anos 1920, muitos começavam a pôr em causa a fácil pretensão, por parte do arqueólogo, de ter o direito divino de visitar uma terra estrangeira e arrancar um jovem — não um jovem qualquer, mas um rei — não apenas ao seu túmulo, mas às ligaduras que lhe garantiam a vida além da morte. Entretanto, excluído da escavação, o povo egípcio apenas pôde ficar a assistir enquanto a cultura ocidental, primeiro, absorveu Tutankamon como um dos seus e, depois, começou a discutir sobre o que havia feito. À medida que foram surgindo discussões a respeito da propriedade de Tutankamon e dos seus objetos fúnebres — pertenceria ele ao mundo, ao povo egípcio ou ao lorde Carnarvon? —, a imprensa começou a pôr em causa a sensatez de se escavar o que eles haviam identificado como «um túmulo amaldiçoado». Era certamente uma perigosa interferência com o oculto, da qual não poderia advir bem algum.

Infelizmente, Carter morreu antes de poder completar a publicação formal, académica, do túmulo e do conteúdo, deixando apenas três livros de divulgação e uma profusão de relatos de variável exatidão em diários e em jornais para contar a história da sua grande aventura. Os objetos fúnebres de Tutankamon estão guardados no Museu do Cairo e, no momento em que escrevo, prestes a ser transferidos para o novo Grande Museu Egípcio localizado perto das pirâmides de Gizé, onde serão exibidos em esplêndidas galerias dotadas das mais modernas condições. Há trinta anos, quando eu comecei a escrever sobre o Antigo

Egito, isso tê-los-ia tornado inacessíveis à maior parte do mundo. Nesses tempos pré-Internet, os recursos ficavam confinados a museus e a bibliotecas especializadas, pelo que o estudo do Antigo Egito era efetivamente restrito aos que tinham a sorte de viver perto desses recursos, ou de serem suficientemente ricos para os irem visitar. Hoje em dia, a Internet permite cada vez mais que todos visitem os museus e as bibliotecas, para examinarem artefactos específicos e para investigarem o material arquivado. O Instituto Griffith da Universidade de Oxford deu aqui um esplêndido exemplo, ao tornar os registos da escavação de Tutankamon — o arquivo de Howard Carter (notas, cartões, fotografias e diapositivos para lanterna), os diários de Arthur Mace, as notas tomadas por Alfred Lucas e a fotografia de Tutankamon feita por Harry Burton — livremente acessíveis na exposição em linha *Tutankamon: Anatomia de Uma Escavação.*[1] A minha esperança é que os leitores, inspirados por Tutankamon, venham a aceder a esse arquivo, examinem as fotografias e usem os registos originais para, a partir do conforto do lar, procederem à sua própria reescavação do túmulo. Para ajudar nessa pesquisa privada, forneci os números de referência de Carter para os importantes objetos fúnebres discutidos ao longo do livro.

A morte de uma pessoa jovem é sempre um choque, mesmo que essa morte tenha ocorrido há milhares de anos. Queremos saber o que aconteceu: como é que as coisas podem ter corrido tão mal? Por conseguinte, não é surpreendente que, embora os objetos fúnebres de Tutankamon continuem, na sua maioria, por investigar e por publicar, o corpo tenha sido sujeito a quatro grandes investigações médicas. Em 1925, uma equipa liderada pelo anatomista e professor Douglas Derry conduziu o primeiro desempacotamento e autópsia da múmia, mas não conseguiu radiografar os restos mortais. Em 1968, Tutankamon foi reexaminado e radiografado por uma equipa da Universidade de Liverpool liderada pelo anatomista e professor Ronald Harrison. Uma década mais tarde, o Dr. James Harris, um dentista da Universidade do Michigan, liderou um terceiro exame, concentrando-se na cabeça e nos dentes do rei.

A mais recente fase da investigação, conduzida pelo Conselho Supremo de Antiguidades (agora Ministério das Antiguidades) sob a liderança do egiptólogo e secretário-geral do Conselho Supremo de Antiguidades, Dr. Zahi Hawass, foi a primeira a obter autorização para remover o corpo do rei do seu túmulo, o que permitiu à equipa trabalhar longe do olhar curioso dos turistas. O trabalho teve início em 2005 com uma autópsia virtual que recorreu às mais recentes técnicas de imagiologia e progrediu para a amostragem de ADN e para uma tentativa de definir a árvore genealógica de Tutankamon. Os resultados dessas investigações foram disseminados e discutidos, tendo em particular os resultados de ADN suscitado um animado debate entre egiptólogos e cientistas. Apesar dos títulos dramáticos — de que «O Rei Tut, a Rainha Nefertiti e a sua Incestuosa Árvore Genealógica» será um dos exemplos mais comedidos — muitos especialistas acreditam que ainda não estamos perto de provar qual a família em que Tutankamon nasceu.[2] Devido à sua natureza contenciosa, apresentei as provas de ADN da família de Tutankamon separadamente, como epílogo do Capítulo 10.

Já foram escritos muitos livros sobre Tutankamon, a sua vida, a morte e a vida além-túmulo. Ainda haverá espaço para mais? Acredito firmemente que sim. Claro que, sendo autora de dois livros que têm Tutankamon como tema, sou propensa a pensar assim. Mas, examinando objetivamente as evidências, é claro que a sua história continua em evolução; evolui tanto em termos das provas arqueológicas e textuais que continuam a emergir, como em termos do prisma cultural pelo qual observamos essas provas. Há uma década, escrevi sobre Tutankamon centrando-me na escavação do túmulo e no desenvolvimento do mito da sua maldição. Dez anos mais tarde, posso apresentar evidências que me permitem concentrar bastante mais na vida e na época de Tutankamon. Ainda conto a história da sua vida além-túmulo — a vida pós-escavação —, mas embora tenha incluído material suficiente para explicar por completo a história da descoberta aos que não estão familiarizados com ela (com um pedido de desculpas aos leitores que sentem que já recebeu atenção suficiente de mim e de outros autores), os pormenores da descoberta propriamente dita foram reduzidos, dado que são menos relevantes para o próprio rei.

Nem toda a gente concorda que Tutankamon merece este nível de escrutínio pormenorizado. No entanto, a objeção muitas vezes levantada pelos egiptólogos profissionais, de que Tutankamon é um rei insignificante que não merece toda esta atenção — de que ele, de certa forma, desvia as atenções, as quais deveriam estar concentradas em reis que conseguiram muito mais e, sendo assim, persuade-se erroneamente o grande público quanto à sua importância — falha o essencial. Quer gostemos ou não, o «rei Tut» é uma celebridade do mundo antigo e, como sucede com todas as celebridades, o mundo moderno está ávido de ler mais acerca dele. Se aqueles que sabem mais sobre o Antigo Egito se afastam de Tutankamon com um fastidioso estremecimento, os livros serão escritos de qualquer modo, por aqueles que sabem muito menos.

Ponho em causa a noção de que Tutankamon é insignificante, seja na vida ou na morte. Tutankamon iniciou o reinado como um menino sob o controlo dos seus conselheiros e dos membros da família, e terminou-o como o homem mais influente do mundo mediterrânico na Idade do Bronze. Desapareceu durante três mil anos, depois reapareceu como um embaixador do mundo antigo, inspirando o mundo moderno a saber mais acerca do passado glorioso do Egito. As ocasionais exposições itinerantes dos seus objetos fúnebres e dos artefactos associados (autênticos e réplicas) geraram um rendimento muito precioso para o Egito e incrementaram a indústria do turismo, que tem uma importância vital no país: uma indústria que em 2019, antes da covid-19, gerou mais de 13 mil milhões de dólares.[3] Há hoje em dia muitos egiptólogos profissionais a trabalharem em museus e em universidades do Reino Unido que admitirão terem sido inspirados pela exposição itinerante de Tutankamon, em 1972, e pelas publicações e documentários de alta qualidade que a acompanharam. Sei isso porque sou uma dessas pessoas.

Tutankamon, mais do que qualquer outro rei egípcio, alcançou a frequentemente expressa ambição de ser lembrado para sempre. A minha esperança é que ele seja lembrado com toda a exatidão e minúcia com que merece sê-lo.

PARTE 1

TEBAS, 1336 A. C.

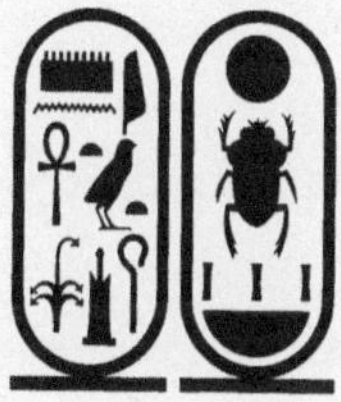

1

A HISTÓRIA DO PRÍNCIPE:
A FAMÍLIA E A VIDA ANTERIOR DE TUTANKATON

Num extenso poema, gravado na parede de um túmulo privado, o rei «herético» Akhenaton dirige-se ao seu deus e explica:

> A terra torna-se luminosa quando te ergues no horizonte e brilhas como Aton durante o dia. Dissipas a escuridão quando lanças os teus raios. As Duas Terras são uma celebração de luz, despertas e direitas agora que as acordaste. Os seus corpos são limpos e vestidos enquanto erguem os braços adorando a tua ascensão.
>
> Agora toda a terra começa a trabalhar. Todos os rebanhos estão contentes com os seus pastos, as árvores e as plantas crescem. As aves levantam voo dos ninhos, de asas estendidas em louvor do teu *ka*. Todos os rebanhos saltitam sobre as pernas e tudo o que voa e se empoleira vive quando te ergues para eles. Navios vogam para o norte e para o sul, e todas as estradas se abrem com a tua ascensão. Os peixes no rio saltam diante de ti, pois os teus raios estão no meio do mar.[4]

Cinquenta anos após a morte de Tutankamon, o rei Seti I, que nasceu plebeu, gravou uma cópia da Lista do Rei na parede do seu templo de Abidos, para garantir que ficaria eternamente associado aos seus ilustres «antepassados». Deveria ser fácil para nós visitar Abidos, consultar a lista de Seti, identificar Tutankamon e estabelecer os reinados do final da XVIII dinastia. Infelizmente, a egiptologia raramente é assim tão simples. Seti, que considerava Tutankamon e a família imediata uns heréticos indesejáveis, fez com que fossem impiedosamente extirpados da história do Egito. A lista dos reis que mandou fazer salta do respeitado

Amenotep III para o igualmente respeitado Horemheb, omitindo todos os reinados entre ambos. O poder mágico da escrita hieroglífica era tão forte que esses reinados nunca haviam existido. Contudo, ninguém podia eliminar todos os vestígios dos reis — Akhenaton, Smenkhkare, Tutankamon e Ay — da sua terra. Sendo-lhe negado o reconhecimento oficial, a história de Tutankamon sobreviveu, sem uma narrativa contínua, em fragmentos de arqueologia, na arte e em inscrições monumentais espalhadas por todo o Egito. Para reconstruirmos a sua vida e a sua morte, temos de reunir essas provas e juntá-las umas às outras.

Quando, em 1352 a. C., Amenotep III morreu, após trinta e oito anos pacíficos e amplamente rotineiros no trono, o seu filho Amenotep herdou a coroa, tornando-se Neferkheperure Waenre (*As transformações de Ra são perfeitas, o que é único de Ra*) Amenotep IV. O jovem Amenotep foi a segunda escolha; o irmão mais velho, Tutmés, fora educado para vir a ser rei, mas falecera algures durante a terceira década de reinado do pai. Os vestígios sobre a vida de Tutmés enquanto príncipe herdeiro são limitados. No entanto, uma pequena estatueta de xisto permite-nos entrevê--lo, semiprostrado e vestido com o saiote, o cabelo apanhado de um lado e o manto de pele de leopardo de um sacerdote, enquanto tritura ritualmente cereais para o grande Ptah de Mênfis. As inscrições gravadas em torno da figura apresentam-no como «[...] o Filho do Rei, o Sacerdote Tutmés [...]. Eu sou o servo deste nobre deus; o seu moleiro [...]». O sarcófago de calcário do gato de estimação dele, Ta-Miu (*O Gato*) confirma a sua plena e derradeira titularidade como «Príncipe Herdeiro, Supervisor dos Sacerdotes do Alto e Baixo Egito, Alto Sacerdote de Ptah em Mênfis e Sacerdote de Ptah». Finalmente, uma segunda estatueta de xisto mostra-o como uma múmia amortalhada, deitada num ataúde.[5] O túmulo de Tutmés nunca foi encontrado, e não podemos dizer mais acerca dele.

Amenotep IV iniciou o seu reinado como um rei inteiramente típico da XVIII dinastia, coroado pelo deus Amon-Ra e governando a partir dos dois centros administrativos de Mênfis, no norte, e de Tebas, no sul. Enquanto os operários lhe começavam a talhar o túmulo no Vale Ocidental, a derivação do Vale dos Reis onde o seu pai agora jazia, os trabalhos de construção prosseguiam no complexo de templos de Amon-Ra, em Karnak, e em redor deste. Amenotep demonstrou aqui a intenção de preservar o *maat* — o estado ideal das coisas — completando os projetos inacabados do pai. Porém, três anos depois da sua coroação, Amenotep havia voltado as costas ao panteão tradicional e dedicara a vida ao serviço de um deus: um antigo, mas até então insignificante ser solar conhecido como «O Disco», ou «Aton». Amenotep (*Amon está satisfeito*) tornara-se Akhenaton (*Espírito Vivo de Aton*). Para agradar ao seu deus, Akhenaton fundou uma cidade real em solo virgem, a meio caminho entre Tebas e Mênfis. Chamou à cidade Aketaton (*Horizonte de Aton*); hoje em dia mais conhecida como Amarna ou el-Amarna. O período de não mais de vinte anos em que o Egito foi governado a partir de Amarna é conhecido como a Época de Amarna ou o Período de Amarna.

Os egiptólogos têm uma tendência para isolar e embelezar este breve período, concentrando-se na nova cidade e na sua religião única e vendo-a como algo muito diferente dos períodos anteriores e dos que ainda estavam por vir. Esta foi de facto uma época muito diferente, e essa diferença afetou diretamente tanto a elite que rodeava Akhenaton, como as pessoas vulgares que foram forçadas a deslocar-se para a cidade de Amarna a fim de irem trabalhar para o rei e o seu deus. No entanto, para a vasta maioria da população, os camponeses que viviam nos lugares e nas aldeias do vale e do delta do Nilo, a vida durante a Época de Amarna prosseguiu praticamente como antes.

A cidade de Akhenaton, tal como a sua religião, vieram a revelar-se insustentáveis. Ambas foram rapidamente abandonadas após o seu falecimento. Embora a arquitetura doméstica de tijolos de lama — as casas, os palácios e os gabinetes — se tenha degradado até formar um valioso solo fértil, que em tempos modernos viria a ser espalhado sobre os campos, arruinando a estratigrafia arqueológica, milhares de blocos de pedra com inscrições do templo de Amarna foram saqueados e incorporados nos edifícios sagrados da vizinha cidade de Hermópolis Magna (a moderna Ashmunein). Esta reciclagem estava longe de ser invulgar; era muito mais fácil desmontar os antigos edifícios do que talhar e transportar pedra nova, e ao longo de toda a Época Dinástica foram incorporados rotineiramente blocos mais antigos nos novos edifícios, com as faces já inscritas viradas para dentro. É num desses blocos do templo, já reciclados e muito danificados, que encontramos as nossas primeiras menções a um príncipe chamado Tutankaton (*Imagem Viva de Aton*), que é descrito como «O filho do rei do seu corpo, seu amado».[6] Poucos anos após se talhar essa inscrição, Tutankaton mudaria o seu nome e a sua obediência religiosa para se tornar Tutankamon (*Imagem Viva do Amon*). Seria ele que poria fim à experiência de Amarna.

Os reis do Egito celebravam os seus maiores triunfos em pedra. Batalhas épicas, lucrativas expedições comerciais, obras de construção sem precedente, generosos atos de devoção aos deuses: tudo isso e mais era comemorado em extensas inscrições hieroglíficas e em extravagantes ilustrações talhadas e pintadas em múltiplas paredes dos templos. Akhenaton celebrou, por conseguinte, a sua nova cidade numa série de inscrições e de estátuas associadas que foram talhadas nos rochedos de ambas as margens do Nilo ao redor de Amarna. A sua «Estela dos Limites» conta a história da fundação da cidade, define os limites e até inclui uma breve menção à sua crescente família de irmãs:

> Aton dá vida eternamente e o meu coração rejubila na esposa do rei juntamente com a sua prole, que faz a esposa do rei Neferneferuaton Nefertiti chegar à velhice nestes milhões de anos [...] estando ela ao cuidado do faraó, e que faz a filha do rei Meritaton e a filha do rei Meketaton chegarem à velhice, estando elas ao cuidado da esposa do rei, mãe delas, para sempre [...].[7]

No entanto, as inscrições não se tornam mais pessoais do que isto. Os reis da XVIII dinastia não partilhavam os pormenores mais íntimos das vidas privadas nos monumentos públicos, e os nascimentos das suas filhas não foram anunciados. Sabemos das seis filhas que viriam a nascer de Akhenaton e da sua consorte, Nefertiti, porque, em quantidade cada vez maior, elas aparecem com os respetivos pais em imagens e em grupos de estátuas que preenchiam a cidade de Amarna. Esta arte oficial deixa claro que Akhenaton estava rodeado de mulheres que o apoiavam em todos os seus empreendimentos. Mas os filhos — os potenciais futuros reis — foram excluídos da arte oficial e, para todos os intentos e propósitos, são invisíveis para nós. Com demasiada frequência, o nosso primeiro avistamento de um príncipe egípcio ocorre quando este sai das sombras para assumir o papel de príncipe herdeiro, ou de rei-por-vir. Foi o que aconteceu ao jovem Akhenaton. Enquanto as suas quatro irmãs surgem postadas ao lado dos pais em décadas de arte oficial, ele está representado em algumas cenas com o pai, que provavelmente foram gravadas após a morte do velho rei, além de um rótulo de jarro de vinho que refere «propriedade de Amenotep, verdadeiro filho do rei». O súbito e inexplicável aparecimento de Tutankaton em Amarna, numa idade em que ele poderia ter-se tornado o herdeiro ao trono oficialmente reconhecido, está longe de ser invulgar.

Se quisermos saber mais acerca do nascimento do jovem príncipe, temos de deixar Amarna e viajar para sul, para Tebas. Aqui, escondida das vistas na margem ocidental do Nilo, está a remota necrópole real conhecida como Vale dos Reis. Embora o pequeno túmulo de Tutankamon estivesse celebremente recheado por uma vasta quantidade de «coisas maravilhosas» — artefactos sagrados e mágicos para ajudar o falecido rei a atingir a vida além-túmulo, relíquias familiares, bens pessoais e objetos mais práticos da vida quotidiana que lhe permitiriam viver confortavelmente após a morte —, foi, num aspeto importante, um grande desapontamento. Não continha nenhum escrito informativo. Como foi o primeiro túmulo real substancialmente intacto a ser descoberto no Vale, os escavadores não sabiam ao certo o que esperar, mas contavam encontrar um relato escrito do reinado de Tutankamon, pormenores da vida privada e, porventura, uma explicação para o regime herético de Akhenaton. Infelizmente, não havia quaisquer documentos pessoais ou únicos, nenhuma correspondência diplomática e nenhuma informação que permitisse a criação de uma árvore genealógica. A maior desilusão de todas, uma «caixa de papiros», à qual os arqueólogos haviam chamado com muito otimismo «a biblioteca de Tutankamon», veio a revelar ser uma coleção de panos de linho desbotados.

O túmulo, porém, continha pistas indiretas para a idade e a identidade de Tutankamon. Incluído entre os objetos fúnebres de ouro estava um sortido de simples cântaros de vinho. Alguns tinham sido quebrados pelos sacerdotes que rechearam o túmulo e pelas várias quadrilhas de ladrões que haviam tentado esvaziá-lo, mas muitos deles estavam completos e rotulados com pormenores da colheita, da vinha, do vinhateiro, do tipo de vinho e — o que é crucial — com o ano do reinado. A partir desses rótulos ficámos a saber que no ano 9 um grande vinhateiro chamado Sennefer, que trabalhava na vinha conhecida como «Casa de Tutankamon governante do Alto Egito Heliópolis [Tebas], vida! prosperidade! saúde! Do Rio Ocidental», instruiu os seus trabalhadores para encherem um cântaro com uma bebida descrita, algo em vão, como «vinho» (n.º 541). Sennefer deu-nos o ano de reinado mais bem confirmado de Tutankamon. Podemos assumir razoavelmente que um cântaro contendo «vinho de boa qualidade», datado do ano 10 de um rei por nomear, também foi enchido durante o reinado de Tutankamon, mas um cântaro igualmente anónimo de simples «vinho» do ano 31 deve ter sido selado durante o reinado invulgarmente longo de Amenotep III.[8]

Deitado na câmara fúnebre no centro do seu túmulo, protegido por sucessivas camadas de ligaduras e sudários de linho, três caixões dourados embutidos uns nos outros, um sarcófago de pedra e quatro relicários de madeira dourada, o corpo de Tutankamon preservou as provas forenses que viriam a revelar a sua idade quando morreu. Os dentes — a presença ou ausência deles — podem ajudar enormemente a determinar a idade da morte, já que o seu desenvolvimento é menos suscetível de ser afetado por fatores como a malnutrição e as doenças que possam ter algum impacto no desenvolvimento do esqueleto. Durante a autópsia de 1925, porém, o anatomista Douglas Derry descobriu que a boca de Tutankamon tinha ficado acidentalmente colada pelas resinas e pelos unguentos vertidos sobre a cabeça da múmia durante o ritual fúnebre. Isso deixava os dentes inacessíveis. Para evitar danificar o rosto de Tutankamon forçando a abertura da boca, Derry cortou uma abertura na cabeça dele, por baixo do queixo. Este estrago foi posteriormente reparado com resina e hoje em dia é invisível a olho nu. Derry pôde então ver que os dentes do siso superiores e inferiores de Tutankamon «tinham acabado de romper na gengiva e atingido cerca de metade da altura do 2.º molar. Os do lado esquerdo não se puderam ver com facilidade, mas pareciam estar na mesma fase de erupção».[9] Essa prova dentária, combinada com um exame visual das epífises (as placas que crescem na extremidade dos grandes ossos), levaram-no a sugerir que Tutankamon tinha morrido entre os dezassete e os dezanove anos de idade, um diagnóstico que posteriormente foi confirmado pela consideração da erupção dos seus terceiros molares usando radiografias e tomografias computorizadas.

Se o adolescente Tutankamon tinha governado o Egito durante não menos de dez anos, deveria ter herdado o trono quando era uma criança com cerca de oito anos de idade. O próprio Akhenaton desfrutou de dezassete anos no trono; a duração do reinado é evidenciada por dois rótulos em cântaros, um dos quais tem o rótulo original «Ano 17: mel» substituído pelo rótulo «Ano 1: vinho» do anónimo rei seguinte.[10] Como não existem provas de um extenso intervalo entre a morte de Akhenaton e a ascensão ao trono de Tutankaton/Tutankamon, podemos concluir que Tutankamon nasceu provavelmente durante o ano 9 de Akhenaton e, como por essa altura Akhenaton já mudara a sua família para Amarna, podemos deduzir que ele nasceu em Amarna.

Podem recolher-se mais provas sobre o menino-rei se vasculharmos os caixotes e as arcas que enchiam as câmaras exteriores do túmulo. Tutankamon foi sepultado com um grande sortido de roupas feitas de linho fiado à mão, e tão finas que os arqueólogos tiveram dificuldade em replicar a sua qualidade. Havia túnicas com e sem mangas, xailes, cintos e cinturões, luvas, coberturas de cabeça e peúgas com abertura separada para o dedo grande de modo a permitir que ele as usasse com as suas sandálias. Os acessórios de couro incluíam sapatos, sandálias e as tristemente confundidas tangas da biblioteca (havia pelo menos 145; os exemplares mais danificados foram considerados demasiado estragados para se conservarem e deitados fora). Havia até aquilo que parecia ser um «manequim»: um modelo de madeira do rei coroado, sem braços e sem pernas, que Howard Carter assumiu ser usado para exibir as roupas e a joalharia (n.º 116). Não se tratava de um guarda-roupa desenhado especificamente para o túmulo: a análise têxtil revelou ínfimos sinais de desgaste e de lavagens, o que confirmou que aquelas roupas foram efetivamente usadas pelo rei em vida.

Uma rápida olhadela a qualquer túmulo decorado da elite da XVIII dinastia mostrará adultos vestidos com reluzente linho branco e crianças de todas as classes despidas e quase calvas. É assim que muitos de nós imaginamos a vida no Antigo Egito. O vestuário de Tutankamon, porém, revela um mundo bastante mais elaborado e colorido: um mundo em que as túnicas reais podiam ficar tão pesadas com franjamentos, tapeçarias, apliques, bordados, contas e lantejoulas que não podiam ser usadas todos os dias. Os arqueólogos que esvaziaram o túmulo ficaram confusos e saltaram para a conclusão — porventura inevitável para um grupo de homens do início do século XX — de que alguns dos trajes mais elaborados teriam sido vestuário feminino. Assim, um «manto cerimonial» — um simples retângulo de tecido franjado com um buraco redondo para o pescoço, inteiramente decorado com contas de vidro azuis e verdes e lantejoulas de ouro espalmado (n.º 21d) — foi oficialmente classificado no registo de Carter da seguinte maneira:

> Este traje padrão deveria pertencer a uma mulher. Tal como outros no caixote, poderá ter sido um traje de criança. É concebível que o rei, quando criança, possa ter sido vestido como uma rapariga em algumas ocasiões — compare-se com o moderno costume da circuncisão, ou de o rapaz usar roupas de menina para evitar o mau-olhado.

O pequeno traje, que mede aproximadamente 80 x 50 centímetros, pode ser comparado com uma «camisa» de homem, também recuperada no túmulo, que media 138 x 103 centímetros. Era, como notaram os escavadores, apenas um dos vários trajes com tamanho de criança que estavam guardados dentro da elaboradamente decorada «Caixa

Pintada» da Antecâmara (n.º 21). Para grande surpresa de Carter, esses eram os trajes de um menino-rei:

> A nossa primeira ideia foi que o rei poderia ter mantido guardadas as roupas que usara enquanto menino; mas mais tarde, num dos cintos, e nas lantejoulas de uma das vestes, encontrámos a cartela real. Ele deve, portanto, tê-las vestido após se ter tornado rei, de onde parece decorrer que era um rapaz bastante novo quando ascendeu ao trono.[11]

Uma vez que parece improvável que um Tutankamon já crescido tenha querido enfiar-se numas vestes miniaturais, temos de perguntar porque é que o seu guarda-roupa de infância foi arrumado para a vida além-túmulo. Aqui podemos estabelecer uma útil comparação com as roupas de linho usadas todos os dias para vestir as estátuas dos deuses nos templos. Entendia-se que essas vestes absorviam uma forma de divindade a partir das estátuas, o que as tornava imensamente valiosas. Ao que parece, também as roupas vestidas pelos reis absorviam uma aura de «realeza» e de semidivindade que as tornava impossíveis de descartar.

Tutankamon também levou para o túmulo as joias de infância. Os seus tesouros incluíam brincos que, durante a sua vida, foram usados por mulheres e por crianças, mas não por homens adultos. O amplo (7,5 mm) furo vazio no lóbulo da orelha esquerda de Tutankamon resulta provavelmente de uma infância passada a usar tachões na orelha. Podemos assumir razoavelmente que teria havido um furo semelhante no lóbulo da sua orelha direita, mas esta perdeu-se durante a autópsia. As orelhas no caixão interior de Tutankamon, bem como na sua máscara dourada, também tinham furos para brincos, mas esses buracos foram posteriormente cobertos com uns pequenos discos dourados, possivelmente para indicar que o rei deixara de ter idade para joias infantis. Entretanto, uma caixa vazia, cujo rótulo foi traduzido por Carter como «madeixa de cabelo lateral (?) do rei quando menino», sugeria que Tutankamon poderia ter guardado a elaborada trança que as crianças da elite usavam num lado da sua cabeça rapada (n.º 575 ou n.º 494).[12] Infelizmente, a tradução de Carter é inexata e a palavra que ele traduziu como «madeixa de cabelo lateral» refere-se mais provavelmente a uma sacola de linho.

Quanto às hesitantes ideias de Carter acerca de uma elaborada cerimónia de circuncisão — um rito de passagem que assinalaria, porventura, a transição de criança para homem —, não existe nenhuma prova de que isso fosse prática comum no Antigo Egito. Textos e imagens ocasionais sugerem que alguns homens eram circuncidados, mas muitas múmias, incluindo múmias reais, não o são. Vários anos após ter sido descoberto o «manto cerimonial», Derry conseguiu examinar os órgãos genitais rapados de Tutankamon durante a autópsia. Descobriu, com certa surpresa, que embora o escroto do rei tivesse sido espalmado contra o seu períneo, o pénis, com 5 centímetros de comprimento, fora ligado e colado com resina de forma a dar-lhe uma ereção permanente, com quase 90 graus. Isso teria encorajado a sexualidade e fertilidade eternas de Tutankamon — um importante aspeto da vida além-túmulo do homem egípcio — ligando-o simultaneamente ao Osíris mumificado, um deus tão fértil que gerou o seu filho Hórus após a própria morte. Derry não conseguiu determinar se Tutankamon tinha sido circuncidado.

Como frequentemente acontece com os artigos relacionados com Tutankamon, o pénis veio a desenvolver a sua própria minimitologia. As fotografias confirmam que, separado do corpo, mas com o escroto acoplado, ele estava presente quando o corpo autopsiado de Tutankamon foi deitado num tabuleiro de areia e substituído no seu sarcófago. Mas depois desapareceu. Durante muito tempo aceitou-se que o pénis tinha sido roubado, provavelmente durante a Segunda Guerra Mundial, quando a segurança no Vale dos Reis era frouxa. Isso levou a acusações de negligência grosseira, a muita especulação sobre o seu paradeiro (as tropas estrangeiras foram um útil bode expiatório), e a muitos trocadilhos infelizes que se referiam à perda das «joias da coroa». Em 1968, Harrison descobriu o membro desaparecido entre a lã de algodão que estava solta por baixo do tabuleiro de areia e, em vez de tentar recolocá-lo no devido sítio, deixou-o noutro ponto da areia. Novamente perdido, o pénis foi redescoberto durante o mais recente exame ao corpo do rei.

As provas obtidas no túmulo permitem-nos imaginar a sombra de um rapazinho postado sob o calor do sol de Amarna, vestido com uns trajes elaborados, mas desconfortavelmente pesados, e usando os tachões de orelhas e a trança lateral, que indicavam que, embora ele estivesse prestes a tornar-se um ser divino, continuava a ser praticamente um menino. Uma imagem altamente estilizada dessa mesma criança pode ser vista numa caixa de perfume com incrustações de ouro que foi descoberta na Câmara Fúnebre, a parte mais sagrada do túmulo (n.º 240 bis).[13] A caixa tem a forma de uma dupla cártula — o dispositivo hieroglífico que representa um nó de corda contornando o nome de trono e o nome de nascimento do rei — postada num pedestal, e cada cártula é encimada por um disco solar e por plumas duplas (a tampa). Como está decorada à frente e atrás existem quatro cártulas, cada uma delas apresentando o nome de trono de Tutankamon: Nebkheperure (*Senhor das Manifestações de Re*). Na sua escrita habitual, o elemento «Kheperu» do nome seria representada pelo escaravelho e por mais três linhas. Aqui, porém, o escaravelho foi substituído por uma figura agachada do próprio Tutankamon. As quatro imagens são subtilmente diferentes, e já foi sugerido que as diferentes cores desses rostos, que variam do claro para o escuro, poderão representar o rei em quatro diferentes fases da sua existência: menino-rei, rei adulto, rei morto e rei renascido. Mas o facto de dois dos Tutankamons usarem uma elaborada trança lateral (os outros dois usam coroas) confunde esta sequência e poderá acontecer que estejamos a olhar para apenas duas fases — Tutankamon comparado com o rei vivo (Hórus) e com o rei morto (Osíris). Seja como for que interpretemos estas imagens, é evidente que elas não são retratos autênticos, no sentido em que os entendemos hoje em dia.

Os jovens reis não tomam os seus tronos pela força: herdam-nos. O túmulo de Tutankamon confirma que ele nasceu filho ou neto de um rei, mas, o que é frustrante, não nos diz de que rei seria. O mais óbvio candidato ao papel de pai de Tutankamon tem de ser Akhenaton, o rei que governava na época em que Tutankamon nasceu. No entanto, Tutankamon deixou duas provas fortuitas que nos encorajam a duvidar dessa paternidade. A primeira é a dedicatória no cabo de um instrumento astronómico de madeira que designa o «pai do seu pai» como Tutmés IV.[14] Tutmés IV foi o pai de Amenotep III, e o avô de Akhenaton. A segunda é uma inscrição na base de um dos «Leões de Prudhoe»: um par de leões deitados, feitos em granito vermelho durante a XVIII dinastia, originalmente encomendados por Amenotep III para o seu templo núbio de Soleb, e mais tarde reinscritos por Tutankamon.[15] Aqui, Tutankamon descreve-se como «Aquele que renovou o monumento para seu pai, o rei do Alto e Baixo Egito, Senhor das Duas Terras, Nebmaatre, imagem de Re, Filho de Re, Amenotep Governante de Tebas.»

Tutankamon parece estar a reclamar Amenotep como seu pai: o que faria dele o irmão mais novo de Akhenaton. À primeira vista, isso parece impossível, já que sabemos que Akhenaton governou durante dezassete anos. No entanto, Amenotep III talvez pudesse ter deixado um filho de oito anos governar após o seu filho mais velho, Akhenaton, se ele próprio estivesse vivo durante o reinado de Akhenaton. Estaremos perante uma extensa corregência Amenotep III–Akhenaton, com cada um dos reis a usar a suas próprias datas, de modo que o ano 1 de Akhenaton poderia ter sido o ano 29 de Amenotep? Como as corregências são raras na XVIII dinastia, e é improvável que nove anos de governação conjunta tivessem ficado completamente ausentes dos registos, isso parece altamente improvável.

Feliz mas confusamente, não precisamos de ler as declarações de Tutankamon de forma literal. A língua egípcia era altamente flexível e, tal como hoje em dia, podemos usar os termos «irmão» e «irmã» tanto para descrever parentes diretos como para descrever amigos, também a palavra egípcia para «pai» podia ser usada para descrever uma variedade de homens relacionados: um pai autêntico, um avô, um bisavô ou um antepassado mais indireto, enquanto «filho» também podia ser usado para indicar um genro ou um neto. Tutankamon não está a reclamar ser o autêntico filho de Amenotep III, mas a alinhar-se deliberadamente com o seu distinto avô e com o seu igualmente distinto bisavô, e, ao fazê-lo, distancia-se do seu muito menos distinto pai.

Tal como Akhenaton, à semelhança de todos os reis do Egito, teve muitas esposas, também Tutankamon tem muitas mães potenciais. Se tudo corresse como planeado, a sua mãe era a consorte do pai, a grande esposa real Nefertiti. Como ela era a esposa na família real nuclear (o rei, a consorte e os filhos de ambos), foi aceite que o filho de Nefertiti viria a herdar o trono do pai. Porém, se Nefertiti não conseguisse produzir um herdeiro, Akhenaton procuraria entre o harém para encontrar o sucessor. Tal ocorrência estava longe de ser invulgar. O próprio pai de Akhenaton, Amenotep III, fora filho de uma rainha do harém chamada Mutemwia, enquanto o seu pai fora filho de uma rainha do harém chamada Tia.

Embora saibamos que Nefertiti deu à luz seis filhas vivas, não existem provas de que alguma vez tenha dado à luz um filho ou filhos. Isso não significa, evidentemente, que o não tenha feito; já vimos que os filhos reais tinham o potencial de se manterem invisíveis ao longo dos reinados dos seus pais. Podemos calcular aproximadamente os nascimentos das seis filhas de Nefertiti a partir das aparições delas na arte do pai. Este sistema está longe de ser perfeito — há muitas razões pelas quais uma filha poderia ser excluída do grupo familiar oficial —, mas permite-nos recriar a crescente família de raparigas com um razoável grau de confiança[16];

- Meritaton [*Amada de Aton*]: nascida em Tebas antes do ano 1 do reinado de Akhenaton, provavelmente antes de Akhenaton se tornar rei.
- Meketaton [*Protegida por Aton*]: nascida em Tebas provavelmente no ano 4.
- Ankhesenpaaton [*Que Vive através de Aton*]: nascida antes do final do ano 7.
- Neferneruaton-a-mais-nova [*Requintada Beleza de Aton*]: nascida em Amarna, provavelmente no ano 8.
- Neferneferure [*Requintada Beleza de Ra*]: nascida em Amarna antes do ano 10.
- Setepenre [*Escolhida por Ra*]: nascida em Amarna antes do ano 10.

Sabemos que Nefertiti foi a consorte desde o início do reinado de Akhenaton até à sua última referência atestada no ano 16, mas não sabemos há quanto tempo eles se haviam casado antes de Akhenaton se tornar rei. É inteiramente possível que ela tivesse gerado um ou mais filhos, e talvez a sua filha mais velha, antes de se tornar rainha. Segundo os nossos cálculos, porém, tais filhos seriam demasiado velhos para serem Tutankamon. Podemos ver que Nefertiti não gerou uma filha em cada ano. É provável que existam razões perfeitamente naturais para os anos em falta — gravidezes falhadas, mortalidade infantil ou, porventura, Akhenaton a ser distraído pelas mulheres do harém —, mas poderão ter sido esses os anos em que ela deu à luz filhos. Se, como suspeitamos, Tutankamon nasceu durante o ano 9 de Akhenaton, Nefertiti poderia facilmente ter sido a mãe dele.

O túmulo real de Amarna — um túmulo de enormes dimensões construído por Akhenaton como lar eterno para os membros escolhidos da sua família — oferece um possível olhar sobre Tutankamon quando criança. Situado num antigo leito seco do rio (conhecido hoje em dia como o Real Wadi) e irrompendo entre os penhascos que formavam o limite oriental de Amarna, o túmulo nunca foi concluído. Não obstante, as provas arqueológicas — objetos fúnebres quebrados e arte mural danificada — indicam que ele foi usado para mais do que um funeral antes de Amarna ser abandonada. O complexo fúnebre do próprio Akhenaton está situado ao fundo de um longo corredor descendente, no centro do túmulo. As duas divisões adicionais foram, como nos diz o próprio Akhenaton, concebidas para a consorte e para a filha mais velha: «Que seja feito um túmulo para mim na montanha oriental [de Aketaton]. Que o meu funeral seja feito nele [...] Que o funeral da Grande Esposa do rei Nefertiti seja feito nele [...]. Que o funeral da Filha do rei Meritaton seja feito nele [...].»[17]

Infelizmente, quando foi descoberto na década de 1880, o túmulo já tinha sido roubado múltiplas vezes, e todas as múmias haviam desaparecido há muito. As paredes gravadas e pintadas tinham sofrido extensos danos, mas muitas cenas sobreviveram, mostrando, tal como seria de esperar, Akhenaton e a sua família a serem abençoados pelos raios plenos de vitalidade de Aton. O complexo funerário originalmente destinado a Meritaton consiste em três salas, hoje em dia designadas Alfa, Beta e Gama. Na Sala Alfa (Parede F), incongruamente postada ao lado de cenas banais, que têm como cenário o Grande Templo de Aton, vemos uma vinheta íntima e inexplicada.[18] Dois registos, um por cima do outro, contam uma história pungente. A cena superior, que decorre no palácio, mostra Akhenaton e Nefertiti — não designados, mas identificados pelas suas distintas coroas — postados sob o disco solar. O casal está vergado pelo desgosto; os seus braços direitos foram levados à cabeça, em sinal de luto, e Akhenaton segura o braço esquerdo de Nefertiti num gesto de apoio. Estão a carpir diante de algo ou de alguém que desapareceu da cena. Do lado de fora da sala, as serventes femininas estão a lamuriar-se, e um grupo de dignitários masculinos ergue os seus braços com mágoa. Uma mulher postada mesmo à porta da sala segura nos braços um bebé de género incerto, enquanto uma serva postada na entrada da porta segura um leque, o símbolo da realeza, sobre a criança. Ao que parece, a criança, a mulher e a portadora do leque estão a sair da câmara. Na segunda cena, é-nos mostrado o corpo de uma mulher deitada numa cama. Akhenaton e Nefertiti estão novamente de luto e há figuras de menor porte (as filhas?) a carpir. Do lado de fora da sala as servas choram, e uma delas, aparentemente dominada pela emoção, é amparada por dois homens. Os danos na parede tornam impossível determinar se algum bebé estava originalmente incluído nessa cena.

Aparentemente, morreu uma mulher do núcleo da família real, e o rei, a rainha e algumas das princesas estão de luto por ela. Poderá suceder que a mulher dominada pelo desgosto que está do lado de fora da sala seja a ama que cuidou da falecida quando era bebé. Se levarmos mais longe a nossa interpretação, ligando a morte ao aparecimento do bebé cujo estatuto real é assinalado pelo leque, podemos sugerir que a mulher morreu ao dar à luz. Isso explicaria a presença dos dignitários masculinos, que, porventura, se reuniram para registar um nascimento real. No entanto, temos de ser cautelosos. O bebé poderá ser simplesmente uma das filhas de Nefertiti nos braços da sua ama; dado que a câmara fúnebre era um local de renascimento, poderá até tratar-se de uma representação da falecida após a morte.

Quem é a mulher que morreu? Sabemos que não é Nefertiti, e não pode ser Meritaton nem Ankhesenpaaton porque sobreviveram ao pai. É possível que seja Meketaton, mas isso é improvável, uma vez que a sua morte está registada noutro local do complexo de Meritaton, na Sala Gama (Parede A). A cena da morte de Meketaton está extensamente danificada. O seu corpo e a maior parte do casal real estão desaparecidos, e a inscrição talhada por cima da princesa falecida está agora muito obscurecida, mas, como ficou registada na viragem do século, sabemos que originalmente dizia «Filha do rei do corpo dele, a sua amada, Meketaton, nascida da Grande Esposa Real Nefertiti, que ela viva para sempre e eternamente». Vemos mais uma vez Akhenaton e Nefertiti postados ao lado de um ataúde e, mais uma vez, à porta da sala vemos uma ama a segurar um bebé. É seguida por duas servas, que empunham leques. Embora ela pudesse ter pouco mais de doze anos, a sugestão é que Meketaton morreu ao nascer, muito embora, mais uma vez, tenhamos de ser cuidadosos a relacionar a falecida com o bebé. Uma cena subsequente na mesma sala (Parede B) mostra a falecida Meketaton, ou porventura a estátua dela, postada dentro de um caramanchão cujas colunas de papiro estão entrelaçadas com convólvulos e flores de lótus. Meketaton veste um longo manto, uma curta peruca e um cone de perfume. Está diante dos seus pais, enlutados, e de três das irmãs, que erguem os braços numa atitude de lamentação. Por baixo dos enlutados, há mesas repletas de comida, bebida e flores. O caramanchão de Meketaton tem reminiscências das salas de parto usadas pelas mulheres para dar à luz; destina-se, porventura, a significar o renascimento dela.[19]

Meketaton, que nasceu provavelmente no ano 4, não poderia ter dado à luz Tutankamon, que provavelmente nasceu no ano 9. No entanto, se assumirmos que ela não é Meketaton, a anónima falecida na Sala Alfa poderia ter sido a mãe de Tutankamon. Quem é ela? Existem diversas possibilidades: as três princesas mais novas, a rainha-mãe, Tiy, uma das irmãs de Akhenaton ou alguma preferida do harém. Caso esteja correta a nossa presunção de que a mulher faleceu ao dar à luz, as três princesas (demasiado novas) e a rainha-mãe (demasiado velha) podem ser eliminadas. Estamos, portanto, perante uma das irmãs de

Akhenaton ou de uma rainha do harém, que, numa terra de casamentos reais consanguíneos poderia, evidentemente, ser uma e a mesma pessoa. Existem neste raciocínio muitos «ses» e «mas», mas deixamos o túmulo real com a possibilidade de que a cena na Sala Alfa mostre o nascimento de Tutankamon (quebrando assim a regra de que as crianças do sexo masculino não aparecem nas cenas oficiais) e a morte da mãe dele, que não é Nefertiti.

Em circunstâncias normais — quando a sucessão decorria conforme planeado —, nada sabemos acerca das obscuras rainhas que viveram, geraram crianças reais e morreram entre as paredes do harém. No entanto, Amarna revelou uma surpreendente quantidade de vestígios sobre a «esposa e grande amada do rei do Alto e Baixo Egito», Kiya. As origens de Kiya nunca são explicadas, mas a sua incomparável proeminência tenta-nos a especular que teria sido uma mulher bem-nascida, possivelmente a renomeada Tadukhepa ou, mais provavelmente, uma das renomeadas irmãs de Akhenaton. O retrato de Kiya sobreviveu em blocos de pedra que foram recuperados de Hermópolis, e que nos permitem conhecer-lhe o rosto arredondado, a peruca encaracolada e curta em «estilo núbio» e os grandes brincos circulares ou tachões de orelha. Os brincos não são, evidentemente, genéticos, mas passaram a ficar tão intimamente associados a Kiya que existe uma tendência para se classificar como sendo ela qualquer mulher anónima de Amarna que tenha grandes brincos. Constitui uma medida da grande importância de Kiya que ela seja autorizada a acompanhar Akhenaton enquanto ele faz oferendas e preside às cerimónias oficiais, embora ela nunca apareça se Nefertiti estiver presente, e é claro que não é superior à consorte. Tal como Nefertiti, a ligação íntima de Kiya ao rei permite-lhe adorar Aton diretamente, e isso autoriza-a a assumir a significativa, e podemos imaginar lucrativa, posição de sacerdotisa com o seu próprio «guarda-sol»: um santuário dedicado à adoração solar, instalado num jardim murado com árvores e um lago no exterior da cidade principal.[20] Além disso, tal como Nefertiti, Kiya gera a prole de Akhenaton. Continuando a tradição dos príncipes invisíveis, temos imagens dela com uma filha não designada, mas nenhum filho. Uma mulher de tão grande importância receberia decerto um funeral de estatuto apropriadamente elevado. Poderia ser Kiya a mulher que falece na Sala Alfa?

Para recolhermos a nossa próxima prova sobre a vida inicial de Tutankamon temos de rumar para norte, a partir de Amarna, até ao já antigo cemitério de Sacara, lugar das sepulturas da elite que vivia e trabalhava em Mênfis. Aqui, em 1996, uma equipa liderada pelo egiptólogo francês Alain Zivie descobriu o túmulo da dama Maia, talhado na falésia de calcário.[21] O túmulo havia sido completamente saqueado na Antiguidade. Não continha nem a múmia de Maia nem os seus objetos fúnebres, um monte de gatos mumificados e parcialmente queimados que foi encontrado numa das câmaras era uma relíquia do período, centenas de anos após a morte de Maia, em que o túmulo foi readaptado como catacumba para o enterro de animais dedicados à deusa Bastet, que tinha cabeça de gato. Felizmente, as paredes originais inscritas e decoradas continuavam intactas, e contam uma história interessante.

Trajada com um simples vestido e com uma peruca elegantemente longa, à primeira vista Maia não se distingue das muitas centenas de esposas da XVIII dinastia que partilharam os túmulos dos esposos. No entanto, ela é muito diferente dessas mulheres: ganhou o direito ao seu próprio grande túmulo. Libertada da presença dominante de um marido cujos feitos terão sempre precedência sobre os dela, é capaz de falar sobre a sua vida com alguma minúcia nas paredes do respetivo túmulo. É aqui que ficamos a saber como ela teve a grande honra de ser simultaneamente «ama de leite do rei» e «educadora do corpo do deus»; um fragmento de cerâmica quebrada acrescenta ainda a informação de que ela foi a «grande do harém». O rei em questão é Tutankamon. No interior do túmulo, podemos ver juntos a ama e o protegido que ela tem a seu cargo. Maia, jovem, esguia e enigmática sob a sua pesada peruca, está sentada num trono com um aparentemente pesado Tutankamon no seu colo. Esta é a pose tradicionalmente usada quando se retratam as amas reais e as crianças a seu cargo. Tutankamon, um adulto em miniatura em vez de um bebé, usa a coroa azul do rei. Maia ergue a mão em homenagem ao seu rei.

Quem é Maia? Mais uma vez somos confrontados com a proprietária de um túmulo cuja família não é referenciada. Tudo o que podemos dizer com certeza é que se estivermos corretos na nossa tradução do título *mnat* como «ama de leite», ela deve ter dado à luz pelo menos uma criança antes de cuidar de Tutankamon. Durante a XVIII dinastia, o papel das *mnat* era uma honraria concedida a mulheres de elite, que seriam lembradas com carinho pelos seus reais protegidos. Sitre, ama da faraó Hatshepsut, foi recompensada com uma estátua em tamanho real e a honra de um túmulo na necrópole de Tebas. Tiye, esposa do proeminente cortesão de Amarna Ay, iniciou a sua carreira como ama de Nefertiti e terminou-a como rainha consorte do Egito. No entanto, não devemos ser demasiado confiantes que *mnat*, um título feminino que incorpora o sinal hieroglífico que representa um seio ou uma mulher lactante, signifique sempre ama de leite em contraste com o sentido mais geral de ama, de mãe adotiva ou mesmo de tutora. Podemos comparar o seu uso com o do título masculino *mnay*, que também incorpora o sinal de um seio, e podemos considerar com alguma confusão o túmulo autobiográfico do cortesão (masculino) Ahmés-Pennekhbet que, no início da XVIII dinastia, reclama ter criado a filha de Hatshepsut, Neferure, «quando ela era uma criança ainda de peito». A confusão continua quando Neferure, ligeiramente mais crescida, passa primeiramente para o cuidado do cortesão (masculino) Senenmut, que passa a ser a «grande ama» dela, e depois para o cuidado de Senimen, outra «ama real».[22] Fossem quais fossem os seus deveres efetivos, Maia deve ter sido membro da elite de Amarna, ou esposa de algum cortesão, ou, porventura, uma das rainhas menores do harém de Akhenaton. A especulação de que ela possa ter sido a irmã mais velha de Akhenaton, Meritaton, não se baseia em mais do que o facto de as duas mulheres se assemelharem (tal como, a bem dizer, a maioria das mulheres da elite da XVIII dinastia que são retratadas nas paredes dos túmulos) e terem — para os ouvidos modernos — nomes que soam de maneira semelhante.

Quando sai do cuidado de Maia, o jovem Tutankamon sai da nossa vista. Podemos imaginá-lo seguindo o caminho educativo de Neferure — instrução especializada por uma série de professores de elite — e é possível que durante algum tempo tivesse sido discípulo do vizir Aper-El, cujo túmulo em Sacara, vizinho do túmulo de Maia, lhe atribui os títulos de «pai do deus» e «diretor dos pais e mães adotivos dos filhos do rei».[23] Um outro possível mentor é o anónimo «supervisor dos tutores», cujo túmulo foi construído na cidade de Akhmim, a sul, durante o reinado de Tutankamon.[24]

Não dispomos de pormenores sobre os assuntos ensinados por esses especialistas, mas, dada a enorme ênfase que é atribuída ao papel do escriba durante a era dinástica — «Não há nada melhor do que os livros [...]. [O labor do escriba] é a maior das vocações» —, parece inconcebível que Tutankamon, no mínimo, não tivesse sido ensinado a ler e a escrever nas caligrafias hieroglífica e hierática.[25] Poderá não ter necessitado de ser um erudito em vida — podia, se necessário, ordenar a outros que lessem e escrevessem para ele —, mas teria de ser plenamente letrado na vida além-túmulo quando, tal como todos os reis mortos, pudesse ser chamado a funcionar como escriba para o deus-sol Ra.

Para o ajudar a cumprir esse dever, foi sepultado com uma grande quantidade de material de escrita: dezassete paletas de escriba (pincel, caneta e tinteiros) e parafernália associada, incluindo um estojo de caneta, dois cornos de escrita, um objeto curioso que foi identificado como um polidor para alisar papiros, um apagador de arenito e pigmentos negros, brancos, amarelos, vermelhos e azuis, além de, evidentemente, papiros nos quais pudesse escrever.[26] Embora algumas das suas paletas fossem modelos produzidos especificamente para o túmulo — os encantamentos fúnebres fariam com que elas funcionassem após o funeral —, outras mostram sinais de uso. Essas incluem uma paleta dourada com dimensões infantis que ostenta a forma primordial do nome dele: Tutankaton (n.º 271e).

Que outros vestígios dos seus primeiros anos podemos nós vislumbrar a partir do túmulo de Tutankamon? Uma escassez de instrumentos — apenas duas trompas militares (n.º 50gg e n.º 175), dois *sistra* ou chocalhos sagrados (n.º 75 e n.º 76) e um par de badalos rituais (uma forma de castanholas) (n.º 620.13) — sugerem porventura que a música não desempenhava um papel importante na sua vida. Mas os jogos de tabuleiro provavelmente sim. No seu túmulo, foram encontrados seis jogos de tabuleiro com peças de jogo, ossinhos para lançamento e pauzinhos suficientes para permitirem a Tutankamon jogar tanto ao *senet* (semelhante ao gamão) como aos vinte quadrados (semelhante ao serpentes e escadas). Os jogos eram imensamente populares ao longo da Época Dinástica. Eram jogados por velhos e novos, por homens e mulheres, pela elite, que investia em belos tabuleiros de jogo com incrustações, e por camponeses, que jogavam com pedrinhas e tabuleiros traçados temporariamente no chão. Os jogos de tabuleiro podiam ser puro divertimento, mas também podiam servir como um portal que permitia aos mortos comunicarem — e jogarem — com os vivos. No interior do túmulo de Tutankamon, um jogo de *senet* disputado contra um adversário invisível poderá simbolizar o esforço da alma para alcançar a segurança da vida eterna.

Lembrando-nos de que nem todos os seus tutores terão sido eruditos, o enxoval fúnebre de Tutankamon inclui seis carroças desmontadas e um arsenal de arcos, flechas, espadas, facas, fundas, dardos e clavas. Talhada um século antes de Tutankamon ascender ao trono, uma cena no monte de Min, em Tebas, mostra um jovem príncipe — provavelmente Amenotep II, o trisavô de Tutankamon — aprendendo a manejar essas armas. Seguindo as instruções do seu tutor, «Estica o teu arco até à tua orelha. Faz força [...] [encaixa] a flecha [...]», Amenotep dispara para um grande alvo retangular e as flechas ficam cravadas.[27] O jovem Amenotep viria a crescer até se tornar um atleta de múltiplos talentos que se distinguiu na corrida, no remo, no hipismo e, evidentemente, no tiro com arco:

> Ele atirou com trezentos grandes arcos [...]. Ele descobriu que quatro alvos de cobre asiático, com um palmo de espessura, haviam sido montados para ele. Vinte cúbitos separavam cada poste do seguinte. Sua Majestade apareceu numa biga como Montu em todo o seu poder. Pegou no arco e empunhou quatro flechas de cada vez [...]. As suas flechas saíram pela parte de trás de cada alvo, e ele acertava então no poste seguinte. Foi um feito nunca antes alcançado.[28]

O orgulho de Amenotep nas suas façanhas quase sobre-humanas é mais do que simples jactância. Ele cita as proezas físicas como prova da sua aptidão para reinar. A saúde do rei estava intimamente associada à saúde do Egito, uma ligação que inspirou os artistas reais a retratarem os monarcas como espécimes físicos no seu apogeu e capazes, se necessário, de brandir bastões, espadas e lanças para combaterem os inimigos que constantemente ameaçavam a estabilidade da sua terra.

Os reis do Egito não eram apenas eruditos e desportistas, também eram sacerdotes. A carreira do irmão de Akhenaton prematuramente falecido, Tutmés, alto sacerdote de Ptah em Mênfis, confirma que era suposto que os herdeiros ao trono passassem algum tempo ligados a um ou a vários grandes templos do estado. Aí estudariam os rituais e as rotinas administrativas dos cultos. Essa era uma matéria de suprema importância: sendo a única pessoa viva capaz de comunicar efetivamente com o panteão, o rei assumia responsabilidade pessoal pelas oferendas regulares que eram exigidas pelos deuses. Mantendo os deuses contentes, ele mantinha o Egito seguro e, evidentemente, mantinha-se a si próprio em segurança no trono. Se olharmos para as cenas gravadas nas paredes do templo do estado, vemos um sistema recíproco em ação. Os reis ofereciam presentes aos deuses; e os deuses, em contrapartida, ofereciam o seu apoio ao rei. A escala das oferendas varia — por vezes, o rei faz oferendas diárias básicas de comida, bebida ou incenso, e noutras ele oferece uma grande vitória sobre os inimigos ou erige um magnífico obelisco —, mas tudo deve ser interpretado como indicando que o Egito está a florescer sob a sua governação. Quando Akhenaton tomou a decisão inédita de adorar somente um deus, ameaçou um sistema que havia permitido ao Egito, aos deuses e à monarquia prosperarem durante bem mais de mil anos. Ao fazê-lo, deixou a sua terra em perigo. Ninguém sabia que coisas terríveis poderiam acontecer se os deuses se zangassem com o rei.

Akhenaton concentrou a sua raiva em Amon-Ra e seus associados. Embora os antigos cultos do Ptah de Mênfis e de Ra em Heliópolis fossem, em larga medida, autorizados a prosseguir como dantes, os templos tebanos de Amon-Ra, de Mut e de Montu foram fechados, os seus sacerdotes demitidos, e as imagens e nomes dos seus deuses atacados. Amon era *persona non grata*; se o seu nome ocorresse no interior do nome pessoal de algum rei anterior, como sucedia com o do pai do próprio Akhenaton, tinha de ser apagado. Os templos de Tebas controlavam uma vasta gama de bens, incluindo terrenos, barcos, estaleiros de obras e pessoas, e funcionavam como centros de armazenamento e de redistribuição de alimentos. Quase de um dia para o outro, os armazéns foram fechados e o rendimento desses bens foi transferido para o culto de Aton, no qual podia ser controlado pelo próprio Akhenaton.

Nascido após a mudança para Amarna, Tutankamon teria conhecido pouco, ou mesmo nada, do panteão tradicional do Egito. Decerto não teria passado a infância a estudar os mistérios do artífice-criador Ptah, ou o oculto Amon-Ra de Tebas. Sendo a «imagem viva de Aton», foi educado para adorar somente um deus; um deus que representava o poder do Sol, ou a luz do Sol, mais do que o Sol em si mesmo. *O Grande Hino a Aton*, um poema inspirado, senão escrito, pelo próprio Akhenaton, tê-lo-ia apresentado à divindade dominante do Egito:

> Glorioso, tu apareces no horizonte do céu, ó Aton vivo, criador de vida. Ergueste-te no horizonte oriental e encheste toda a terra com a tua beleza. És belo, grande e ofuscante, pairando sobre toda a terra. Os teus raios abraçam todas as terras que fizeste [...]. Quando te pões no horizonte ocidental, a terra fica em escuridão, como a morte.[29]

Os primeiros egiptólogos ocidentais a estudarem a Época de Amarna foram fortemente influenciados pela sua própria fé cristã e tendiam a ver o Antigo Egito através de uns óculos cor-de-rosa. Interpretando o atonismo de Akhenaton como uma religião mais sofisticada e mais democrática do que o politeísmo que vigorara antes, permitiram que a aparente crença de Akhenaton num único deus os persuadisse de que ele era um precursor do Moisés bíblico. Ao mesmo tempo, aceitando em sentido literal as pacíficas cenas da família real repousando ao sol, encararam a vida de Amarna como um idílio de que todos desfrutavam. Estavam enganados. Akhenaton não era um monoteísta, como eles supuseram. Era um henoteísta, que reconhecia vários deuses, mas só prestava fidelidade a um. E, embora a luz do Sol estivesse inegavelmente disponível para todos, a religião estava longe de ser democrática. Akhenaton exercia um controlo apertado sobre o acesso ao seu deus, assegurando que a luz de Aton, particularmente dadora de vida — retratada como uns longos e finos raios encimados por umas mãos minúsculas que empunham o *ankh* da vida —, estava reservada somente para a família real.

A vida de Amarna era, sem dúvida, muitíssimo agradável para Akhenaton e a sua família. Viviam a três quilómetros do centro da urbe, numa comunidade conhecida como a «Cidade do Norte». Aí, escondido por trás de uma espessa muralha de tijolos de lama entrecortada por portões e contrafortes, rodeado de jardins, o Palácio da Margem Norte foi rebocado, coberto de azulejos e pintado com esplendorosas cenas e um artificial apainelamento de madeira. A família saía regularmente do palácio para viajar em carruagem ao longo da extensa e retilínea Estrada Real, que corria paralelamente ao rio; uma jornada que oferecia às pessoas de Amarna uma lembrança das divinas procissões que outrora desfilavam ao longo das ruas de Tebas. Poderiam parar no centro da cidade para fazerem uma oferenda no Grande Templo de Aton ou executarem algum dever oficial no aglomerado de edifícios administrativos hoje conhecido como o Palácio, ou então poderiam prosseguir para sul, passando para lá da cidade, e ir visitar o remoto templo de Maru Aton, abrigado do sol. Imagens nos túmulos da elite de Amarna mostram a família real a trabalhar arduamente: fazem oferendas ao seu deus, postam-se numa varanda para atirarem ouro aos seus fiéis seguidores e, talvez fatigados por tais labores, sentam-se a desfrutar de uma refeição, acariciados pelos raios do Sol. Não podemos saber se Tutankamon participou em alguns desses rituais públicos, mas podemos estar razoavelmente certos de que ele desfrutava de roupas limpas, de perfumes e de cosméticos, de comida e bebida em abundância, e de acesso a instalações sanitárias (um duche e uma retrete sem ligação ao esgoto eram o apogeu do luxo em Amarna). E, caso viesse a acontecer o pior, sabemos que seria mumificado e sepultado num túmulo apropriado e talhado na rocha no Real Wadi.

Na base da pirâmide social, os cemitérios públicos usados por pelo menos dez mil residentes de Amarna não pertencentes à elite proporcionam um forte contraste com o Real Wadi e com os túmulos privados talhados na rocha.[30] Aqui, a maioria dos corpos era enterrada mumificada, mas envolta em linho e esteiras, em sepulturas individuais ou partilhadas que tinham um mínimo de objetos fúnebres. As sepulturas eram assinaladas com amontoados de pedras, ou, ocasionalmente, com uma simples superestrutura em tijolos de lama. Embora tais sepulturas fossem pobres, foram extensamente roubadas na Antiguidade e os seus ossos, pedras e objetos fúnebres espalhados pelo chão do deserto. A análise dos ossos mostrou que a maioria destas pessoas «vulgares» morreu em criança, ou enquanto aquilo que classificaríamos como jovens adultos, entre os três e os vinte cinco anos de idade. Havia muito poucos enterros de maiores de cinquenta anos, ou porque foram relativamente poucas as pessoas de mais idade a mudarem-se para Amarna, ou porque a maioria das pessoas nunca atingia essa idade avançada. As pessoas sepultadas nos cemitérios públicos eram de baixa estatura — indicando porventura uma nutrição pobre — e muitas haviam sofrido lesões de esforço, que poderiam ter sido causadas pela deslocação de grandes pesos e pelo transporte de água a longas distâncias. Em circunstâncias normais, ninguém teria força para erguer um bloco de construção em pedra. Akhenaton, porém, acelerou o processo de construção empregando blocos de menores dimensões conhecidos como *talatat*, um nome derivado da palavra árabe para três, que reflete o facto de esses blocos terem três palmos de comprimento. Em Tebas, os blocos de Akhenaton mediam 52 x 26 x 24 centímetros; em Amarna, eram ainda mais pequenos, o que facilitava o transporte e manejamento no local. Os templos do sol de Amarna, construídos com blocos *talatat* feitos em tijolos de lama e não em núcleo de pedra, não foram bem construídos, e o reboco gravado e pintado que lhes cobria as paredes escondia um trabalho desleixado. Os arquitetos de Akhenaton estavam cientes disso e já estava em curso um programa de restauro quando Akhenaton faleceu.[31]

Entalada entre a família real e o proletariado urbano, a elite de Amarna era saudável e bem alimentada, mas tinha os seus próprios problemas. Sendo-lhe negado acesso direto ao único deus aceitável, eram forçados a adorá-lo usando o rei e a consorte como intermediários. Os mais avisados faziam-no de uma maneira muito óbvia. As suas luxuosas moradias incluem imagens conspícuas da família real — lajes de pedra lavrada (estelas) ou pequenas estátuas — que funcionavam como altares para devoção privada, enquanto os túmulos, talhados no alto dos rochedos a leste da cidade, eram decorados com cenas em que aparecia a família real, pelo que os defuntos se tornavam personagens secundárias nas suas vidas além-túmulo. Sendo-lhes negado o acesso a Osíris e ao Campo de Juncos, os cortesãos de Akhenaton sabiam que ficariam nesses túmulos, rodeados por imagens de Akhenaton, o deus e a família dele, até ao fim do tempo. Não podemos saber o que pensavam de tal situação; não existem documentos escritos que sugiram que alguém estivesse menos do que deliciado por viver em Amarna. Mas se olharmos atentamente para as cenas das paredes dos túmulos da elite, podemos ver que Akhenaton talvez não esteja tão seguro como nos quereria fazer crer, uma vez que está constantemente rodeado de guarda-costas. Mahu, chefe da Medjay (polícia) e «general do Exército do Senhor das Duas Terras», era uma figura importante de Amarna, que foi recompensado pela sua lealdade com uma dádiva de ouro e um túmulo talhado na rocha. Aqui podemos ver Mahu em ação quando ele e os seus soldados correm ao lado da carruagem real. O perigo nesta cena surge, porém, do interior da carruagem. Akhenaton está a segurar as rédeas de dois cavalos vigorosos, mas a atenção dele está inteiramente concentrada em Nefertiti, que ele parece beijar. Com os pais distraídos, a jovem Meritaton açoita os cavalos com um pau.[32]

No segundo mês do ano 12, Akhenaton presidiu a um festival esplêndido, mas inexplicado (pelo menos para nós). Amarna, uma cidade normalmente isolada do mundo exterior, ficou durante um breve período cheia de visitantes exóticos chamados de todos os cantos do império para virem prestar homenagem a Akhenaton e ao seu deus. Meryre II, uma cortesã cujo título de «supervisora dos aposentos reais e dos apartamentos da grande esposa do rei» demonstra a sua relação próxima com a rainha Nefertiti, registou as celebrações numa grande cena na parede oriental da capela do seu túmulo em Amarna.[33] Como seria de esperar, Akhenaton e Nefertiti dominam os acontecimentos; muito maiores do que todos os outros, estão sentados lado a lado numa plataforma coberta com um pálio e, embora a rainha apareça apenas como um contorno desenhado ao redor da figura do seu esposo (um dispositivo possivelmente utilizado para exprimir a unidade do rei e da rainha), parece que ambos estão de mão dada. As seis filhas encontram-se por trás dos pais, acompanhadas pelas amas. A partir do conforto do seu trono à sombra, Akhenaton inspeciona «os chefes de todas as terras», uma multidão de embaixadores e de representantes da Núbia, da Líbia, das ilhas do Mediterrâneo e do Próximo Oriente que é forçada a ficar de pé, ao sol, e a curvar-se diante dele. Ele aceita graciosamente uma vasta quantidade de «tributos», que incluem cavalos, carruagens, armas, ouro, marfim, ovos e penas de avestruz, bem como escravos masculinos e femininos. Tutankaton, como seria de esperar, está ausente da cena.

Esta é a última vez que vemos a família real oficial — o rei, a consorte e todas as seis princesas — junta. O ano 12 foi uma época de praga no Próximo Oriente e poderá ter acontecido que o festival internacional de Akhenaton tenha sido um acontecimento que trouxe para Amarna mais do que tributos. Sabemos que a segunda princesa, Meketaton, morreu pouco tempo após as celebrações, possivelmente no início do ano 13; e como as suas três irmãs mais novas, Neferneferuaton, Neferneferure e a bebé Setepenre, foram a partir daqui omitidas das cenas oficiais, parece provável que também elas tenham falecido. Kiya não desapareceu apenas: foi parcialmente apagada da história de Amarna. Várias imagens suas foram atabalhoadamente alteradas de forma a exibirem a princesa Meritaton, e as suas inscrições na parede do templo abrigado do sol em Maru Aton foram escritas por cima, de modo que, também elas, passassem a referir a filha mais velha de Akhenaton. Isto parece ser uma maneira curiosa de se tratar uma esposa favorita. Apenas faz sentido se compreendermos que as alterações não se destinam a ser lidas como sinal de desagrado real. Na verdade, elas não se destinam a ser sequer notadas. São uma resposta prática, embora pouco subtil, ao facto de o papel religioso vital que era desempenhado por Kiya ter passado para Meritaton.

Embora isso seja tentador, não podemos assumir que todas as mulheres reais que saíram de vista tenham falecido. O temporário «desaparecimento» de Nefertiti proporciona-nos um útil lembrete do mantra do arqueólogo: «A ausência de provas não é prova de ausência.» Durante muitos anos, foi aceite que Nefertiti desaparecera de Amarna pouco tempo após o falecimento de Meketaton, levando os arqueólogos a desenvolver elaboradas histórias para explicar o seu destino. A minha própria interpretação das (da falta de) provas foi simples: «A inferência óbvia é que também ela morreu, sendo possivelmente mais uma vítima da praga que levou tantos membros da sua família.»[34] Outros sugeriram que ela fora banida para um palácio remoto de Amarna, após desafiar os pontos de vista religiosos extremos do marido; ou que fora exilada para Tebas por promover as suas próprias visões religiosas extremistas.[35] Em 2012, a publicação de um grafito datado do ano 16 de Akhenaton veio pôr um final abrupto a todas as especulações. O grafito designa a «grande esposa do rei, sua amada, senhora das Duas Terras, Neferneferuaton Nefertiti», confirmando que a consorte estava viva e a desempenhar os deveres normais pouco tempo após a morte de Akhenaton.[36]

A devastadora perda da mãe, de uma esposa favorita e de quatro das filhas parece ter levado Akhenaton a fazer planos para o futuro. O súbito aparecimento de Tutankaton em Amarna indica uma mudança de estatuto que lhe permitiu sair das sombras e tornar-se, pela primeira vez, um membro «visível» da família real. A carreira do jovem Ramsés II, um rei bem documentado que governou durante quase seis décadas após Tutankamon, oferece aqui um interessante paralelo. Quando ainda não tinha mais de dez anos de idade, após uma infância escondida dos olhares públicos, Ramsés foi oficialmente reconhecido como «filho varão» do seu pai, ou príncipe herdeiro, muito embora isso tivesse sido decerto uma formalidade, dado que ele era o único filho de Seti:

> Foi Menmaatre [o pai dele, Seti I] que me criou. O próprio Senhor-de-Tudo me promoveu desde que eu era criança até me tornar governante. Mesmo quando eu estava no ovo ele me atribuiu terras. Os funcionários beijaram o chão diante de mim quando fui instalado como filho varão e como delegado no trono de Geb. Relatei sobre os assuntos das Duas Terras como comandante da infantaria e dos carros de combate.[37]

Numa inscrição separada, os seus encantados cortesãos confirmam essa mudança de estatuto e acrescentam mais pormenores da vida de Ramsés enquanto herdeiro legítimo:

> Tomaste decisões enquanto estavas no ovo no teu papel enquanto filho do herdeiro legítimo. As questões das Duas Terras foram-te contadas enquanto ainda eras uma criança que usava trança. Nenhum monumento era construído a menos que estivesse a teu cargo. Agiste como chefe do exército quando eras mais novo no décimo ano dele.[38]

Se descontarmos o exagero, vemos que Ramsés foi promovido a tornar-se aprendiz do seu pai. Aprendeu o ofício passando tempo com o exército, supervisionando obras públicas e, assumimos nós, trabalhando com outros ramos da função pública e do sacerdócio. O jovem Tutankaton, ao que parece, recebeu uma promoção semelhante. Ele está agora na linha da sucessão.

Tutankaton não é, porém, a única pessoa real que emerge na última parte do reinado de Akhenaton. Na verdade, ele não é sequer a pessoa mais importante a emergir. Esse louvor tem de ser partilhado com a misteriosa «Ankhkheperure Smenkhkare» (*Forma Viva de Ra, a alma de Ra é firmada*) e com a ainda mais misteriosa «Ankhkheperure Neferneferuaton» (*Forma Viva de Ra, requintada beleza de Aton*). Uma vez que ambas as personagens desempenham um importante, embora breve, papel na jornada de Tutankamon até ao trono, precisamos de as investigar mais.

Não há dúvida de que Smenkhkare e Neferneferuaton existiram; os seus nomes foram encontrados, escritos em cártulas, em diversos contextos de Amarna e mesmo no interior do túmulo de Tutankamon. Mas estão por explicar, e não podemos saber ao certo se estaremos a olhar para uma ou mais pessoas nunca antes vistas ou, na verdade, para pessoas que já encontrámos anteriormente e usam agora um novo nome. Em tempos, acreditou-se que ambas poderiam ser Nefertiti, a qual ia mudando de nome à medida que avançava de rainha consorte convencional até se tornar corregente ao lado do esposo (Neferneferuaton) e depois, no seguimento da morte de Akhenaton, se tornar rainha a solo (Smenkhkare).[39] No entanto, sabemos agora que Nefertiti ainda era rainha consorte, e ainda usava o seu nome original, pouco antes da morte de Akhenaton. Que ela «herdasse» a coroa do marido teria sido um golpe sem precedentes, e difícil de justificar, dado que teria afastado Tutankaton e as duas filhas reais sobreviventes, Meritaton e Ankhesenpaaton, da sucessão. Embora a ideia de que Nefertiti governou o Egito como rainha tenha ganhado recentemente apoio popular, não existe a mínima prova de que isso realmente aconteceu.

Para resolvermos o mistério de Smenkhkare temos de regressar ao túmulo de Meryre II em Amarna. Aqui, na parede norte, vemos uma cena muito danificada esboçada na pintura.[40] Um rei e uma rainha estão postados sob os raios de Aton para agraciarem a miniatural Meryre com colares dourados. É uma típica cerimónia de Amarna e, à primeira vista, o casal parece-se muito com Akhenaton e Nefertiti, embora a rainha não use a característica coroa alta com topo achatado de Nefertiti. Os nomes que originalmente identificavam o rei foram eliminados da parede, mas, felizmente, ambos os nomes foram copiados pelos visitantes do século XIX antes de os ladrões modernos atacarem, pelo que podemos confiar que estamos a olhar para o «rei do Alto e Baixo Egito, Ankhkheperure, filho de Re, Smenkhkare-djeserkheperu» e para a «grande esposa do rei Meritaton, que ela viva para sempre continuamente». A cena não está datada, mas o facto de ela estar incompleta indica que foi iniciada após a vizinha cena de tributo no ano 12. Smenkhkare é agora rei do Egito, com a filha mais velha de Akhenaton, Meritaton, a seu lado como consorte.

Smenkhkare estará a governar sozinho? Ou partilha brevemente uma corregência com Akhenaton? Foram encontradas em Amarna imagens ocasionais sem legendas que mostram dois indivíduos coroados, mas apenas podemos adivinhar as identidades e os respetivos papéis. Para encontrarmos provas firmes dos reis Akhenaton e Smenkhkare juntos temos de regressar ao Vale dos Reis. Tutankamon foi sepultado com mais de trezentos e cinquenta litros de óleos e de unguentos preciosos armazenados em mais de oitenta vasilhas de pedra, algumas delas ostentando os nomes de reis anteriores que remontam a mais de um século, até ao reinado de Tutmés III. Esses óleos eram imensamente valiosos, o que fazia deles um alvo preferencial para os ladrões que atacaram o túmulo na Antiguidade. Felizmente para nós, os ladrões decantaram os óleos para vasilhas maiores, deixando para trás as que foram esvaziadas. Um pote globular de calcite ostenta uma inscrição: duas cártulas duplas, gravadas e pintadas em azul (n.º 405). Essa inscrição, porém, fora parcialmente apagada antes do funeral. Carter leu os nomes como sendo Amenotep III e Akhenaton; desde então foram aceites como sendo Akhenaton seguido de Smenkhkare.[41] Os dois nomes não provam uma corregência, mas indiciam uma estreita ligação.

Mais uma vez, somos forçados a reconstruir o passado com base em provas incompletas. Seguindo o princípio de que a explicação mais simples será a mais provável, podemos sugerir que Smenkhkare foi um filho nascido de Akhenaton e de uma das suas esposas de mais elevado estatuto. Era irmão ou meio-irmão de Tutankamon, e irmão ou meio-irmão e marido de Meritaton, a mais velha e mais importante das princesas de Amarna. A promoção de Smenkhkare ao papel de príncipe herdeiro permitiu que Tutankaton — temporariamente, ter-se-á assumido — se apresentasse como herdeiro ao trono. Um filho nascido de Smenkhkare e Meritaton, ou na verdade qualquer filho nascido de Smenkhkare, teria substituído Tutankaton na sucessão, mas isso nunca aconteceu. Smenkhkare sucedeu brevemente a Akhenaton, mas morreu novo, e o seu breve reinado deixou poucos vestígios no registo arqueológico. Como a mais elevada data de ano do seu reinado é um rótulo de vinho datado do ano 1, é possível que ele tivesse morrido no mesmo ano que o pai. A morte de Smenkhkare despojou Meritaton do papel de consorte e colocou o jovem Tutankaton no trono.

Neferneferuaton é uma figura muito mais nebulosa. Embora o seu nome não seja de género específico, está ocasionalmente ligado ao epíteto «eficaz para o seu esposo», pelo que sabemos tratar-se de uma mulher.[42] Usa uma dupla cártula, mas também Nefertiti o faz. Em Amarna, ao que parece, a dupla cártula pode indicar um rei ou a consorte. Portanto, quem é ela? Já havia duas Neferneferuatons na família real, sendo uma a quarta filha de Akhenaton (supostamente falecida depois do ano 12) e a outra a consorte Neferneferuaton Nefertiti, que acrescentara um segundo elemento ao nome aquando da conversão religiosa de Akhenaton. Sabemos, porém, que o papel de Nefertiti não se alterara pelo ano 16. Se estivermos a olhar para uma mulher real que cresceu em importância perto do final do reinado de Akhenaton, deveremos concentrar a nossa atenção em Meritaton. Meritaton, a filha mais velha de Akhenaton e consorte recentemente enviuvada de Smenkhkare, tem uma impecável linhagem real e, muito invulgarmente, a sua importância política é confirmada por provas que têm a sua origem muito longe do Egito.

Em 1887, uma camponesa que escavava solo fértil nos arruinados edifícios de Amarna descobriu centenas de placas de barro secas ao sol e estampadas com uns curiosos sinais. Os egiptólogos, desconhecendo a escrita cuneiforme e a antiga linguagem babilónica, rejeitaram tais placas como sendo ingénuas falsificações. Quando se veio a reconhecer que eram realmente antiguidades valiosas, a coleção tinha sido dispersa e muitas cartas perderam-se; existem hoje em dia menos de 400 em museus e coleções privadas de todo o mundo. Sabemos que estas «Cartas de Amarna» são os resquícios do arquivo que guardava a correspondência diplomática entre o rei do Egito e outros reis e vassalos do Próximo Oriente. Como seria de esperar, na sua maioria são cartas escritas para o Egito, mas existem algumas cópias de cartas enviadas do Egito. Abrangendo um período de aproximadamente trinta anos, desde o final do reinado de Amenotep III até ao final do Período de Amarna, elas oferecem significativos vislumbres sobre as personagens que governavam os grandes estados da Idade do Bronze. As consortes não são rotineiramente incluídas nesta correspondência e Nefertiti não é mencionada. É referida a rainha Tiy, e a correspondência deixa claro que é considerada uma figura de significativa influência na vida de Akhenaton. Meritaton não é apenas referida: Burna-Buryas da Babilónia envia-lhe um valioso presente: «[...] quanto a tua filha Mayati, tendo ouvido falar [dela] envio-lhe como presente de boas-vindas um colar de joias de lápis-lazúli em [forma de] grilo, sendo 1048 o seu número».[43]

É fácil reconstruir um impressionante *curriculum vitae* para Meritaton. Servindo Akhenaton como filha primogénita do rei, ela é a princesa mais proeminente na arte de Amarna. Assiste a mãe nos rituais de orientação feminina da adoração de Aton antes de herdar o seu próprio templo abrigado do sol onde executa os seus ritos. Enquanto consorte do efémero Smenkhkare, torna-se rainha do Egito, um papel que a chama à atenção dos governantes de todo o antigo Próximo Oriente. Finalmente, sendo uma rainha experimentada, serve de regente ao jovem Tutankaton, que está agora casado com a irmã dela, Ankhesenpaaton. Era uma tradição bem estabelecida que um rei-menino fosse guiado pela consorte enviuvada, normalmente sua mãe ou madrasta. Que Meritaton guiasse Tutankaton nos primeiros anos do reinado seria, por conseguinte, um desenvolvimento inteiramente natural. Poderíamos esperar que o Tutankamon adulto reconhecesse esse apoio e, num dos seus monumentos — porventura o seu templo mortuário —, referisse também a sua mãe de nascimento. O facto de ele não chegar a fazê-lo é uma boa indicação de que nunca esperou morrer tão novo.

Esta reconstrução das relações da família real abre uma outra possibilidade. Poderiam Meritaton e Smenkhkare ser os pais de Tutankamon? Isso permitiria que a sucessão fluísse como devia, imparavelmente do bisavô para o avô, para o pai e para o filho (de Amenotep III para Akhenaton, Smenkhkare e Tutankaton). Como não fazemos ideia de quando ou onde nasceram Meritaton ou Smenkhkare, na verdade é teoricamente possível que eles fossem os pais de uma criança nascida entre os anos 6 e 9 de Akhenaton. Revisitaremos esta ideia no Capítulo 6.

Enquanto príncipe, possivelmente apenas um dos muitos que poderiam um dia vir a tornar-se rei, Tutankaton passou a maior parte da infância escondido da nossa vista. Não aparece na arte oficial nem nos altares privados que decoravam Amarna, e não o vemos a ser transportado na carruagem real nem a partilhar uma refeição com o rei e a rainha. O seu destino ainda estava por decidir. Mas ter-lhe-iam ensinado que carregava em si uma divindade latente que o separava das pessoas vulgares. Caso sobrevivesse ao pai e ascendesse ao trono, essa divindade seria ativada pela sua coroação. Algures depois do ano 12, ele experimentou uma significativa alteração de estatuto, que lhe permitiu sair das sombras e tornar-se, pela primeira vez, um membro «visível» da família real. Tutankaton estava agora diretamente na linha de sucessão.

2

A HISTÓRIA DO REI:
TUTANKAMON, O RESTAURADOR

Num texto escrito para impressionar os seus deuses, o rei Tutankamon gaba-se dos heroicos esforços que fez para restaurar a sua terra danificada: «[...] Ele restaurou o que estava arruinado, como monumentos da eternidade. Repeliu o mau procedimento em todas as Duas Terras e estabeleceu o *maat* [...]».[44] Após um breve período de confusão, voltamos a retomar certeza histórica quando, em aproximadamente 1336 a. C., o jovem Tutankaton ascende ao trono do Egito apoiado pela rainha enviuvada, Meritaton, pela sua irmã-esposa, Ankhesenpaaton, e, porventura, se ela ainda estiver viva, por Nefertiti. Os seus conselheiros, todos sobreviventes de Amarna, incluem o «pai de deus Ay», o chefe do Tesouro, Maya, e os dois vizires, Pentu e Usermont. O generalíssimo Horemheb não é apenas comandante-em-chefe do exército, mas «delegado do rei em toda a terra» e «nobre do Alto e Baixo Egito». Isto era sobretudo uma questão de família. Ay era o marido da ama de leite de Nefertiti, Tiye, e existem fortes provas circunstanciais — incluindo o uso que ele fazia do título «pai de deus», o qual era anteriormente de Yuya, pai da rainha Tiy — que sugerem que ele era simultaneamente irmão de Tiy e pai de Nefertiti. O generalíssimo Horemheb era casado com uma mulher chamada Mutnodjmet, que poderá ter sido uma irmã mais nova de Nefertiti que tinha um nome idêntico, e era, por conseguinte, filha de Ay. Tanto Ay como Horemheb viriam a suceder ao trono.

Tal como todos os reis antes dele, o novo faraó selecionou um conjunto de cinco nomes formais, cada um precedido de um título que serviria como breve declaração de missão para o seu reinado. Somente dois nomes — os últimos dois — seriam escritos numa cártula.

Nome de Hórus: Imagem de nascimento.

Nome de Duas Damas: Belo de leis que domina as Duas Terras/que deixa contentes todos os deuses.

Nome Dourado de Hórus: Elevado das aparências para o deus/seu pai Ra.

Prenome ou nome de trono: rei do Alto e Baixo Egito Nebkheperure (*Senhor das Manifestações de Ra*).

Nome ou nome pessoal: Filho de Ra Tutankaton (*Imagem Viva de Aton*). Em breve, viria a ser alterado para Tutankamon (*Imagem Viva de Amon*).

O seu penúltimo nome, Nebkheperure, é o nome pelo qual o seu povo o conhecia.

A coroação transformou Tutankaton de rapazinho extremamente importante em ser semidivino, tão distanciado do seu povo que este não lhe podia fitar diretamente o rosto. Foi um grande ritual, que lhe alterou a vida, e, no entanto, não sabemos praticamente nada acerca disso. Embora existam cenas nos templos que mostram diversos reis a ser coroados pelos deuses, só Horemheb deixou uma descrição, que faz parte de uma biografia mais extensa, da sua própria cerimónia em Tebas. Esta, inscrita no verso de uma dupla estátua de granito cinzento já danificada que representa o rei e a consorte, Mutnodjet, não é tão específica quanto gostaríamos:

> Então ele prosseguiu até à casa do Rei, onde ele [Amon] o havia colocado [Horemheb] diante de si, até ao Per-Wer [grande santuário] da sua nobre filha a Grande-de-Magia [Werek Hekau], os braços dela em saudação e ela abraçou a sua Beleza e fixou-se na testa dele. Toda a Eneada, a Per-Neser [Casa de Chama] exultou com o seu aparecimento [...]. [Dizendo] «Olhai, Amon veio ao palácio, seu filho está diante dele, ao Palácio ordena que estabeleça a coroa dele sobre a sua cabeça.»[45]

A deusa cobra com cabeça humana Weret Hekau pode ser comparada à deusa serpente Wadjet de Buto: a cobra que se ergue na testa do faraó. Acreditava-se que ela teria amamentado o rei, preparando-o desse modo para a coroação.

Comparações com outros reinados sugerem que a ascensão de Tutankamon poderá ter sido celebrada com uma cerimónia de coroação relativamente simples num palácio, seguida de uma série de rituais executados ao longo de um ano em templos de todo o Egito.[46] Mas Tutankaton acedeu ao seu trono em tempos anormais, e é possível que essa celebração tivesse sido mais curta e inteiramente baseada em Amarna. Apenas uma estátua fragmentária indica que Tutankaton poderá ter sido coroado em Tebas. O Metropolitan Museum of Art, em Nova Iorque, alberga uma cabeça de Tutankamon lindamente esculpida em calcário endurecido. O rei surge muito novo, com faces arredondadas, uma boca bem definida e um nariz infelizmente quebrado. A cabeça fez outrora parte de uma peça maior que representava o rei em pé diante de um deus sentado e de muito maiores dimensões. Embora a mão direita do deus continue apoiada nas costas da Coroa Azul de Tutankamon, em Nova Iorque, a parte inferior do corpo foi identificada numa área de armazenamento em Karnak e a parte superior está presentemente desaparecida.[47] Dada a proveniência, parece razoável supor-se que o deus desaparecido é Amon-Ra de Tebas. Os egiptólogos interpretaram a estátua de variadas maneiras, como estando o deus a coroar efetivamente o jovem rei ou a estender de uma forma mais geral a sua proteção ao novo rei.

O ritual poderá ter desaparecido, mas algumas das insígnias da coroação sobreviveram. Não existem coroas — incrivelmente, não dispomos de nenhuma coroa que pertencesse a algum faraó ou a uma consorte do Egito dinástico —, mas o túmulo de Tutankamon revelou dois conjuntos de bordão e mangual, os símbolos de autoridade portados por todos os reis egípcios desde o divino Osíris em diante. Um dos conjuntos tem dimensões para criança e está inscrito para Tutankaton (n.º 269d e n.º 269f); o outro conjunto tem dimensões para adulto e está inscrito para Tutankamon (n.º 269h e n.º 269e).[48] As suas bandas de vidro azul, obsidiana e ouro destacam estes belos objetos por si mesmos; o seu simbolismo transforma-os nuns objetos extremamente poderosos.

É igualmente poderosa uma túnica de tamanho infantil decorada na frente e nas costas com bordados e lantejoulas de ouro, com um repetido padrão de hieróglifos «*heb sed*» (n.º 44t). O festival *Sed* era uma celebração destinada a renovar e a reforçar o divino direito do rei a governar. Em teoria, era celebrado ao fim de trinta anos no trono e aproximadamente a cada três anos daí em diante, mas, como trinta anos era um tempo inimaginavelmente longo, os reis ficavam contentes por infringirem as regras e desfrutarem de celebrações prematuras. Amenotep III, um dos poucos que efetivamente governou durante mais de trinta anos, celebrou três jubileus legítimos em Tebas (nos anos 30,

34 e 37). Akhenaton celebrou um festival *Sed* em Tebas somente três anos após aceder ao trono, usando a ocasião para se dedicar, a ele, à sua família e ao seu povo, ao serviço de um novo deus. Tutankaton ainda não teria nascido no ano 3 de Akhenaton; a sua túnica deve, pois, ter sido vestida aquando de uma posterior celebração em Amarna — talvez o festival do ano 12 de Akhenaton? — ou num ritual conduzido enquanto parte da sua própria coroação.

As cadeiras eram um sinal de riqueza e de autoridade numa terra em que a madeira era escassa e a maioria da população, não dispondo de cadeiras nem de mesas, rotineiramente se sentava ou agachava no chão. As cadeiras reais, ou tronos, transportavam um acrescido significado mitológico; estavam intimamente ligadas à deusa Ísis, esposa e protetora do deus Osíris, que usava o símbolo hieroglífico do trono como seu ornato de cabeça. Como as palavras escritas do Egito (os hieróglifos) eram imagens, as imagens do Egito poderiam ser lidas como palavras, pelo que qualquer imagem de um rei sentado no seu trono pode ser «lida» como um rei sendo apoiado pela divina consorte, Ísis. Podemos, portanto, acrescentar todas as seis cadeiras encontradas no túmulo de Tutankamon à sua lista de acessórios cerimoniais. Uma delas, uma cadeira de braços em ébano, sem inscrições, decorada com entalhes de marfim e folha de ouro, tem apenas 0,71 metros de altura e foi presumivelmente usada pelo rei quando criança (n.º 39). Outra, a cadeira de adulto em ébano e marfim, inscrita e entalhada, a que Carter chamou erroneamente «trono eclesiástico» (n.º 351), abrange o tempo em que o rei mudou de nome. Embora o desenho dessa cadeira fosse o habitualmente usado pela elite em todo o Novo Reino, o painel traseiro está decorado com uma fila de cobras com discos solares nas respetivas cabeças e um grande abutre de asas estendidas; tais elementos confirmam que se trata de um assento feito para a realeza. A maioria das inscrições nas cadeiras designam o proprietário como Tutankaton, mas dois entalhes em que o ébano foi substituído referem o «deus perfeito» (um título tradicional pré-Amarna), Tutankamon, sugerindo que a cadeira foi criada para Tutankaton e depois reparada quando ele governava como Tutankamon. Uma caixa de jogo em marfim gravado, recuperada do Anexo, reforça esta sensação de um rei que herdou lealdades religiosas conflituosas (n.º 585r):

> Que Ele viva, o Bom deus, Imagem de Ra, filho de Amon sobre o seu trono, senhor da força que toma todas as terras, o rei do Alto e Baixo Egito, Nebkheperure, dada vida e saúde para sempre.

> Que Ele viva, o Bom Deus, filho de Amon, filho de Aton no céu, o rei do Alto e Baixo Egito Nebkheperure, Filho de Ra, Tutankamon, Governante-de-Tebas, que Ele viva para sempre.[49]

O escultor Tutmés obtivera um grande sucesso com a vida de Amarna. Gerindo uma grande oficina, fora ele o responsável por muitas das estátuas de pedra que decoravam a cidade. As suas recompensas incluíam uma luxuosa moradia num subúrbio prestigiado, um poço e um armazém de cereais privados, uma dispendiosa carruagem e dois cavalos igualmente dispendiosos para a puxarem. Se visitarmos o seu bem equipado complexo, podemos encontrar provas — um fragmento de jarro de vinho datado do ano 1 de um rei anónimo e um anel de faiança quebrado que ostenta o nome «Nebkheperure» — que confirmam que ele continuava na residência, e presumivelmente a fabricar estátuas reais, no início do reinado de Tutankaton.[50] Mas quase imediatamente surgiu a decisão de reverter a experiência religiosa de Akhenaton. Aton iria ser despromovido, os antigos deuses seriam reabilitados e a corte iria regressar a Tebas. Para enfatizar esta momentosa marcha atrás, o rei mudaria o nome para Tutankamon (*Imagem Viva de Amon*), e a rainha, para Ankhesenamon (*Que vive através de Amon*).

Quando se tornou claro que esta decisão nunca seria revertida, aqueles que serviam a família real, e os que serviam aqueles que serviam a família real, não tiveram outra opção senão a de empacotar os pertences e mudarem-se. Amarna, sem a família real, nada tinha para lhes oferecer. Lenta mas seguramente, a população começou a declinar dos seus estimados 50 mil habitantes, e a cidade de tijolos de lama começou a desmoronar-se. Somente a Aldeia dos Operários e a Aldeia de Pedra — as casas dos construtores de túmulos de Amarna e de outros envolvidos nas atividades baseadas no deserto — sobreviveram, tendo vindo a ser reocupadas e até ampliadas antes de serem abandonadas durante o reinado de Horemheb. O escultor Tutmés fechou a sua moradia e vogou para norte, para uma nova vida em Mênfis e, por fim, um funcral na necrópole de Sacara.[51] Deixou para trás um armário cheio de esculturas de pedra e de cabeças de gesso que representavam a agora desacreditada corte de Akhenaton. Entre elas estava o mundialmente famoso busto de Nefertiti usando a sua diagnóstica coroa azul, presentemente exposta no Neues Museum de Berlim.[52]

Não dispomos de uma data precisa para esta momentosa mudança, mas o facto de somente uma menção ao «rei Tutankamon» ter sido descoberta fora do seu túmulo — uma pequena estela que originalmente mostrava o rei coroado fazendo uma oferenda a Amon-Ra, «rei dos deuses», e à sua consorte, Mut, «Senhora do Céu; Mestra dos Deuses» — indica que ela ocorreu pouco tempo após aceder ao trono.[53] Deverá ter acontecido antes — provavelmente vários anos antes — de o praticamente desconhecido escriba Tjai rabiscar um grafito para registar a sua visita à Pirâmide em Degraus de Sacara no terceiro dia do quarto mês do verão, no ano 4 do rei «Tutankamon».[54]

Estando os vivos de partida, era tempo de também os mortos desertarem de Amarna. A maioria dos túmulos abertos na rocha que foram talhados para a elite ficou substancialmente inacabada e parece que apenas um, o túmulo de Haya, camareira da rainha Tiy, fora efetivamente usado. Em contraste, o Real Wadi albergou, no mínimo, os funerais de Akhenaton, Smenkhkare, Meketaton, Kiya, Tiy, Neferneferuaton, Neferneferure e Setepenre. Não sabemos quando morreu Nefertiti, mas uma única *shabti* (figura funerária) quebrada indicia que também ela poderá ter sido enterrada em Amarna.[55] A relocalização da corte viria a deixar estas sepulturas desprotegidas e altamente vulneráveis a ladrões. O Wadi teria de ser guardado dia e noite e, mesmo assim, poderia haver alguma garantia de que ele não fosse roubado? Quem guardaria os guardas?

Foi tomada a decisão de mudar as sepulturas reais para a segurança do Vale dos Reis. Isto deve ter representado para alguém um pesadelo de logística e de segurança. Os túmulos selados e as câmaras dos túmulos tiveram de ser abertos e as múmias e seus objetos fúnebres transportados, ou arrastados em trenós, ao longo de onze quilómetros de deserto e de terras cultivadas até ao barco que os levaria, rio acima, para Tebas. Aqui, os objetos fúnebres mais desejáveis foram desviados para a crescente provisão funerária do próprio Tutankamon. As múmias enfrentaram uma segunda e demorada jornada pelo deserto até chegarem finalmente a uma oficina temporária no pequeno túmulo privado que conhecemos como KV55. Aí foram processadas — despojadas, podemos assumi-lo, de tudo menos dos seus bens mais pessoais, e reembrulhadas — antes de alocadas a um local de repouso apropriado. Dessas múmias, a rainha Tiy foi a mais fácil de localizar. Sabemos que passou algum tempo no KV55 antes de ser novamente enterrada no túmulo do Vale Ocidental onde já jazia o marido. O grande santuário dourado em forma de caixa que outrora rodeava o seu sarcófago foi, com considerável dificuldade, ao que podemos imaginar, transferido para Tebas e acabou por ser abandonado no KV55 quando as suas dimensões tornaram demasiado incómodo levá-lo para outro lado.

O novo rei havia decidido que o Egito tinha de ser restaurado. Uma grande estela de granito vermelho descoberta no átrio em colunata (hipostilo) do templo de Karnak a Amon-Ra, mas que provavelmente é originária de um local mais público no interior ou mesmo no exterior das instalações do templo, explica a sua política com algum detalhe. A dupla imagem gravada no topo da estela mostrava originalmente Tutankamon apresentando oferendas a Amon-Ra e a Mut, enquanto Ankhesenamon se posta atrás dele em seu amparo. Hoje em dia, ela quase desapareceu inteiramente da cena. As duas cenas são semelhantes, mas não idênticas: um Tutankamon usa a Coroa Azul e oferece flores enquanto o outro usa na cabeça um pano *nemes* (um pano que cobre a coroa, a parte de trás da cabeça e a nuca, com uma grande dobra descendo por trás de cada orelha até aos ombros), e oferece uma libação. Tal como muitas das obras de Tutankamon, a estela de Karnak foi usurpada por Horemheb, que gravou rudemente o seu nome por cima do nome do proprietário original. O texto de Tutankamon continua nítido, mas a data ficou danificada, pelo que apenas sabemos que foi gravado no «quarto mês de inundação, dia 19».[56]

> [...] Ele restaurou o que estava arruinado, como monumentos de eternidade. Ele repeliu os maus procedimentos em todas as Duas Terras e estabeleceu o *maat* [...].
>
> Ora quando Sua Majestade se tornou rei, os templos e as cidades dos deuses e das deusas, de Elefantine até aos pântanos do Delta haviam-se tornado ruínas. Os seus santuários tinham caído em desuso e tornaram-se montes cobertos de ervas. Os seus santuários foi como se nunca tivessem existido, os seus templos eram um carreiro. A terra estava em confusão, pois os deuses abandonaram essa terra. Se [um exército] fosse enviado a Djahy para expandir as fronteiras do Egito, não seria bem-sucedido. Se alguém rogasse um pedido a um deus, este não viria de todo. Se se orasse a uma deusa do mesmo modo, ela não viria de todo [...].
>
> Após alguns dias, [Sua Majestade] apareceu no trono de seu pai; ele governava as Praias de Hórus. A Terra Negra e a Terra Vermelha estavam sob o seu domínio, e toda a terra se vergou perante o seu poder [...].
>
> Então Sua Majestade tomou conselho com o seu coração, procurando todos os feitos excelentes, procurando benefícios para o seu pai Amon [...].

A Estela diz-nos que Tutankamon estava a viver num palácio a norte construído pelo seu antepassado Tutmés I quando consolidou o plano de restaurar os deuses tradicionais. A recuperação de diversos fragmentos díspares de arquitetura em pedra no interior e nos arredores de Mênfis, agora todos muito danificados, tendo muitos sido relavrados por reis posteriores e alguns incorporados em edifícios mais tardios, mas cada um deles tendo aparentemente ostentado em tempos o nome ou a imagem de Tutankamon, sugere fortemente que mandou erigir o(s) seu(s) próprio(s) edifício(s) nessa área. No entanto, não há provas suficientes que confirmem o que construiu ele ao certo.

A estela explica depois que o divino pai de Tutankamon, Amon-Ra, iria receber uma estátua feita de eletro, lápis-lazúli, turquesas «e todas as pedras preciosas», e um novo barco processional que lhe permitiria «vogar» para fora do seu templo, levado aos ombros dos sacerdotes. O Ptah de Mênfis receberá um donativo semelhante, mas ligeiramente menos esplêndido, e outros deuses, não designados, receberão estátuas. Haverá novos santuários, e novas doações generosas garantirão que os rituais diários dos templos possam ser executados corretamente. Os templos serão providos de sacerdotes bem-nascidos e de cantoras e bailarinas «que foram aias na casa do rei». Escravos e escravas «do tributo de captura de sua pessoa» irão trabalhar nas oficinas dos templos. Esta última frase sugere que Tutankamon tinha acesso a prisioneiros de guerra, mas não é necessariamente assim, pois os reis que nunca combateram usavam frase idêntica.

Não era inédito que um novo faraó fizesse grandes reivindicações de restaurar o *maat* — o estado de coisas correto — numa terra caótica e ímpia. Tais reivindicações podem normalmente ser rejeitadas como propaganda, particularmente quando não existem provas que sugiram que o Egito se encontrava num, ou se assemelhava a um, estado de caos. A faraó Hatshepsut, da XVIII dinastia, por exemplo, não teve aparentemente qualquer pudor em reclamar ter «erguido o que estava desmembrado, pela primeira vez, quando os asiáticos estiveram em Avaris, na Terra do Norte», embora «os asiáticos» tenham na verdade sido expulsos do Egito muitos anos antes de ela chegar ao trono.[57] Ela, ao reinar, sentiu-se plenamente justificada ao reclamar como seus os feitos dos predecessores. No entanto, sabendo-se que o Egito fora de Amarna tinha efetivamente sido desprezado, e que Amon-Ra e a família haviam sido impiedosamente perseguidos por Akhenaton, é tentador ler-se a declaração de Tutankamon como uma genuína tentativa de corrigir os erros causados pela Época de Amarna.

Isso não significa que devamos aceitar demasiado à letra as suas palavras. Tutankamon nascera em Amarna e fora criado no culto de Aton; não conhecia outro modo de vida e não adorava outros deuses. A decisão de terminar a experiência de Amarna foi tomada para ele por conselheiros que não sentiam qualquer devoção pessoal a Aton — que talvez culpassem até Aton pelo óbvio declínio do Egito — e que consideravam Amarna uma cidade desadequada para se governar um império a partir dela. A decisão de promoverem Tutankamon como um faraó tradicional do Novo Reino — um bravo guerreiro, sacerdote consciencioso e avisado administrador — pode ter sido uma devotada tentativa de restaurar o *maat*, mas é igualmente provável que tenha sido uma tentativa cínica de reiniciar a monarquia e colocar o novo rei (e eles próprios) à parte dos seus antecessores imediatos, sem na verdade os culpar pelo caos que agora ameaçava dominar o Egito.

Se Tutankamon tivesse vivido uma vida longa, este plano de «restauração» provavelmente teria sido bem-sucedido. Mas seriam precisos mais de dez anos para restaurar completamente o *maat*. Cinco anos após a morte de Tutankamon, Horemheb, agora ele próprio rei do Egito, achou necessário lançar um decreto destacando um programa de reformas internas destinado a proteger os bens do estado e dos templos. Durante o seu reinado, assistimos a um abandono das reticências que até agora nos protegeram das realidades mais duras da vida do Novo Reino. Pela primeira vez, são enunciadas severas penas para o comportamento antissocial que tinha vindo a afligir o Egito:

> [Se alguém] roubar um barco que pertença a algum soldado ou a alguma pessoa em toda a terra, que a lei lhe seja aplicada cortando-lhe o nariz e enviando-o para Tjaru.
>
> Mas quanto a algum prefeito ou a algum sacerdote sobre o qual se ouça que ele toma assento para administrar a justiça no tribunal montado para administrar a justiça, e porém age falsamente com um caso meritório, isso será considerado contra ele um grande crime, que merece a morte.[58]

Fora do Egito havia muito trabalho a fazer caso Tutankamon quisesse retomar o seu devido lugar como líder no mundo do Mediterrâneo oriental. Akhenaton herdara um grande império. Para lá da fronteira sul, a Núbia fora completamente absorvida na administração imperial egípcia e contribuía com valiosos rendimentos para o tesouro. No norte, uma ativa rede de vassalos e aliados estendia-se ao longo do Próximo Oriente naquilo que é hoje Israel/Palestina, Líbano, Jordânia e Síria. Sabemos que Amarna não floresceu em isolamento; havia importações de alimentos, de linho e de outras necessidades desde o interior do Egito, e as Cartas de Amarna testemunham uma animada correspondência diplomática e troca de presentes com governantes para lá das fronteiras egípcias. Contudo, Akhenaton parece ter tratado o mundo fora da sua cidade com uma indiferença que se abeirava do desprezo, fechando os olhos às mudanças de poder que começavam a desestabilizar o Próximo Oriente. Abdi-Astarti de Qiltu (localização incerta) não foi o único vassalo a solicitar ajuda em vão quando foi atacado:

> Dizer ao rei, meu senhor: Mensagem de Abdi-Astarti, servo do rei. Caio aos pés do rei, meu senhor, sete vezes aos pés do rei, meu senhor e sete vezes, aqui e agora, tanto de barriga como de costas. Que o rei, meu senhor, seja informado de que a guerra contra mim é severa, e que possa agradar ao rei, meu senhor, enviar um magnata que me proteja. Além disso, o rei, meu senhor, enviou-me ordens e eu estou a cumpri-las. Cumpro todas as ordens do rei, meu senhor. Com isto [...] envio dez mulheres [...].[59]

A história de Aziru de Amurru (no atual Líbano), que pode ser acompanhada através das Cartas de Amarna, testemunha a incerteza política dessa época. Embora fosse um vassalo egípcio, Aziru havia invadido territórios vizinhos, e Rib-Hadda de Biblos fora obrigado a escrever a Akhenaton, pedindo-lhe proteção. Rib-Hadda acabou exilado e morto, e Akhenaton chamou Aziru a Amarna para que explicasse os seus feitos. Entretanto, no que é hoje a Turquia, o crescente Império Hitita começava a testar a sua força. Ao fim de um ano no Egito, Aziru foi autorizado a regressar a casa. Não tardou a desertar para os hititas. Amurru continuaria a ser território hitita até à XIX dinastia:

> [...] tropas de Hatti conduzidas por Lupakku capturaram cidades de Amqu [...] Além disso, ouvimos dizer o seguinte. Zitana chegou e há 90 mil homens de infantaria que vieram com ele. No entanto, não confirmámos esse relato, nem se eles realmente lá estão [...].[60]

Aziru não foi o único vassalo a transferir a lealdade, e o tributo, para os hititas. Mitâni (localizado na moderna Síria e no ocidente do Iraque), outrora o mais forte aliado do Egito no Próximo Oriente e local de nascimento de Tadukhepa, uma das mais proeminentes esposas de Akhenaton, foi deixado sozinho a enfrentar o inimigo.

Muitos faraós iniciavam os reinados com uma breve campanha militar destinada a provar a sua capacidade de subjugar os inimigos do Egito. Algumas dessas campanhas eram genuínas, algumas eram brigas menores deliberadamente engendradas para permitir ao rei reclamar uma grande vitória, e algumas, suspeitamos nós, foram simplesmente «tomadas por empréstimo» a reinados anteriores e mais bem-sucedidos. Já vimos que Tutankamon fez referência a escravos e escravas «do tributo de captura de sua pessoa», e ficámos a pensar se essa frase habitual deveria ser levada à letra. Blocos gravados que ostentam imagens fragmentadas de uma capela tebana desmantelada na margem oriental, chamada a «Mansão de Nebkheperure Amada de Amon Fundador de Tebas», sugerem que sim. Embora não exista nenhum texto detalhado a explicar os pormenores da sua campanha (ou campanhas) podemos «ler», como numa banda desenhada, a história das aventuras militares de Tutankamon: vemos o rei assaltando uma cidadela síria, recebendo o saque que inclui prisioneiros e mãos decepadas a inimigos enfiadas em lanças, a retirar-se para casa com um prisioneiro atado e pendurado no barco real, e oferecendo os prisioneiros e outros despojos de batalha aos deuses do templo de Karnak. Cenas separadas proporcionam «provas» de uma campanha na Núbia.[61] As provas da Mansão são apoiadas por cenas que mostram asiáticos e núbios prestando tributo ao túmulo tebano do vice-rei Amenotep-Huy (TT40), e cenas mostrando longas filas de asiáticos e de líbios, que aparecem tanto como prisioneiros como procurando a paz no túmulo do generalíssimo Horemheb em Sacara. No entanto, o facto de os anteriores reis raméssidas terem precisado de gastar muitos anos a restaurar a fronteira norte indica que, seja o que for que eles quisessem que acreditássemos, Tutankamon e Horemheb não foram bem-sucedidos a restaurar o império perdido de Akhenaton.

Se os seus exércitos combateram para lhe manterem o império, podemos assumir que Tutankamon combateu com eles? As cenas da Mansão implicam que ele estava de facto presente, e essa impressão é reforçada pelos seus objetos fúnebres. O primeiro artefacto recuperado da Antecâmara — a arca de madeira conhecida como «Caixa Pintada» — tinha sido emplastrado e pintado por cima, em toda a superfície exterior, com cenas do rei a executar façanhas arriscadas no seu carro de combate (n.º 21). Sobre a tampa, ele conduz os seus homens numa excitante e potencialmente perigosa caçada no deserto, e no corpo da caixa conduz os homens à vitória contra um exército de asiáticos, que já foi identificado como sírio ou como hitita. Em ambas as cenas, Tutankamon está em pé e sozinho no carro, e os seus dois corcéis saltitantes são controlados pelas rédeas que estão atadas ao redor do seu peito enquanto dispara flechas contra o inimigo. Esta é uma pose real habitual, vista em diversas paredes exteriores de templos do Novo Reino: na vida real, seria quase impossível controlar uma biga dessa maneira, e esperaríamos que o rei estivesse acompanhado por um condutor, e provavelmente também por um escudeiro.

A natureza habitual destas cenas, e a ausência de quaisquer pormenores escritos que as apoiem, leva-nos a pôr em causa a sua exatidão. Todas as cenas reais são propaganda: não têm de contar a verdade tal como entendemos esse conceito hoje em dia. Podemos compreendê-lo mais facilmente se considerarmos o papel do rei enquanto sacerdote. Estamos acostumados a ver imagens habituais do rei, e do rei apenas, fazendo oferendas aos deuses nas paredes dos templos do estado, mas não caímos no ardil de assumir que o rei fazia todas as oferendas em todos os templos porque sabemos que isso teria sido impossível. Embora em teoria o rei fosse a única pessoa que podia comunicar efetivamente com os deuses, na prática ele nomeava delegados — sacerdotes — para fazerem tais oferendas em seu nome. O generalíssimo Horemheb era o chefe do exército de Tutankamon: também é provável que ele tenha sido o seu representante no campo de batalha.

Outras cenas menos verosímeis de dominação física aparecem no túmulo de Tutankamon. Um escudo cerimonial mostra o rei a segurar um leão pela cauda para o derrotar; um outro mostra-o a assumir a forma de uma esfinge de cabeça humana coroada para espezinhar humanos inimigos (n.º 379b e 379a). As figuras douradas recuperadas do Tesouro mostram-no a equilibrar-se num frágil barco para arpoar um hipopótamo (um «inimigo» tradicional do rei egípcio Hórus, omitido da cena para não aparecer magicamente vivo no túmulo) e a cavalgar o dorso de um animal que parece ser um leopardo ou uma pantera (n.º 275c, 275e, 289a, 289b). Ele também caça nas paredes da Mansão, onde o vemos no seu carro, perseguindo antílopes e leões. Um touro selvagem morto foi, ao que nos dizem, alvejado pelo rei. Vencendo fisicamente as forças do caos, sejam elas humanos inimigos ou animais selvagens,

Tutankamon cumpre o dever de preservar o *maat*, e ao fazê-lo apraz aos deuses. Ao mesmo tempo, o arpoamento do hipopótamo compara Tutankamon ao deus Hórus, que arpoou o seu tio Seti na forma de um hipopótamo durante a desesperada luta deles pela coroa.

Para dar maior apoio a esta imagem do Tutankamon homem-de--ação, o túmulo continha uma profusão de equipamento militar e de caça. Os mais conspícuos são seis carros desmantelados cujo desenho é ligeiramente diferente: três são veículos altamente decorados e relativamente ligeiros que provavelmente eram usados para aparições cerimoniais (n.º 120, 121, 122), e um carro menos ornamentado, mais robusto, além de dois veículos ligeiros, mas não decorados, que foram hesitantemente identificados como carros de caça (n.º 161, 332, 333). Vinham acompanhados de um impressionante arsenal de armamento que incluía dezasseis arcos, flechas e um sortido de clavas, fundas, dardos, espadas e adagas. Para proteger o rei, havia quatro escudos cerimoniais, quatro escudos mais leves e mais práticos, e uma couraça sem mangas feita de escamas de couro cosidas num forro de linho (n.º 587a).[62]

Mas embora Tutankamon fosse sepultado com as armas de um caçador e soldado, já se defendeu que ele poderia não ter sido suficientemente ágil, ou mesmo suficientemente forte, para empunhar esse equipamento. Embora Derry acreditasse que ele era um jovem bem nutrido com uma saúde razoável, a análise publicada pelo Supremo Conselho de Antiguidades sugere que fora um rei fisicamente débil, que sofria os efeitos da consanguinidade e era atormentado por doenças e incapacidades, incluindo malária, escoliose da espinha e um pé esquerdo deformado, com sinais de pé torto (*talipes equinovarus*), dois metatarsos enfermos e um osso do dedo grande em falta.[63] Se este diagnóstico estiver correto, as imagens de Tutankamon a executar habilidosos — e em diversas ocasiões temerários e claramente ficcionais — atos de bravura devem ser interpretadas como propaganda de rotina para mostrar o rei, fosse qual fosse a sua efetiva aparência e caráter, como fisicamente perfeito e espantosamente bravo. Isso parece razoável, e decerto explicaria as cento e trinta canas e bengalas que foram recuperadas no túmulo dele.

Contudo, como muitas vezes acontece na egiptologia, o diagnóstico não é tão nítido quanto gostaríamos. Não é inédito que o «pé torto» nas múmias seja o resultado de uma torção causada por ligaduras demasiado apertadas. Mais importante, uma radiografia feita pela equipa de Harrison, em 1968, parece mostrar um pé esquerdo saudável com ossos de dimensões normais. Como os metatarsos anormais e o osso em falta estão localizados perto de uma área danificada, isso abre a possibilidade de que se trate de um desenvolvimento pós-1968.[64] Apoiando o diagnóstico de não deformidade, os sapatos e as sandálias de Tutankamon não mostram nenhuma das diferenças de fabrico que poderíamos esperar encontrar em calçado concebido para alguém que tivesse um pé torto.

Enquanto os médicos continuam a discutir acerca do pé esquerdo de Tutankamon, temos de ser muito cuidadosos ao definir os seus muitos bastões como auxiliares de caminhada.[65] Ao longo da Época Dinástica, o bastão ou bordão era um símbolo da autoridade masculina de elite, e enquanto tal rotineiramente portado por homens sem qualquer dificuldade em caminhar. Embora fosse primariamente um indicador de estatuto, o bastão podia ser usado em caso de necessidade. Os ocasionais espancamentos eram um risco da vida quotidiana para os menos privilegiados. Os alunos das escolas eram espancados pelos professores; os servos pelos capatazes; as classes inferiores pelos seus superiores; e os cobradores de impostos andavam armados com bastões que os ajudavam a maximizar o seu rendimento. Na *História do Camponês Eloquente*, que data do Reino Médio, o infeliz Khun-Anup, o herói da história, é injustamente espancado tanto pelo vilão Djehutinakht como pelo oficial Rensi, e aceita esses assaltos com resignação, dado ser essa a ordem natural das coisas. Embora o sábio do Reino Antigo Ptahhotep nos diga que «é desprezível aquele que magoa um pobre homem», também aconselha os seus leitores masculinos da elite a «Punir com firmeza, castigar inteiramente».[66]

Encontrando-se em necessidade urgente de recursos para financiar o seu programa de restauração, Tutankamon encarregou Maya, chefe do Tesouro, de pôr em prática uma implacável campanha de recolha de fundos. Visitando os principais templos do estado, desde a fronteira sul até ao mar Mediterrâneo, Maya assegurou que os impostos que Akhenaton havia desviado para o culto de Aton voltavam a encher os cofres dos templos, e que os templos, por seu turno, pagavam o que deviam à coroa:

> Ano de Reinado 8, terceiro mês de Peret, dia 21
>
> Neste dia, Sua Majestade [Tutankamon] encarregou o príncipe e conde herdeiro, portador do leque à direita do rei, o escriba do rei, o supervisor do tesouro Maya, de tributar toda a terra e de doar oferendas divinas a todos os deuses do Egito [...].[67]

Aconteceram restauros — a demolição dos efémeros templos de Akhenaton a Aton e a reparação dos templos tradicionais vandalizados e negligenciados — em todo o Egito, mas como Tot de Hermópolis Magna, Ra de Heliópolis e Ptah de Mênfis tinham conseguido manter-se discretos ao longo da Época de Amarna, em muitos casos o único restauro necessário foi a reinscrição do nome de Amon onde ele ocorria enquanto parte do nome composto Amenotep.

O norte do Egito mostrou poucas provas de restauro e de reconstrução. Uma pedra inscrita na armação de uma porta recuperada no planalto de Gizé menciona simultaneamente Tutankamon e Ankhesenamon «Amado de Hauron» e pode tratar-se dos restos de uma nova capela dedicada ao deus cananeu associado à Grande Esfinge.[68] Essa armação de porta foi mais tarde usurpada pelo Ramsés II da XIX dinastia, que cobriu as inscrições originais com gesso e gravou nela o seu próprio nome. Um lintel de pedra que preserva uma restauração de Horemheb, escrita por cima do nome de um outro rei, sugere que os operários de Tutankamon também estiveram ativos em Avaris, no delta oriental.[69] Como mostram a armação e o lintel, porém, Tutankamon não foi o único restaurador do final da XVIII dinastia/início da XIX dinastia ativo no norte. Os seus sucessores, Ay e Horemheb, e os primeiros reis raméssidas também empreenderam restaurações, com Horemheb em particular a reclamar habitualmente crédito pelas obras de Tutankamon.

Ao sul da fronteira de Assuão, a Núbia estava sob o firme controlo do vice-rei, Amenotep-Huy, «filho real de Kush, portador do leque à direita do Rei, supervisor das terras de ouro de Amon, supervisor do gado de Amon nesta terra de Kush, o bravo de sua pessoa na cavalaria, o escriba do rei».[70] Eram necessárias obras de reconstrução em Gebel Barkel e em Soleb, onde Akhenaton atacara o nome de seu pai, substituindo o teologicamente insalubre «Nebmaatre Amenotep» pelo repetitivo, mas mais aceitável, «Nebmaatre». Kawa recebeu um novo templo, cujos relevos mostravam Tutankamon adorando Amon-Ra, Re-Horakhty, Atum, Min e Tot, e o muralhado centro administrativo de Faras beneficiou de um novo templo e de um novo grupo de estátuas, nas quais Tutankamon surgia sentado, em pose divina, entre Amon e Mut.[71] Foi aqui em Faras que a viúva de Amenotep-Huy, Taemwadjsi, construiu uma capela em memória do seu marido. O revestimento em pedra lavrada aposto nas paredes de tijolos de lama da capela sobreviveu e veio confirmar que a capela estava associada ao culto do divino Tutankamon. Amenotep-Huy aparece a adorar as cártulas gémeas de Tutankamon enquanto o seu irmão é descrito como «Segundo Sacerdote de Nebkheperure [Tutankamon]», e a esposa como «chefe das serventes de Nebkheperure».

Em Faras, é evidente, Tutankamon atingiu sem esforço o sonho de Akhenaton: é adorado como um deus vivo. Este afastamento da ortodoxia pode ser comparado com provas vindas de Kawa, onde Tutankamon era considerado a incarnação viva de Amon-Ra. Em teoria, os reis vivos do Egito eram semidivinos. Apenas se tornariam plenamente divinos depois da morte. No entanto, esta subtil questão teológica nem sempre era evidente para o seu povo. As estátuas colossais erigidas por Amenotep III não eram simplesmente umas enormes obras de arte. Eram estátuas divinas, deliberadamente colocadas no exterior das paredes do templo de modo a poderem constituir um acessível foco de adoração para aqueles — as pessoas vulgares — a quem era negado acesso aos deuses do templo. Cada estátua desenvolveu o seu próprio culto, o seu próprio sacerdócio e os seus próprios devotos. Em teoria, essas estátuas eram representações de aspetos divinos do rei vivo e não imagens do próprio rei vivo, mas não é certo que todos os que deixavam oferendas e faziam pedidos às estátuas compreendessem essa fina distinção. Para além das fronteiras do Egito, parece que esta complexa teologia podia ser relaxada. Amenotep III e Tiy tinham sido adorados como deuses vivos na Núbia; agora, também Tutankamon é divino.

As provas mais pormenorizadas do programa de restauração de Tutankamon provêm, como seria de esperar, da área tebana. Aí, uma vasta faixa de terra, que se estende desde os túmulos e templos mortuários da margem ocidental do Nilo até às cidades e templos da margem oriental, formava uma paisagem sagrada dedicada ao deus Amon (ou à sua variante do Novo Reino, Amon-Ra) e à sua divina família. Amon-Ra vivia uma vida oculta dentro do complexo do templo de Karnak, mas, como todos os anos exigiam os rituais, fazia visitas esporádicas aos lares de outros deuses. Escondido dentro da cabina do seu barco sagrado, carregado aos ombros dos seus sacerdotes, ele desfilaria até ao vizinho templo de Luxor ou atravessaria o rio para ir visitar os deuses dos reais templos mortuários. Os momentos em que o deus emergia da sua reclusão eram feriados nacionais: tempos de banquete público, de bebida e de celebração enquanto o povo da região tebana se aproximava o máximo que podia de comunicar com o seu deus.

A vingança de Akhenaton contra Amon levara-o a atacar não apenas os templos do estado e a arte oficial, mas também túmulos privados e estatuária não-real, numa desesperada tentativa de eliminar todas as menções ao desprezado deus de Tebas. Tutankamon tinha pouco interesse em restaurar os monumentos privados profanados — isso podia ficar a cargo das respetivas famílias —, mas estava interessado em grandes gestos, e estava particularmente disposto a associar-se ao seu ilustre antepassado Amenotep III.[72] Por conseguinte, completou e decorou a colunata de entrada de Amenotep no templo de Luxor e restaurou textos e relevos vandalizados no interior do templo mortuário de Amenotep na margem oriental, em Kom el-Heitan. Em Karnak, foram mandadas fazer estátuas de Amon-Ra, Mut e Amunet (uma outra esposa de Amon), foi restaurado o celeiro conhecido como «Amon rico em provisões», e foram reparados textos e relevos do templo. A figura do rei foi inserida ao lado da de Amenotep III no Terceiro Pilone (um portão monumental dentro do complexo do templo) e o seu nome aparece no Sexto e Oitavo Pilones. Recomeçaram, entretanto, as obras de construção no Décimo Pilone, um portão que teria sido iniciado por Amenotep III e abandonado por Akhenaton. Tutankamon usou blocos dos templos de Akhenaton desmantelados para preencher o interior do portão, enquanto as cabeças humanas de esfinges decapitadas, que haviam sido originalmente concebidas para os templos solares de Akhenaton, foram adaptadas de modo a criar uma avenida de esfinges com cabeça de carneiro dispostas entre o Décimo Pilone e o templo de Mut. Entre as patas das esfinges, estavam figuras miniaturais de Tutankamon, sustendo o bordão e o mangual nos seus braços cruzados.

Entretanto, à medida que os templos de Aton foram demolidos, os seus blocos de pedra já inscritos foram reciclados em novos edifícios, que, com a passagem dos séculos, poderiam eles próprios vir a ser reciclados em edifícios ainda mais recentes gerando uma grande confusão arqueológica. Os blocos da desaparecida Mansão Tebana de Tutankamon proporcionam um excelente exemplo da complexa vida de um bloco de templo. Talhado originalmente para um dos templos do sol de Akhenaton em Karnak, os blocos foram reutilizados primeiro por Tutankamon e depois por Ay, que completou a Mansão como memorial ao seu antecessor. No seguimento da morte de Ay, Horemheb alterou inicialmente as inscrições de modo a sugerir que tinha sido ele a restaurar a Mansão, depois mudou de ideias e desmantelou-a. Este apagamento do edifício de Tutankamon é um reflexo da atitude mais dura de Horemheb para com a Época de Amarna e todos os que lhe estavam associados. Percebendo porventura que a história não trataria muito bem os reis «heréticos», ele resolvera dissociar-se do seu passado imediato. Muitos dos blocos de Tutankamon foram usados para preencher o Segundo e o Nono Pilones de Karnak. Depois disso foram parar a edifícios medievais que brotaram em redor do complexo de templos de Karnak. Finalmente, quando as casas medievais foram gradualmente demolidas, os blocos entraram no sistema de museus.

O templo de Karnak não devia ser apenas restaurado; devia ser melhorado. Um novo relevo na parede exterior foi decorado com folha de ouro que cintilava ao sol. Aqui, o deus da inundação, Hapi, e a deusa das colheitas, Renetutet, estavam ladeados por duas cenas idênticas que mostravam Tutankamon aproximando-se de Amon-Ra, de Mut e do filho deles, Khonsu. Infelizmente, hoje em dia esse relevo está muito danificado, a folha de ouro foi roubada e ao nome de Tutankamon foi sobreposto o de Horemheb. Dentro do templo, muitas das estátuas de culto tinham sido danificadas, pelo que os escultores de Tutankamon pegaram nos cinzéis e começaram a reparar as figuras despedaçadas de Amon-Ra e da sua família, cruciais para o devido funcionamento do culto. Os historiadores da arte conseguem identificar facilmente o seu trabalho porque não fizeram qualquer tentativa para replicar o estilo original; em vez disso, colocaram feições e partes do corpo contemporâneas do final da XVIII dinastia em esculturas que, em certos casos, eram consideravelmente mais antigas. Poderá suceder que quando as estátuas eram pintadas, como todas elas deviam ter sido, essas discrepâncias de estilo fossem menos evidentes.

Como a maioria das estátuas dos templos ficou danificada ao ponto de não poder ser reparada, tiveram de mandar fazer outras. Também eram necessárias estátuas do novo rei. Tutankamon foi representado em vida e em tamanho colossal, fosse como ele próprio ou como um deus que ostentava o rosto dele, tanto nos templos de Luxor como de Karnak. Hoje em dia, continua sentado, em tamanho real, no interior do templo de Luxor com Ankhesenamon ao seu lado. Tecnicamente, essa díade representa o casal divino Amon-Ra e Mut, mas os rostos arredondados são inequivocamente os do jovem rei e da sua rainha. Esta convenção de aplicar as feições do rei ao seu deus prosseguiria ao longo de todo o reinado de Tutankamon.

Para obtermos uma melhor visão de Tutankamon, o homem, temos de nos virar para o «esconderijo de Karnak»: uma coleção de mais de dois mil artefactos do templo, obsoletos e supérfluos, que foram enterrados num poço no interior do complexo de templos no final da época dinástica e reescavados em 1903. Incluídas entre as mais de oitocentas estátuas de pedra estão duas imagens de Tutankamon quase idênticas, de dimensão ligeiramente inferior ao tamanho real, cada uma delas dando um passo em diante com a perna esquerda. Tutankamon usa na cabeça um pano *nemes* e um elaborado saiote pregueado que lhe sobressai do corpo e das sandálias, sendo o seu corpo masculino, musculado e perfeitamente proporcionado, com um peito amplo e ancas estreitas. As mãos, abertas com as palmas em baixo sobre o saiote, formam o tradicional gesto de humildade assumido por um mortal na presença de um deus. Este não é um «menino-rei»: é um rei pensativo e maduro, em oração.[73]

Este Tutankamon maduro reaparece na forma das duas estátuas de madeira em tamanho real que guardavam a entrada bloqueada da sua Câmara Fúnebre (n.º 22 e 29). Essas estátuas mostram o rei com uma pele negra, pintada a resina, e olhos e sobrancelhas realçados a ouro. Cada uma ostenta um toucado dourado: numa um pano *nemes*, e na outra um toucado *khat* (uma versão simplificada do *nemes*). Cada uma tem joalharia de ouro; cada uma avança com o pé esquerdo e cada uma transporta na mão esquerda um bordão. Ambos os saiotes dourados estão inscritos com o nome e os títulos de Tutankamon, e um deles (na figura, com o toucado *khat*) declara que ele é o *ka*, ou espírito do rei e, porventura sobre a sua estátua gémea: «o bom deus, do qual temos orgulho, o soberano que se louva, o real *ka* de Horakhte, Osíris, o rei senhor das terras, Nebkheperure».[74] Os egiptólogos, na ânsia de encontrarem documentos escritos no interior do túmulo, especularam em tempos que os saiotes, que se destacam com grande realce dos seus corpos, poderiam ter constituído um esconderijo para a correspondência perdida de Tutankamon. Infelizmente, um exame por raio-X confirmou que não é esse o caso.

Não podemos esperar que as estátuas de Tutankamon nos proporcionem um retrato exato. Elas sempre o apresentarão como o rei egípcio ideal: um rei praticamente indistinguível de todos os outros reis. Se quisermos saber qual era ao certo o aspeto de Tutankamon, precisamos de examinar o seu corpo e os outros indícios acumulados no túmulo. Um exame das roupas é aqui de grande auxílio. As vestes estão em pobre estado de conservação, mas sobreviveu pano suficiente para permitir aos peritos têxteis da Universidade de Leyden tirar medidas e fazer reconstruções modernas.[75]

A múmia do rei, medida por Derry durante a autópsia, tinha aproximadamente 1,63 metros de comprimento. Se descontarmos o engelhamento durante o processo de dessecação, isso sugere que ele teria

1,67 metros de altura: a mesma altura das suas duas estátuas guardiãs. Teria sido alto para um egípcio antigo, mas não de um modo assombroso. A parte superior do corpo de Tutankamon sofreu extensos danos, mas as medidas tiradas ao «manequim», com tamanho quase real, indicam uma circunferência peitoral de 79,6 cm. A cintura dele, estimada por combinação de medidas tiradas aos seus cintos e faixas e ao manequim, media uns estreitos 70–75 centímetros, com a variação de tamanho a refletir o facto de as faixas e os cintos serem concebidos para usar por cima das roupas. Em contraste, as ancas de Tutankamon, medidas a partir da tanga, tinham uns surpreendentes 108 cm de dimensão.[76] Este físico de ancas largas e peito estreito é a forma que vemos nas representações de Akhenaton, o que nos leva a especular que a exagerada arte de Amarna era um exagero da sua invulgar forma corporal. As estátuas douradas recuperadas do Tesouro confirmam um outro aspeto físico invulgar: cada uma delas, em maior ou menor extensão, mostra o rei como um indivíduo de ossos finos com peitos salientes. Os peitos, evidentemente, nem sempre são uma indicação de feminilidade. O facto de também Akhenaton parecer ter peitos em muitas das suas estátuas sugere que a ginecomastia era recorrente na família.

E quanto ao rosto de Tutankamon? Embora a pele do seu corpo estivesse cinzenta, quebradiça e estalada, o rosto, que ficara protegido dos unguentos funerários pela máscara funerária, tinha uma tonalidade mais escura e uma grande lesão ou crosta na face esquerda. Os lábios estavam ligeiramente afastados, revelando os proeminentes dentes da frente que são observáveis noutras múmias reais da XVIII dinastia. Para Carter, o recém-revelado Tutankamon pareceu:

> [...] de um tipo muitíssimo refinado e cultivado. O rosto tem feições belas e bem formadas. A cabeça mostra uma forte semelhança estrutural com Akh-en-aton, sugerindo a mesma afinidade que se nota nos monumentos. Uma semelhança de caráter que nos inclina a procurar [uma] relação de sangue.[77]

É uma tarefa difícil e ingrata — talvez até insensata — tentar reconstruir o rosto de um rei que morreu há muito. Sejam quais forem as capacidades e as intenções do cientista/artista, o resultado está sempre aberto à crítica daqueles que sentem que não corresponde às suas próprias expectativas. O tom de pele causa um problema particular: até que ponto seria escura ou clara a pele de um faraó da XVIII dinastia? A arte não nos ajuda aqui em absolutamente nada, uma vez que os artistas reais pintavam invariavelmente as obras com cores garridas, tradicionais.

Já se tentaram diversas reconstruções científicas e muitos retratos artísticos de Tutankamon. A mais realista é provavelmente um dos três rostos que foram encomendados como parte da autópsia virtual de 2005. As reconstruções foram criadas por equipas independentes de especialistas baseadas no Egito, em França e nos EUA, usando dados de tomografia computorizada e o crânio (ou um modelo do crânio em plástico no caso das equipas francesa e americana). No entanto, duas das equipas foram informadas de qual o rosto que estavam a recriar e, como nos diz um comunicado de imprensa lançado pelo Supremo Conselho de Antiguidades, «fizeram referência a antigas imagens de Tutankamon»; a exatidão dessas reconstruções tem, portanto, de ser posta em causa. A equipa americana, que trabalhou às cegas, deu a Tutankamon a aparência de um jovem norte-africano com um queixo recuado e um nariz proeminente. O líder deste projeto, Zahi Hawass, resumiu os três rostos para nós:

> As três reconstruções (francesa, americana e egípcia) são todas muito semelhantes na forma invulgar do crânio, na forma elementar do rosto, e na dimensão, forma e disposição dos olhos. Os narizes dos três são diferentes, embora as versões francesa e americana sejam mais semelhantes entre si do que a egípcia. Além disso, o queixo é semelhante nas reconstruções americana e francesa; a reconstrução egípcia tem um queixo e um maxilar mais fortes. Na minha opinião, enquanto estudioso, a reconstrução egípcia é a que parece mais egípcia, e as versões francesa e americana têm personalidades mais singulares.[78]

Seguiram-se outras reconstruções mais sensacionais, faciais e de corpo inteiro, muitas vezes incorporando a contestada debilidade e deformidade do pé esquerdo identificadas pelo exame do Supremo Conselho de Antiguidades. Esta frágil versão moderna de Tutankamon está em grande contraste com a forte e poderosa imagem que ele próprio quis apresentar ao mundo.

À medida que o reinado de Tutankamon progrediu, a elite voltou a construir túmulos familiares que refletiam a feliz expectativa de uma vida eterna vivida ao lado de Osíris no Campo dos Juncos. A arte tumular tinha mais ou menos regressado ao «normal»: as figuras características de Amarna desapareceram, os deuses tradicionais foram restaurados e o dono do túmulo era novamente o centro do seu próprio destino. Muitos dos proeminentes refugiados de Amarna construíram túmulos no cemitério de Sacara, incluindo, como vimos anteriormente, a ama de leite Maia, o vizir Aper-el e o escultor Tutmés . Os túmulos mais esplêndidos foram os construídos pelo tesoureiro de Tutankamon, Maya, e pelo generalíssimo Horemheb. Aqui, no túmulo não usado de Horemheb, podemos ver Tutankamon em ação. Já homem crescido, ele está na varanda do palácio com Ankhesenamon ao seu lado, a recompensar o fiel Horemheb com um presente de colares de ouro.[79] Os animais, tal com os humanos, podiam ser sepultados em Sacara. Quando morreu o boi Ápis, o avatar do Ptah de Mênfis, Tutankamon fez com que ele fosse mumificado e enterrado no Serapeu de Sacara: o cemitério do touro sagrado. O túmulo do touro foi saqueado na Antiguidade, mas sobreviveram quatro jarros canopos com cabeça humana, três pendentes de faiança que ostentam o nome de Tutankamon e diversos fragmentos do caixão de madeira.[80]

Seiscentos quilómetros a montante, o túmulo elaboradamente decorado de Amenotep-Huy, em Tebas, oferece-nos outro relance de Tutankamon enquanto ele executa os seus deveres civis.[81] O rei está sentado sob um pálio cerimonial, vestido com um traje elaboradamente pregueado, usando a Coroa Azul e empunhando o bordão e o mangual. Está a assistir enquanto um anónimo «supervisor do Tesouro» (presumivelmente o ubíquo Maya) executa a investidura de Amenotep-Huy como vice-rei, e ao fazer isso recorda-nos de que a Núbia era um recurso económico extremamente valioso. Numa cena separada, Tutankamon está mais uma vez sentado no trono a receber o tributo núbio de Amenotep-Huy, o qual se encontra postado diante dele empunhando um leque de avestruz.

Após dez anos no trono, Tutankamon morreu. Vista de um ponto de vista moderno, esta parece ser uma tragédia surpreendentemente súbita; tendo sobrevivido ao nascimento e à infância sem experimentar (assumimos nós) má nutrição nem um árduo ambiente de trabalho, poderíamos razoavelmente esperar que vivesse mais vinte ou trinta anos. Os seus contemporâneos, mais habituados à ideia de que a morte podia ocorrer a qualquer momento, ficaram porventura menos surpreendidos. Um reinado de dez anos, numa terra em que os homens da elite tinham uma esperança de vida de aproximadamente quarenta anos, era muito tempo. Tutankamon vivera mais do que muitos dos seus contemporâneos e membros da família, e morreu já homem, não enquanto menino.

A sua morte não está anunciada nem explicada em lugar nenhum, mas não seria de esperar que estivesse. No entanto, as flores colocadas no interior dos seus caixões — uma grinalda a adornar o ureu do segundo, um festão sobre a arca do segundo caixão e um colar de flores no terceiro — eram flores que floresciam entre meados de março e o final de abril.[82] Se assumirmos que elas foram colhidas para o funeral, e assumirmos ainda que a múmia passou os tradicionais setenta dias na casa de embalsamamento, essas provas florais combinam-se com as provas fornecidas pelos cântaros de vinho para nos indicar que Tutankamon faleceu em janeiro ou fevereiro do seu décimo ano de reinado.

Como em todas as melhores histórias de detetives, precisamos de examinar o corpo para determinar a causa de morte. Esta não é, porém, uma questão fácil. O corpo de Tutankamon foi muito danificado antes de ser envolto em ligaduras, sendo difícil dizer se terá sido na oficina do agente funerário ou nalgum ataque ou acidente. Foi novamente danificado quando a equipa de escavação usou aquilo que hoje em dia seriam considerados métodos brutais — uma combinação de calor, lâminas quentes e força — para o extrair do seu caixão interior e da máscara. Para piorar ainda mais as coisas, os três mil anos passados em linho embebido em unguentos haviam crestado a pele do rei e destruído as ligaduras. Como explica Howard Carter:

> [...] quanto mais avançávamos, mais se tornava evidente que os invólucros que o cobriam e a múmia se encontravam ambos num estado precário. Estavam completamente carbonizados pela ação que fora desencadeada pelos ácidos gordos dos unguentos com que haviam sido saturados.[83]

O linho endurecido com resina que preenchia a cavidade do peito impediu Derry de levar a cabo um exame completo da parte de cima do torso, e tornou impossível que ele sugerisse uma causa de morte. Isso abriu as comportas da especulação. Não tardou a correr o rumor — sem qualquer prova em seu apoio — de que Tutankamon havia morrido de tuberculose. Mais intrigante foi que um membro da equipa de escavação, Arthur Mace, já havia especulado que Tutankamon poderia ter sido assassinado:

> O resto é pura conjetura [...]. Temos razões para acreditar que ele era pouco mais do que um menino quando morreu, e de que foi o seu

> sucessor, Eye [Ay], que apoiou a sua candidatura ao trono e agiu como conselheiro durante o breve reinado. Além disso, foi Eye quem organizou as cerimónias fúnebres, e poderá ter sido ele que lhe organizou a morte, ao julgar que chegara agora o tempo de ser ele próprio a assumir as rédeas do governo.[84]

As radiografias de Harrison, em 1968, revelaram aquilo que Derry não conseguira ver: extensos danos no peito com o esterno, faltando parte da caixa torácica. A equipa de 2005 conseguiu acrescentar os ossos pélvicos e o coração à lista dos órgãos em falta. Harrison ficou intrigado com um pequeno fragmento de osso separado dentro do lado esquerdo da cavidade craniana:

> Isto poderia fazer parte do osso etmóide [o osso que separa a cavidade nasal da cavidade craniana], que fora deslocado do cimo do nariz quando algum instrumento foi passado pelo nariz para a cavidade craniana durante o processo de embalsamamento. Por outro lado, os raios X também sugerem que este pedaço de osso está fundido com o crânio adjacente, o que poderia ser consistente com uma fratura abatida que tivesse sarado. Isso poderia significar que Tutankamon morreu com uma hemorragia cerebral causada por uma pancada no crânio com um instrumento contundente.[85]

Esse fragmento de osso — na verdade existem dois, à direita — suscitou um grande debate. Inicialmente identificados como prova de uma pancada fatal na cabeça, é agora aceite que os fragmentos são parte das vértebras superiores de Tutankamon, que se soltaram durante a autópsia de Derry. Não estão embebidos em resina e ficaram à solta dentro do crânio; devem, portanto, ser posteriores à resina e posteriores à morte de Tutankamon.

Harrison sentiu que a base do crânio de Tutankamon era invulgarmente fina. Uma área nublada nesta região poderia indicar porventura uma hemorragia causada por um golpe com um instrumento contundente. A ideia de que Tutankamon poderia ter sido atingido na cabeça ganhou enorme aceitação popular, e ainda se propaga na Internet hoje em dia. No entanto, o reexame das radiografias de Harrison mostrou que o crânio fino era uma ilusão de ótica causada pelo ângulo do crânio quando foi radiografado, e a equipa de 2005 confirmou que não existe qualquer sinal de uma pancada fatal.[86] Embora se tenha de reconhecer que nem todas as formas de homicídio deixam vestígios que possam ser detetados três mil anos depois da morte, não existe absolutamente nenhuma prova que demonstre que Tutankamon foi assassinado.

A investigação de 2005 achou que, como não havia sinais de grande trauma em qualquer ponto do corpo, os danos no peito de Tutankamon deveriam ter ocorrido após a sua morte. Concentraram a atenção na anca esquerda de Tutankamon, que se partira por altura da morte ou muito próximo. Isso já fora notado por Derry e Harrison, mas, como os frágeis ossos do rei se haviam fraturado muitas vezes após a morte, não lhe atribuíram grande importância. Agora especulava-se que esse ferimento lhe poderia ter causado a morte. «É possível que esse ferimento tenha infetado e matado o rei.»[87] Interpretações alternativas das provas sugeriam que a despedaçada perna esquerda poderia ter causado um embolismo de gordura, ou que Tutankamon poderia simplesmente ter sangrado até à morte. Mais tarde, sugeriram que poderia ter morrido dos efeitos da malária sobre um corpo constitutivamente debilitado. Isso parece improvável, uma vez que, embora a malária ponha em risco a vida dos jovens, os adultos normalmente já desenvolveram imunidade à doença.

Não existe, evidentemente, qualquer necessidade de se procurar causas exóticas ou invulgares para a morte. Na XVIII dinastia do Egito, a diarreia ou mesmo um dente apodrecido podiam matar. Mas este corpo mutilado é um forte indicador de que o jovem Tutankamon não morreu de causas naturais. O facto de o seu coração se ter aparentemente putrificado antes de poder ser salvo sugere negligência na oficina do agente funerário, ou demora em levar o corpo para o embalsamador. Isso poderia indicar morte num terreno de combate distante, mas, como já vimos, não existe qualquer prova de que Tutankamon tenha efetivamente posto os pés nalgum campo de batalha no estrangeiro. Portanto, uma morte acidental, longe de casa, parece mais provável. Talvez, como foi recentemente sugerido, ele tenha sido espezinhado por um hipopótamo, embora fosse de esperar que isso deixasse mais danos no resto do corpo.[88]

Existe uma outra possibilidade, bastante mais forte. O leque dourado de penas de avestruz de Tutankamon foi recuperado entre as paredes do terceiro e do quarto relicários da sua Câmara Fúnebre, perto do corpo do rei (n.º 242). Uma inscrição no cabo coberto de latão diz-nos que as quarenta e duas penas brancas e castanhas que outrora adornaram o cimo do leque foram tiradas a avestruzes capturadas pelo rei enquanto caçava no deserto, a leste de Heliópolis (perto da moderna Cairo). A cena gravada no topo semicircular do leque mostra, numa das faces, Tutankamon partindo no seu carro para ir caçar avestruzes, e, no verso, Tutankamon triunfante, regressando com a presa. Caçar avestruzes era uma maneira ideal de um rei demonstrar controlo sobre as forças caóticas da natureza. Era um desporto de jovens, repleto de velocidade e de perigos. Teria sido extremamente infeliz — possivelmente até perigoso — descrever a morte efetiva de um rei no interior do túmulo dele. Mas ficamos a pensar se o leque, deliberadamente colocado tão perto do corpo do rei, poderia ter sido ali posto como indício críptico da sua inesperada partida.

Tutankamon havia governado o Egito durante apenas dez anos, muitos dos quais passados sob a orientação dos seus conselheiros e das suas relações femininas. Durante esse tempo, ele reverteu a experiência de Amarna e fez muito para restaurar os danos causados pela negligência de Akhenaton. Apenas podemos supor o que teria feito caso tivesse disposto de mais tempo.

3

A HISTÓRIA DO AGENTE FUNERÁRIO: TUTANKAMON É PREPARADO PARA A SUA PRÓXIMA VIDA

Gravadas no sarcófago de pedra de Tutankamon, as deusas Serket e Nephtys prometem proteger o falecido (n.º 240):

> Palavras ditas por Serket: Meus braços envolvem aquele que está dentro para que eu possa proteger o filho de Ra, Tutankamon. Ele não morrerá uma segunda vez na necrópole, mas existirá como um grande deus na presença dos deuses do *Duat* [Mundo do Além].
>
> Palavras ditas por Nephthys: Eu vim [para que] possa servir atrás de meu irmão Osíris, filho de Ra, Tutankamon [...]. Tu existirás como um *ba* [espírito ou alma] vivo, assumindo todas as formas que desejares. O teu *ba* não será separado do teu cadáver. Seguirás Ra na barca de milhões e, juntamente com ele, tomarás a rota do horizonte ocidental.[89]

Tutankamon acreditava que a sua vida terrena não passava de um momento efémero na sua existência eterna. Tal como a coroação o unira a todos os reis vivos do Egito, também a morte o uniria aos divinos defuntos. A teologia real oferecia diversas possibilidades entusiasmantes. Um rei morto podia cintilar como uma estrela sempiterna, mantendo vigília permanente sobre as Duas Terras. Poderia unir-se ao mumificado Osíris, julgando os defuntos e governando aqueles que passavam a eternidade a labutar no Campo de Juncos. Ou poderia juntar-se à tripulação do barco solar capitaneado por Ra, com a sua cabeça de falcão, para combater os seres malévolos que ameaçavam o Sol durante as perigosas horas de escuridão. Era permitido um certo grau de flexibilidade, pelo que ele podia até tomar elementos de cada vida divina póstuma e combiná-los no seu próprio destino específico.

Porém, uma coisa era óbvia. Para atingir o seu potencial, para se tornar plenamente divino e viver para sempre, Tutankamon dependia da boa vontade do seu sucessor. Por melhor que ele a planeasse, sem os rituais necessários — mumificação, enxoval funerário apropriado, um funeral e um culto mortuário eficaz — não faria a tão importante transformação. Em reconhecimento da vulnerabilidade dos mortos, fora decretado que cada novo rei devia confirmar o seu direito a governar sepultando o antecessor em estilo apropriado.

Singularmente, podemos ver este sistema em ação. Pintada na parede norte da Câmara Fúnebre de Tutankamon, Ay cumpre o dever de cuidado para com o antecessor executando a cerimónia da Abertura da Boca e dos Olhos. O mumificado Tutankamon está envolto em linho branco, com a cabeça coroada e barbada à mostra e os braços cruzados a empunharem o bordão e o mangual, que simbolizam a sua realeza. Assumiu a forma do rei dos mortos, Osíris. Em frente dele, um Ay de aspeto vivaz assume o papel do filho e herdeiro de Osíris, Hórus. Usa a Coroa Azul e um saiote branco, e o manto sacerdotal de pele de leopardo está pendurado aos ombros. Brandindo um enxó cerimonial, Ay dessela a boca, o nariz e os ouvidos do seu antecessor, concedendo-lhe o potencial de reanimar.

A emergência de Ay como sucessor de Tutankamon surge como uma grande surpresa. A biografia de Horemheb, que consultámos quando olhámos para os pormenores de uma coroação da XVIII dinastia, fornece um relato nítido da sua vida enquanto herdeiro ao trono durante a governação de um rei não designado, que seguramente deveria ser Tutankamon:

> Então, este deus distinguiu o seu filho à vista de todo o povo [...] estando o coração do rei contente com a sua conduta e rejubilando com a sua escolha. A fim de guiar as leis das Duas Regiões, designou-o como chefe supremo da terra e como príncipe herdeiro de toda a terra. Ele era único, sem igual.[90]

Como isto é Horemheb a contar a própria história, podemos suspeitar que ele estará a exagerar a sua importância na corte de Tutankamon e talvez mesmo a enaltecer o seu caminho menos que ortodoxo até ao trono, reclamando uma ligação com um rei que já não está vivo para o contradizer. Mas o relato é apoiado por inscrições criadas durante o reinado de Tutankamon. Uma porta em pedra, que fazia parte de um já desaparecido edifício de tijolos de lama, diz-nos que o generalíssimo Horemheb é o príncipe herdeiro, e o seu elaboradamente decorado túmulo de Sacara deixa muito claro que é simultaneamente príncipe herdeiro e delegado do rei.[91] Esse túmulo seria abandonado quando o rei Horemheb passou a ter direito a um túmulo real no Vale dos Reis.

Em circunstâncias normais, Horemheb teria continuado a ser herdeiro ao trono até Tutankamon vir a ter um filho varão com uma mãe de nível adequadamente elevado. Isso nunca aconteceu, e o facto de ser Ay que emerge como rei recorda-nos de que as circunstâncias que rodeiam a morte de Tutankamon estiveram longe do normal. É tentador especular que Horemheb estava longe de Tebas, talvez no norte da Síria, quando a tragédia ocorreu. Existem vestígios que sugerem — sem qualquer prova concreta — que no ano 9/10 as tropas de Tutankamon estavam a combater, sem sucesso, para retomarem a cidade síria de Kadesh, que havia caído sob a influência do rei hitita, Suppiluliuma.[92] Dispomos de poucos detalhes específicos sobre esta campanha, mas cenas gravadas que foram recuperadas da Mansão de Nebkepherure, além de cenas de tributo gravadas no templo de Karnak e nas paredes do túmulo de Horemheb em Sacara, combinam-se de modo a sugerir que os egípcios enfrentavam uma coligação de forças sírio-palestinas e não de hititas. Horemheb não tomou parte nos arranjos do funeral de Tutankamon, e isso parece efetivamente estranho: ainda que estivesse a combater na Síria, o demorado processo de embalsamamento ter-lhe-ia dado tempo suficiente para regressar a Tebas. Se formos generosos, podemos especular que, com o Egito a necessitar urgentemente de um rei, foi Ay como delegado do delegado quem avançou. Mais cinicamente, podemos sugerir que Ay viu uma oportunidade e agarrou-a. Tendo servido Amenotep III, Akhenaton e Tutankamon, ele já era quase um velho e ninguém poderia ter esperado razoavelmente que governasse mais do que um ou dois anos. Viria na verdade a exceder todas as expectativas ao reinar durante quatro. Ay não designou Horemheb como seu sucessor.

Durante mais de mil anos, o modo de morrer da elite havia sustentado a economia egípcia. O ímpeto de construir as pirâmides — gigantescas escadarias para o céu — havia impulsionado a função pública, com a necessidade de abastecer os estaleiros de construção a norte com matérias-primas e muitos milhares de operários a proporcionar uma intensa curva de aprendizagem. Agora, os burocratas egípcios eram os melhores a redigir relatórios, a cobrar impostos e em logística. A época das pirâmides chegara ao fim, mas ainda assim, em toda a terra, arquitetos, pedreiros, trabalhadores, marinheiros, carpinteiros, contabilistas, artistas, produtores de têxteis, metalúrgicos, oleiros e muitos mais estavam, direta ou indiretamente, envolvidos dia-a-dia em equipar os mortos para a eternidade. Com o túmulo finalmente repleto, a múmia instalada e a porta selada, as famílias e os sacerdotes passavam a proporcionar ofertas regulares de comida e bebida que sustentariam os mortos por toda a eternidade. Em muitos casos, estas oferendas eram financiadas por generosas doações de terras detidas pelo túmulo. Entretanto, os salteadores de túmulos iam fazendo as suas próprias contribuições para a economia, à medida que saqueavam e reciclavam os objetos fúnebres tão cuidadosa e dispendiosamente escolhidos pelos defuntos. Nem todos, é claro, tinham o privilégio da mumificação e de um túmulo em pedra. A vasta maioria da população era sepultada como sempre fora, em simples covas nos cemitérios do deserto. Mas aqueles que aspiravam a uma melhor morte — aqueles que queriam túmulos de pedra e mumificação — viam-se confrontados com uma séria drenagem dos recursos familiares.[93]

Como parte vital da extensa indústria funerária, a mumificação tornara-se um ritual de enorme importância. Até Akhenaton, cujas crenças religiosas estavam longe de ter sido tradicionais, mandou que a família fosse embrulhada como Osíris depois de morta. Por conseguinte é frustrante que saibamos muito pouco acerca desse processo. Os mistérios dos agentes funerários seriam demasiado sagrados para ser partilhados com os não iniciados? Seriam um segredo comercial? Ou poderemos assumir que embora toda a gente soubesse o que acontecia na oficina do agente funerário, ninguém sentia necessidade de o discutir? Felizmente, nem toda a gente era melindrosa. Mil anos depois da morte de Tutankamon o historiador grego Heródoto deleitou os leitores com uma demorada descrição da visita que fez ao Egito: uma curiosa terra de pirâmides, mulheres ousadas e os mais bizarros rituais funerários que alguém podia imaginar. Ele conta-nos que havia três métodos de mumificação — o barato, o menos barato e o dispendioso. Podemos seguramente assumir que os agentes funerários reais usaram «o processo mais perfeito» em Tutankamon:

> [...] tanto quanto possível, o cérebro é extraído através das narinas com um gancho de ferro, e aquilo que o gancho não consegue alcançar é escoado para fora com drogas; a seguir, o flanco é aberto com uma faca

> de pedra e removido todo o conteúdo do abdómen; a cavidade é então muito bem lavada e escoada, primeiro com vinho de palma e depois com uma infusão de especiarias trituradas. Depois disso, é enchida com mirra pura moída, cássia, e todas as outras substâncias aromáticas, excetuando o olibano, e cosida de novo, após o que o corpo é colocado em natrão e coberto inteiramente com ele durante setenta dias — nunca mais. Quando este período, que não deve ser excedido, chega ao fim, o corpo é lavado e então embrulhado da cabeça aos pés em linho cortado em faixas e besuntado na parte de baixo com goma, que é vulgarmente usada pelos egípcios em vez de cola. Nesta condição, o corpo é devolvido à família, que mandou fazer um estojo de madeira, com a forma da figura humana, dentro do qual ele é posto.[94]

Heródoto nem sempre é exato nas suas observações, e omite as especificidades que nos ajudariam a compreender realmente o processo. Por exemplo, ele deixa claro que o natrão (um composto natural de carbonato de sódio, bicarbonato de sódio, sulfato de sódio e cloreto de sódio que os egípcios usavam também como sabão e como conservante) era usado no processo de mumificação, mas seria aplicado a seco, ou eram os corpos embebidos num banho de natrão? Apesar da escassez de pormenores, a descrição trivial combina bem com as provas obtidas nas modernas autópsias a múmias, e com experiências ocasionalmente efetuadas em cadáveres humanos e animais. Porém, ele subestima um importante aspeto do processo, que é realçado nos poucos papiros do período tardio que descrevem os rituais de mumificação.[95] Tais textos deixam claro que a mumificação era muito mais do que um elaborado método de empacotar o corpo para a sepultura. Era um rito religioso, o importantíssimo primeiro passo no caminho para a vida eterna, e os embalsamadores eram sacerdotes que brandiam instrumentos arcaicos, proferiam encantamentos e envergavam a máscara com cabeça de chacal do deus Anúbis enquanto transformavam os mortos num deus latente.

Para compreendermos porque é que a mumificação era considerada um rito tão importante, temos de considerar o que aconteceu imediatamente após a passagem de Tutankamon. O rei morrera, mas ainda não estava desprovido de vida. Quando o corpo iniciou a sua desintegração física libertou uma hoste de poderosas entidades reais que ficaram a pairar, à espera dos rituais que lhes permitiriam encetar as suas novas vidas. Essas entidades, muitas vezes interpretadas como almas, espíritos ou essências vitais, incluíam um ser conhecido como o *ka*. Se regressarmos à cena pintada na parede norte da sua Câmara Fúnebre, podemos ver o *ka* de Tutankamon, idêntico ao próprio rei, mas com o sinal hieroglífico de dois braços erguidos sobre a cabeça, apoiando Tutankamon enquanto este é recebido na vida do Além por Osíris.

Libertado do corpo, o *ka* era um ser carente com as mesmas necessidades básicas dos vivos. Precisava de um lar (a múmia no interior do túmulo) e precisava de um suprimento regular de comida e de bebida. Idealmente, esse sustento seria proporcionado sob a forma de oferendas regulares feitas pelos descendentes do defunto ou pelos seus representantes, mas também poderia ser fornecido por imagens e menções de comida e bebida nas paredes do túmulo, por modelos de alimentos e de produção de alimentos incluídos entre os objetos fúnebres, e por comida e bebida autênticas sepultadas com a múmia. Os belos vinhos incluídos entre os objetos fúnebres de Tutankamon teriam sido um adequado acompanhamento para carnes, legumes, grãos de leguminosas, especiarias, mel, bolos e frutos ali proporcionados como um banquete eterno. Surpreendentemente, embora a cerveja fosse um elemento primordial da dieta egípcia e fosse conhecida como favorita dos deuses, o túmulo de Tutankamon não incluía potes de cerveja. Isso não importava: ele tinha todos os materiais necessários para a produzir. Uma modelo de celeiro cheio de cereais (n.º 277) teria permitido ao falecido rei — ou ao seu *ka* — cozer um interminável provimento de pão que poderia ser tragado com uma saborosa cerveja do túmulo.

Os mortos do Egito estavam separados dos vivos, mas continuavam em larga medida a fazer parte do mundo dos vivos. Os cemitérios recebiam visitantes, e a maioria dos túmulos da elite incluía uma capela decorada onde os vivos poderiam olhar para imagens coloridas, porventura desfrutar de um piquenique, e finalmente deixarem uma oferenda adequada ao defunto cujo corpo estava escondido no poço fúnebre. O corpo de Tutankamon, porém, iria ficar albergado num túmulo talhado no rochedo de um remoto *wadi*. Ele não esperava que os visitantes fizessem a longa caminhada até ao Vale dos Reis para o presentearem com um pão ou um jarro de cerveja. Em vez disso, seguindo um precedente estabelecido no início da XVIII dinastia, separou a sua capela de oferendas da sepultura e construiu um conspícuo templo mortuário ou memorial — a sua «Mansão de Milhões de Anos» — à beira do deserto. Os dois elementos — o túmulo e o templo mortuário — estavam fisicamente separados e, contudo, formavam uma unidade, e o *ka*, que vivia com a múmia, conseguia passar magicamente entre os dois.

O templo mortuário de Tutankamon desapareceu há muitos séculos, mas podemos calcular razoavelmente a sua localização. Parece inconcebível que um autoproclamado tradicionalista não tivesse colocado o seu templo entre a linha de templos mortuários da XVIII dinastia que já dominava a margem ocidental do Nilo em frente ao templo de Karnak. Podemos supor ainda que ele o construiu, pelo menos em parte, usando blocos dos desmantelados templos tebanos de Aton, de Akhenaton. O arruinado templo de Ay e Horemheb na margem ocidental indicia a sua posição.[96] Situado perto dos restos do templo mortuário de Tutmés II e não longe do mais tardio e mais intacto templo mortuário do rei Ramsés III da XX dinastia, esse templo tem revelado os restos de diversas estátuas colossais, duas delas mostram um rei dando um passo em frente.[97] Os historiadores da arte sugeriram que esses colossos se assemelham muitíssimo a Tutankamon; foram, no entanto, inscritos por Ay e reinscritos por Horemheb. Se iniciaram a vida como sendo de Tutankamon, é provável que Ay os tenha «tomado de empréstimo» ao templo mortuário dele, que, dada a dimensão e o peso dos colossos, estava provavelmente situado muito perto dali. Poderá até suceder que o templo de Ay e de Horemheb seja o templo mortuário de Tutankamon readaptado. Embora tenha revelado diversos depósitos nas fundações inscritos com a cártula de Ay, é possível que estes pertencessem a uma fase de construção mais tardia. Se Ay efetivamente usurpou o templo mortuário de Tutankamon, podemos especular que ele tenha transferido o culto mortuário do antecessor para a Mansão de Nebkheperure na margem oriental.

O *ka* era uma entidade vulnerável. Embora se mantivesse em contacto próximo com o cadáver — não um esqueleto desarticulado, mas um reconhecível corpo humano — iria sobreviver, permitindo que outros aspetos da alma do defunto florescessem longe do túmulo. Mas se o *ka* não conseguisse reconhecer o seu anfitrião, iria morrer, e o defunto morreria outra vez. Isso significaria um apagamento permanente; não poderia haver retorno dessa temida segunda morte. Era, portanto, crucial que o *ka* fosse capaz de reconhecer o seu cadáver. Embora fosse teoricamente possível que o *ka* sobrevivesse numa estátua ou numa imagem bidimensional, esses eram praticamente os últimos recursos. Idealmente, o corpo seria preservado numa forma semelhante à da vida, embora fosse uma forma simultaneamente obscurecida e definida pelas ligaduras. Tendo nós passado a conhecer Tutankamon nos Capítulos 1 e 2 como um humano que vivia e respirava, quando começamos a considerar as descrições mais gráficas do seu processo de mumificação o contraste é assaz considerável. Para muitos leitores, uma visita à oficina do agente funerário poderá parecer uma indefensável invasão da sua privacidade: precisaremos realmente de saber com todos os pormenores mais escabrosos o que aconteceu ao corpo de Tutankamon após a sua morte? Eu diria que sim, por duas razões muito diferentes. Primeiro, porque a sua mumificação foi o primeiro e vital passo na jornada rumo à sua existência eterna e, enquanto tal, não deverá ser encarada como uma insignificante rotina do final da vida. E em segundo lugar porque, se quisermos usar o corpo de Tutankamon como fonte de provas acerca da sua vida, saúde e morte, precisamos de compreender os processos por que ele passou.

Os agentes funerários tebanos operavam a partir de tendas erguidas à beira do deserto na margem ocidental. Habitavam um misterioso domínio, a meio caminho entre a Terra Negra — a terra fértil: o lar controlado dos vivos — e a Terra Vermelha — o deserto: o caótico lar dos animais selvagens e dos mortos. Este isolamento dos recentemente falecidos enfatizava o estatuto liminar deles como nem vivos nem inteiramente mortos. Num nível mais prático, banir os agentes funerários para a margem da comunidade permitia que os cidadãos evitassem os cheiros, as moscas e os vermes gerados durante esse longo e atribulado processo. Ninguém queria viver ao lado de uma tenda de embalsamamento.

Numa terra quente, poderíamos esperar que os cadáveres fossem levados apressadamente até à oficina do agente funerário logo que o óbito era confirmado, mas esse diagnóstico de morte não era necessariamente o assunto simples que seria hoje em dia: em países com limitadas capacidades médicas, o início da putrefação é muitas vezes a única maneira de ter a certeza de que alguém efetivamente morreu. Isso poderá explicar porque é que os papiros do Período Romano conhecidos como os *Rituais de Embalsamamento* estipulam que o corpo deve permanecer em casa durante quatro dias, dando à família tempo para carpir, para organizar o embalsamamento e, presumivelmente, para ter a certeza absoluta de que a morte ocorreu. Heródoto acrescenta que havia outras razões mais sinistras para que um corpo pudesse estar menos que fresco:

> Quando morre a esposa de um homem distinto, ou qualquer mulher que seja bela ou bem conhecida, o corpo dela não é dado aos embalsamadores imediatamente, mas somente após o lapso de três ou

quatro dias. Trata-se de uma medida preventiva para obstar a que os embalsamadores violem o corpo, uma coisa que se diz ter efetivamente acontecido no caso de uma mulher que acabara de morrer. O culpado foi denunciado por um dos colegas de trabalho.[98]

É claro que o recentemente falecido Tutankamon não foi levado à pressa para lado algum. O facto de o coração estar em falta e de o cérebro ter desaparecido deixando intacto o osso etmóide — as radiografias de Harrison em 1969 mostram o osso ainda no devido local; desde então sofreu alguns danos — é um forte indicador de que a decomposição estava já bem avançada quando chegou à oficina do embalsamador. O cérebro, podemos assumi-lo, ter-se-ia simplesmente desfeito e escorrido pelo nariz. Isso teria sido considerado conveniente, e não um problema: embora os médicos do Egito compreendessem como podia ser séria uma ferida no cérebro, os agentes funerários consideravam-no um órgão inútil e simplesmente deitavam-no fora.

O linho embebido em resina que os agentes funerários usaram para empacotar e moldar o peito de Tutankamon continua no lugar: agora rijo como pedra, não pode ser removido. Estamos, portanto, confiantes de que, contrariamente ao errante pénis do rei, o coração se perdeu antes da mumificação. Como se julgava que o coração era o órgão da razão, esse era um assunto sério que poderia causar problemas na vida além-túmulo. Como medida preventiva, Tutankamon seria equipado com um coração substituto: um grande escaravelho negro em resina montado sobre ouro ficaria pendurado ao seu pescoço por um longo fio de ouro martelado (n.º 256q). Inscrito no escaravelho, o Encantamento 29b do *Livro dos Mortos* oferecia proteção contra a perda do coração «[...] As almas na terra farão como desejarem, e a alma do falecido seguirá em frente como desejar».

O que causou essa demora no envio de Tutankamon para a tenda do agente funerário? Já especulámos que ele teria sofrido um acidente fatal enquanto caçava no deserto do norte. Poderia ter sido transportado até ao sul para receber cuidados médicos — estando os seus jovens companheiros em negação quanto à sua morte — ou para a mumificação? Um acidente fatal que envolva qualquer rei supostamente causa pânico e confusão, mas essa teria sido uma decisão muito fraca, pois, mesmo com a ajuda do vento, a viagem de barco desde Heliópolis até Tebas teria demorado muitos dias. Teria sido preferível mumificar Tutankamon em Mênfis e depois transportar a múmia até ao sul para o funeral, como viria a acontecer quando os reis da XIX dinastia, Seti I e Ramsés II faleceram enquanto residiam no norte.

Heródoto já nos proporcionou uma boa visão dos acontecimentos na oficina do agente funerário. O exame ao corpo desembrulhado de Tutankamon permite-nos acrescentar pormenores mais detalhados ao seu relato, dividindo o processo em seis fases específicas: preparação inicial, remoção do cérebro, esvaziamento da cavidade corporal, dessecação, lavagem e recheio, e envoltório. Olhando para o processo global, é claro que, embora existam sinais de pressa e de um trabalho algo atabalhoado no aprovisionamento e armazenamento do túmulo de Tutankamon, o corpo foi apropriadamente e respeitosamente mumificado.

Ao chegar à oficina do agente funerário, Tutankamon foi despido, rapado e lavado. Enquanto estava deitado de costas numa mesa inclinada, os cangalheiros dedicaram a sua atenção à cabeça. A remoção do cérebro podia ser facilmente feita enfiando uma colher de cabo comprido pela narina esquerda (quebrando o osso etmóide no processo) e torcendo até que a matéria liquefeita começasse a escorrer pelo nariz, mas no caso de Tutankamon isso não foi necessário. O seu crânio vazio foi enxaguado com a solução de natrão e depois — ou antes da dessecação ou imediatamente a seguir — parcialmente cheio com resina. Como a radiografia de 1968 mostra duas camadas distintas de resina em ângulos retos uma com a outra, essa deve ter sido uma operação em duas fases, com uma camada a ser introduzida pelo nariz enquanto o corpo estava deitado de costas e direito, e a outra introduzida através da base do cérebro ou quando o corpo estava deitado de borco com a cabeça inclinada para trás ou, o que é mais improvável, com a parte de cima do corpo pendurada de cabeça para baixo.

Era importante que os órgãos mais propensos a apodrecer — o estômago, os intestinos, os pulmões e o fígado — fossem removidos o mais depressa possível. Os rins também podiam ser removidos — acidentalmente, julgamos nós — ou deixados onde estavam. Para se conseguir isso, foi cortada no flanco esquerdo de Tutankamon uma fenda transversal com quase nove centímetros de comprimento, paralela a uma linha que ia do umbigo até ao osso da anca. O embalsamador enfiaria então uma mão, localizaria os órgãos requeridos e extrai-los-ia, cortando através do diafragma para poder aceder aos pulmões. Nove centímetros é maior do que a normal incisão de embalsamamento, mas parece absolutamente pequena quando comparada com o moderno corte em Y da autópsia, que abre o corpo desde a ponta de cada ombro até se juntar mais ou menos ao nível dos mamilos e continua a descer até ao púbis. Diodoro Sículo, outro visitante clássico com um fascínio pelos rituais funerários egípcios, diz-nos porque é que os agentes funerários poderiam ter receio de infligirem danos muito óbvios a um corpo:

> Ora os homens que tratam os corpos são artesãos especializados que receberam esse conhecimento profissional como tradição familiar; e estes colocam diante dos parentes do defunto uma lista de preços de cada artigo relacionado com o funeral, e perguntam-lhes de que maneira querem que o corpo seja tratado. Quando se chega a um acordo sobre todos os pormenores e eles levam o corpo, entregam-no aos homens que foram designados para o serviço e já se habituaram a ele. O primeiro é o escriba, como lhe chamam, o qual, quando o corpo é deitado no chão, circunscreve no flanco esquerdo a extensão da incisão; depois aquele a quem chamam o rachador corta a carne, como manda a lei, com uma pedra etíope, e logo a seguir foge, enquanto os que ali estão presentes correm atrás dele, atirando-lhe pedras, rogando-lhe pragas, e tentando, por assim dizer, atribuir-lhe a profanação; porque aos olhos deles é objeto de ódio generalizado todo aquele que aplica violência ao corpo de um homem da mesma tribo ou o fere ou, em geral, lhe causa algum mal.
>
> Os homens chamados embalsamadores, porém, são considerados merecedores de todas as honras e considerações, associando-se com os sacerdotes e até entrando e saindo dos templos sem impedimentos, como se fossem imaculados. Quando eles se reúnem para tratar o corpo, após este ter sido aberto, um deles enfia a sua mão pela abertura no cadáver até ao tronco e extrai tudo menos os rins e o coração, e um outro limpa cada uma das vísceras, lavando-as com vinho de palma e especiarias.[99]

A ferida do embalsamamento seria normalmente coberta e magicamente sarada por uma placa de embalsamar; uma placa oval de ouro descoberta nas ligaduras do lado esquerdo do corpo poderá ser a placa de embalsamar de Tutankamon mal colocada.

Análises recentes revelaram que o diafragma de Tutankamon está presente e intacto, indicando que embora os embalsamadores usassem o caminho tradicional — a fenda de embalsamamento — para lhe extraírem os intestinos, o fígado e o estômago do abdómen inferior, aproveitaram a abertura no peito para lhe tirarem os pulmões. Ao mesmo tempo, levaram a cabo algum trabalho de restauro, compondo-lhe a mutilada parte superior do corpo para dar ao rei uma forma mais natural de peito por baixo das ligaduras. Embora algumas das costelas de Tutankamon estejam quebradas e algumas em falta, outras mostram as arestas alisadas que indicam o corte *post-mortem* do osso fresco com uma lâmina estreita.[100]

Como Tutankamon iria necessitar dos órgãos internos na vida póstuma, também eles tinham de ser lavados e preservados em natrão. As vísceras embalsamadas acabariam armazenadas num conjunto de pequenos caixões dourados com forma humana e lindamente decorados, dedicados aos quatro protetores filhos de Hórus: o deus de cabeça humana Imseti, guardião do fígado; o deus com cabeça de babuíno Hapy (pulmões); o deus com cabeça de chacal Duamutef (estômago); e o deus com cabeça de falcão Qebehsenuef (intestinos) (n.º 266g). Como o conteúdo desses pequenos caixões nunca foi sujeito a exame médico, não podemos saber ao certo o que está dentro deles. Em particular, dado o tamanho relativamente grande do fígado humano, não podemos saber ao certo se os órgãos foram preservados intactos, e é interessante notar que durante o seu projeto experimental da múmia humana, o Dr. Bob Briar tenha sido forçado a seccionar o fígado de modo a conseguir enfiá-lo no seu jarro canopo.[101]

Os caixões canopos mostram Tutankamon como Osíris, usando o toucado *nemes* e empunhando o bordão e o mangual. São muito semelhantes ao seu caixão médio: tão semelhantes, na verdade, que quando uma imagem de um desses pequenos caixões foi usada para anunciar a exposição *Tutankamon: Tesouros do Faraó Dourado* em Londres (2019–20), muitos visitantes ficaram confundidos ao descobrirem que aquilo que haviam julgado ser um caixão de tamanho normal na verdade tinha apenas 39 cm de altura. Howard Carter notou que pelo menos uma das tampas desses pequenos caixões não encaixava bem, nem se coadunava com a sua base, e sugeriu que eles poderiam ter sido obra de diferentes artífices que trabalharam independentemente sobre uma dada configuração. Mais recentemente foi reconhecido que esses caixões não tinham sido propriamente criados para Tutankamon, uma vez que as cártulas incluídas nas inscrições dos revestimentos mostram claros sinais de alteração.[102]

Os pequenos caixões, presos por tiras de linho atadas no pescoço e nos tornozelos, estavam embrulhados em linho e colocados em compartimentos cilíndricos separados, esculpidos na base de uma arca canopa em calcite semitranslúcida, cujos quatro cantos estavam protegidos pelas imagens esculpidas das deusas funerárias Ísis (sudoeste), Nephthys (noroeste), Serket (nordeste) e Neith (sudeste) (n.º 266b). As mesmas quatro deusas estavam postadas nos cantos do sarcófago para protegerem o corpo de Tutankamon. A certo ponto — ou na casa de embalsamamento ou como parte do ritual funerário — os pequenos caixões foram liberalmente revestidos com os mesmos unguentos que seriam usados para cobrir os caixões em tamanho real e a múmia. Os compartimentos canopos foram então fechados com quatro tampas com a forma de cabeças humanas delicadamente esculpidas que usavam o pano *nemes* com uma cabeça de abutre e o ureu na testa. Embora sejam indubitavelmente de reis, estas cabeças de calcite não ostentam uma grande semelhança com outras imagens de Tutankamon, levantando a possibilidade de, também elas, terem sido concebidas para outra pessoa. Finalmente, a tampa inclinada da arca canopa foi baixada e fixada no seu lugar com cordões de linho.

Dentro do túmulo, esta arca ficaria alojada no Tesouro, onde, colocada sobre um trenó de madeira, seria coberta por um sudário de linho e rodeada por um relicário dourado e gravado (n.º 266a), que estava ele próprio rodeado por um pálio dourado montado sobre um trenó de madeira e protegido pelas quatro deusas funerárias ali postadas (n.º 226). Carter, que não era um homem dado a excessivas demonstrações de emoção, ficou muito impressionado pela beleza dessa montagem canopa:

> De frente para a porta, no lado mais distante, estava o mais belo monumento que eu jamais vi — tão adorável que nos causou um suspiro de espanto e de admiração. A sua porção central consistia numa grande arca em forma de relicário, completamente revestida com ouro, e encimada por uma cornija de cobras sagradas. Em redor disso, postadas em pé, estavam estátuas das quatro deusas tutelares dos mortos — figuras graciosas que estendiam os seus braços protetores, tão naturais e vivas na sua pose, tão piedosas e compassivas as expressões nos seus rostos, que sentia ser quase sacrílego olhá-las. Guardavam o santuário em cada um dos seus quatro lados, mas enquanto as figuras à frente e atrás mantinham o olhar firmemente fixo no que tinham a seu cargo, uma nota adicional de realismo era concedida pelas outras duas, pois as suas cabeças estavam viradas de lado, olhando por cima do ombro para a entrada, como se se precavessem contra alguma surpresa.

> Existe neste monumento uma singela grandeza que produziu um irresistível apelo à imaginação, e não tenho vergonha de confessar que me deixou um nó na garganta.[103]

Tanto as proporções alongadas, como as cabeças ligeiramente inclinadas e os trajes pregueados das deusas canopas indicam que o santuário é um artefacto de Amarna que foi reciclado. Como as deusas não teriam qualquer papel a desempenhar na austera vida além-túmulo de Akhenaton, podemos especular que todas as quatro começaram a vida como rainhas — Nefertiti, porventura? — sendo as suas características coroas uma adição tardia para as adequar melhor às crenças religiosas oficiais de Tutankamon.[104]

De novo na oficina do agente funerário, o rei oco foi novamente lavado e as unhas das mãos e dos pés devidamente atadas. O torso foi recheado com pequenos sacos de sal de natrão e serradura, e todo o corpo coberto com sal de natrão. Sob o sal acumulado, os olhos de Tutankamon estavam parcialmente abertos e as pestanas continuavam no lugar. Quarenta dias mais tarde, o corpo dessecado, agora mais leve e de tonalidade mais escura, foi retirado do sal, lavado e oleado. O nariz e os olhos de Tutankamon foram tapados com resina impregnada em linho, e os lábios, ainda ligeiramente entreabertos, selados com resina. O abdómen e o peito, recheados com linho impregnado de resina para lhes restaurar e manter a forma, e foi-lhe colado sobre o peito um «bibe» de contas para disfarçar e porventura sarar magicamente a ferida. Derry não conseguiu remover o bibe — estava demasiado bem colado — e não conseguiu aperceber-se da ferida traumática situada por baixo. Esse bibe estava desaparecido, tendo sido presumivelmente roubado, com os danos que isso acarretou para o corpo, quando Harrison examinou Tutankamon em 1968.

Finalmente, Tutankamon estava pronto para o invólucro que iria proteger e conservar o seu corpo e confirmar a sua nova identidade divina. Na ausência de qualquer antigo guia egípcio sobre como embrulhar uma múmia, somos obrigados a confiar nos *Rituais de Embalsamamento* do período romano, além do documento conhecido como *Ritual do Embalsamamento de Ápis,* o qual, como o nome sugere, pormenoriza a mumificação do touro sagrado Ápis, o avatar do deus Ptah de Mênfis.[105] Os touros são, claro, muito diferentes das pessoas, em forma e em dimensão, mas a teoria subjacente para o ritual de envolvimento continua a ser a mesma. Não se tratava de uma simples operação de limpeza:

era um ritual intrincado, demorado e muito dispendioso, que requeria enormes quantidades de panos, compressas e ligaduras de linho, todas tinham de ser tecidas manualmente.

Supervisionados por um sacerdote especialista, o «mestre dos segredos», e operando numa sala dedicada ao envoltório, os agentes funerários mais novos preparavam os chumaços e as ligaduras e depois untavam e embrulhavam o corpo na ordem prescrita, trabalhando da cabeça até aos pés. Foram atadas dezasseis camadas de ligaduras à volta do corpo de Tutankamon, sendo o linho mais fino reservado para as camadas interiores e exteriores, enquanto mais de cento e cinquenta talismãs e amuletos eram distribuídos pelo interior dos invólucros. Os dedos das mãos e dos pés, tal como os membros, foram envolvidos individualmente, e os braços de Tutankamon cruzados horizontalmente sobre o peito, perto da cintura, com o braço esquerdo por cima do direito. Trata-se de uma variante da colocação habitual — outros reis da XVIII dinastia tinham os seus braços cruzados num ângulo virado para cima —, mas teremos de ser cuidadosos a interpretar isso como um erro ou como uma mensagem deliberada. É demasiado fácil aos observadores modernos identificarem «regras» que talvez não tenham existido efetivamente, e depois usarem tais regras para acusarem os antigos de haverem cometido «erros». Se olharmos mais de perto, podemos identificar diversos «erros» na mumificação de Tutankamon: a colocação dos braços, a dimensão e localização da fenda de embalsamamento, e as duas camadas de resina na cabeça são todas elas invulgares. Do mesmo modo, podemos detetar «erros» no interior do túmulo: a colocação dos pequenos caixões canopos e dos tijolos mágicos, por exemplo, não é aquilo que se esperaria. Mas como o funeral de Tutankamon foi o primeiro a ser realizado no Vale dos Reis em quase trinta anos, poderemos razoavelmente esperar que tudo tenha sido feito exatamente como dantes? E poderemos assumir que as coisas sempre foram feitas perfeitamente no passado? Se é necessária uma explicação para os braços de Tutankamon, podemos especular que essa colocação atípica está de alguma maneira relacionada com o peito danificado.

Por dentro das ligaduras, Tutankamon estava vestido com um saiote ou avental dourado que ia da sua cintura até aos joelhos. Foram-lhe calçadas, nos pés, umas sandálias douradas. As joias incluíam dedeiras nas mãos e nos pés, braceletes (sete no braço direito e seis no esquerdo), anéis nos dedos e uma profusão de colares e peitorais sobre o peito, colocados em diferentes níveis. Duas adagas, uma de ouro (n.º 256dd) e uma de ferro meteorítico muitíssimo valioso (n.º 256k), estavam presas a cintos atados à volta da cintura.

Um gorro de contas, bastante justo, cobria-lhe a cabeça rapada, e as suas quatro cobras de ouro e faiança exibiam uma versão anterior do nome de Aton (n.º 2564t). Parece estranho que o conspicuamente ortodoxo Tutankamon fosse sepultado com uma referência tão íntima ao deus que rejeitara, e foram propostas diversas teorias para o explicar, que vão de uma conversão no leito de morte a um simples desentendimento na casa mortuária. Outros toucados viriam a ser incorporados nas ligaduras. Um curioso toucado cónico de linho chumaçado «envolto à maneira das modernas ligaduras cirúrgicas» fez lembrar a Carter uma coroa — uma ligação ao deus coroado Osíris, porventura? — embora ele também especulasse que isto poderia ter sido «meramente um chumaço destinado a preencher o espaço que de outro modo teria ficado vazio na concavidade do toucado da máscara» (n.º 2564u).[106] Isto estava encimado pelos restos do que parecia ser um toucado *khat* em linho, mantido no lugar por uma faixa de ouro (n.º 2564pbis). Por cima, estava um diadema com incrustações de ouro e fitas pendentes, cujos ureus e cabeça de abutre destacáveis foram encontrados separados dentro das ligaduras que lhe envolviam as coxas (n.º 2564o).

Com o envoltório completo, foi cosido às ligaduras um par de mãos empunhando o bordão e o mangual (n.º 256b[1]). Um pássaro *ba* com cabeça humana pairava por baixo das mãos (n.º 256b[2]), encimando uma rede de faixas funerárias com inscrições — duas faixas longitudinais e quatro faixas transversais —, que haviam sido feitas para uma outra pessoa, e não combinavam bem com a múmia de Tutankamon (n.º 256b[3]). As cártulas originais tinham sido apagadas e somente uma, que designava Smenkhkare, ficara no lugar. Finalmente, uma máscara funerária dourada semelhante a um elmo foi colocada sobre a cabeça e os ombros do rei, e foi atado à frente da máscara um triplo fio de contas em disco (n.º 256a). Essas contas são normalmente retiradas quando a máscara é exibida em público.

A máscara funerária de Tutankamon liga o portador aos deuses, que se sabia terem pele dourada.[107] Mais especificamente, ela liga-o ao deus dos mortos, Osíris, habitualmente representado com um corpo coberto de ligaduras e as mãos e o rosto expostos. A máscara ostenta um toucado *nemes* incrustado com faixas de vidro azul, com o abutre e a cobra na testa, prontos a defender o seu rei. As sobrancelhas, as pestanas e os cosméticos dos olhos são feitos de lápis-lazúli; os olhos são feitos de quartzo e obsidiana e mostram (erradamente) uma descoloração vermelha nos cantos internos e externos; as orelhas, como já vimos, têm uns furos tapados, nos quais se pode usar brincos. A barba estreita e entrançada é uma peça separada feita de ouro embutido com faiança que agora perdeu a cor. Em agosto de 2014, foi notícia nos jornais quando, ao ser removida a máscara do seu estojo para limpeza, a barba se soltou. Inicialmente mal colada, com uma cola epoxy de secagem rápida que era altamente visível, a barba foi desde então restaurada e fixada de novo com cera de abelha (a «cola» usada pelos antigos artífices), e os estragos já não se conseguem ver.

A máscara está inscrita nos ombros e nas costas, e o texto das costas provém do *Livro dos Mortos*, Encantamento 151. Trata-se de um encantamento proferido por Anúbis, o deus com cabeça de chacal, que não só permite que a máscara se torne o rosto do falecido, mas também que ela auxilie o falecido à medida que este encontra desafios na vida além-túmulo:

> [...] Teu olho direito é a Barca da Noite, teu olho esquerdo é a Barca do Dia,
> Tuas sobrancelhas são a Eneada, tua testa é Anúbis,
> A parte de trás da tua cabeça é Hórus, teu cabelo é Ptah-Sokar.
> Estás diante de Osíris, para que ele veja por causa de ti.[108]

Houve muita especulação quanto a saber se esta máscara fora ou não feita para Tutankamon. Referindo as orelhas furadas, e sugerindo que as cártulas de Tutankamon mostravam sinais de alteração, o egiptólogo britânico Nicholas Reeves defendeu que a máscara fora originalmente criada para uma mulher.[109] Mas muitos não se deixaram convencer e, embora não possamos aceitar a máscara como um retrato, as suas feições faciais parecem com efeito corresponder a outras imagens formais do rei.

Setenta dias após entrar na oficina do agente funerário, Tutankamon havia assumido a nova forma amortalhada e estava pronto para fazer a derradeira viagem através do deserto. Havia mais uma tarefa importante a cumprir. Os agentes funerários reuniram os materiais usados na mumificação. Não podiam ser deitados fora: também tinham de ser sepultados. Viriam a ressurgir quando, em 21 de dezembro de 1907, uma equipa de escavação financiada pelo advogado americano e egiptólogo amador Theodore M. Davis descobriu um poço cheio de pedras, ou poço funerário inacabado (KV54), que guardava uma dúzia de vasilhas de armazenamento de grandes dimensões. Não se fizeram fotografias ou desenhos dessas jarras *in situ* e, como Davis não fez nenhum registo formal da sua descoberta, não podemos saber ao certo quantas seriam originalmente. As vasilhas foram levadas para casa de Davis, onde foram abertas para entreter um distinto visitante. Aqui o egiptólogo e curador de museu Herbert Winlock pega na história:

> Algures no início de janeiro de 1908, passei dois ou três dias com Edward Ayrton, para ver o seu trabalho para o Sr. Davis no Vale dos Reis. Quando cheguei à casa, o «relvado» da frente tinha cerca de uma dúzia de gigantescos potes brancos ali postos [...]. Por essa altura, Ayrton tinha concluído uma escavação no Vale dos Reis, um pouco a leste do túmulo de Ramsés XI. Estava muito atarefado a encontrar algo que divertisse *Sir* Eldon Gorst, o agente diplomático britânico que em breve ali estaria como convidado do próprio Sr. Davis [...] quando ele abriu um dos grandes potes e encontrou lá dentro uma encantadora pequena máscara amarela, toda a gente pensou que se iriam encontrar muitos mais objetos nos outros cântaros [...]. Nessa noite, caminhei pelos montes até voltar à casa de Davis no Vale, e ainda trago na minha cabeça uma imagem de como as coisas estavam. Aquilo que de manhã tinham sido umas filas razoavelmente direitas de potes estavam tombadas em todas as direções, com pequenos montes de natrão e de louça quebrada espalhados pelo chão [...].[110]

Davis, que tinha grandes expectativas acerca dos potes, ficou profundamente desapontado quando os encontrou cheios daquilo que parecia ser uma casuística misturada de bricabraque: selos quebrados impressos com o nome de Tutankamon, embrulhos de linho com sal de natrão e serradura, lençóis e ligaduras de linho, três toucados, colares florais, grandes quantidades de louça partida, ossos de animais (pato, ganso, vaca e ovelha ou cabra). As descobertas foram consideradas insignificantes e doadas ao Metropolitan Museum of Art em Nova Iorque. Foi somente em 1941, quase duas décadas após a descoberta do túmulo de Tutankamon, que Winlock reconheceu a importância dos potes e do seu conteúdo.[111] O local KV54 tinha sido o esconderijo do embalsamamento de Tutankamon, e os potes estavam cheios com aquilo que restara dos materiais do embalsamamento e com os restos do banquete fúnebre organizado, não para os vivos, mas para as estátuas e as imagens dos falecidos. As grinaldas florais eram as flores que haviam adornado os caixões e as estátuas do rei durante as várias fases do funeral, os três toucados de linho tinham talvez sido usados pelos embalsamadores enquanto trabalhavam no corpo, e uma curiosa coleção com cerca de vinte pauzinhos queimados poderá ter sido usada pelos embalsamadores para verificarem a velocidade de dessecação sob a camada de sal de natrão. Winlock acreditava que o material de embalsamamento, sendo simultaneamente importante e impuro, tinha sido deliberadamente enterrado longe do túmulo principal.[112] Outros acreditam que as vasilhas foram inicialmente armazenadas na passagem para o túmulo de Tutankamon. Quando foi decidido encher a passagem com lascas de pedra, o material de embalsamamento foi, por qualquer razão desconhecida, levado para um novo local seguro a pouco mais de cem metros dali.[113]

Como nenhum rei queria correr o risco de morrer sem um túmulo que lhe albergasse o corpo e um templo mortuário que lhe albergasse o culto, os programas de construção funerária recebiam prioridade máxima. Tutankamon não foi exceção. Enquanto menino-rei, poderá ter antecipado replicar o reinado de mais de trinta anos do avô Amenotep III, mas, como as inesperadas mortes de Smenkhkare e de pelo menos quatro das filhas de Akhenaton mostravam, a morte não respeitava a juventude nem a realeza. As obras de construção abandonadas no Real Wadi indicam que começou a construir um túmulo em Amarna imediatamente após subir ao trono, mas esse projeto conheceu um fim abrupto quando a corte saiu de Amarna. Sendo um autoproclamado devoto de Amon-Ra, Tutankamon queria agora ser sepultado ao lado dos seus ilustres antepassados adoradores de Amon na restabelecida necrópole real de Tebas. Dado o seu constante desejo de se associar ao avô Amenotep III, é provável que ele tenha escolhido um local no Vale Ocidental. Aí, o extenso túmulo de Amenotep (WV22) incorporava passagens, múltiplas câmaras e outras instalações fúnebres para os membros íntimos da família.

Existem duas possibilidades no Vale Ocidental para o túmulo de Tutankamon. A primeira, o inacabado WV25, que consiste num lanço de degraus e numa passagem descendente. Podíamos esperar razoavelmente que o túmulo de Tutankamon fosse bastante mais avançado do que isto. O regresso da força de trabalho de Amarna especializada na construção de túmulos poderá ter motivado um início lento, mas o multitalentoso Maya, «supervisor das obras no local da eternidade» e «supervisor das obras no ocidente», já dirigia as obras de construção há pelo menos seis anos, provavelmente mais, quando Tutankamon morreu. O facto de Ramsés I poder ser sepultado num túmulo comparativamente mais pequeno, mas apropriadamente régio, após menos de dois anos no trono, demonstra que esses seis anos teriam proporcionado bastante tempo para se criar um túmulo real viável. Por conseguinte, parece lógico identificar WV25 como o túmulo abandonado de Amenotep IV, construído antes de ele mudar de deus e de nome e ter fugido para Amarna. Em contraste, o vizinho WV23 é um túmulo real da XVIII dinastia equipado com duas escadarias descendentes, dois corredores, um poço de escada e três câmaras.

O WV23 não foi, porém, aprontado para o funeral de Tutankamon. Em vez disso, ele viria a ser enterrado no KV62, um modesto túmulo privado, um dos três túmulos não-reais do final da XVIII dinastia talhados em pedra que foram cortados no solo do Vale principal.[114] Originalmente com uma simples sala, à qual se acedia por dezasseis degraus descendentes e uma estreia passagem inclinada (que media 8,08 metros de comprimento x 1,68 metros de largura x 2 metros de altura), o novo túmulo tinha sido ampliado com a adição de três novas salas.[115] A equipa de Carter atribuiu nomes modernos a essas salas. A «Antecâmara» era a câmara original, uma sala retangular (7,85 x 3,55 x 2,68 metros) talhada 7,1 metros abaixo do chão do Vale e com orientação norte-sul. Essa permitia o acesso através de uma passagem selada à sala de armazenamento conhecida como o «Anexo» (4,35 x 2,6 x 2,55 metros; orientada norte-sul). O chão do Anexo estava quase um metro abaixo do chão da Antecâmara. A «Câmara Fúnebre» (6,37 x 4,02 x 3,63 metros; orientada leste-oeste) estava separada da Antecâmara por uma parede divisória feita em pedra solta rebocada na qual havia uma porta oculta, e também ela fora construída num nível inferior ao da Antecâmara. Abrindo-se a partir da Câmara Fúnebre, mas não oculto por trás de qualquer partição, o «Tesouro» era uma câmara de armazenamento (4,75 x 3,8 x 2,33 metros; orientada norte-sul).

Embora o principal objetivo fosse servir como lar para a múmia, o seu *ka* e os objetos fúnebres, o túmulo era muito mais do que um armazém. Era um local de poderosa atividade ritual. Mas o KV62 era bastante mais pequeno do que o extenso túmulo de Amenotep III, e o espaço estava severamente limitado. Isso era um problema. Haveria pouco espaço para executar os rituais, que desempenhavam um importante papel num funeral real, e os objetos fúnebres que andavam a ser acumulados há uma década teriam de ser encaixados sem grandes considerações para com a sua apresentação. Uma dificuldade mais imediata era suscitada pelas portas do túmulo, demasiado estreitas para permitir a passagem dos objetos fúnebres de maiores dimensões. Alguns, incluindo os carros e as camas, podiam ser desmantelados, mas o sarcófago, talhado num único bloco de granito, não; e os quatro relicários dourados que deveriam ser erigidos à volta do sarcófago eram demasiado grandes para passarem, mesmo desmantelados. Os operários foram obrigados a deitar abaixo os últimos seis degraus que conduziam à passagem, bem como o lintel e as ombreiras da porta que se abria para a antecâmara, restaurando-as em pedra, madeira e gesso após o túmulo ficar cheio. Os arqueólogos teriam de reverter essa operação quando extraíram do túmulo os painéis dos santuários.

Porque é que Tutankamon não foi sepultado no próprio túmulo? Isso não está explicado em lugar algum, mas como Ay foi responsável pelo funeral de Tutankamon, deveremos procurar uma resposta nele. Pode ter sucedido que houvesse algum problema estrutural no túmulo do Vale Ocidental que obrigou Ay a sepultar Tutankamon num túmulo substituto que já fora usado, ou como oficina da necrópole ou, mais provavelmente, para albergar o enterro de algum nobre menor. Mas é possível reconstruir um cenário mais elaborado. Sabemos que Ay chegou ao trono já um homem idoso. Ele já tinha construído um túmulo privado em Amarna, e um segundo túmulo privado no solo do Vale dos Reis. Não sendo néscio, deve ter compreendido que já não teria tempo suficiente para mandar construir um terceiro templo, mais esplêndido. A decisão deverá ter sido fácil. Tutankamon seria sepultado no túmulo que Ay andara a preparar para o seu próprio funeral privado, ao passo que o rei Ay se apoderaria do túmulo inacabado no Vale Ocidental. Apenas quatro anos após a morte de Tutankamon, o próprio Ay foi efetivamente sepultado no esplêndido e ainda inacabado túmulo, próximo do túmulo do seu antigo empregador, Amenotep III. A sepultura de Ay foi saqueada na Antiguidade, e a múmia e objetos fúnebres nunca foram encontrados.

Enquanto Tutankamon dessecava lentamente sob um monte de sal, efetivavam-se planos para encher o túmulo com os seus bens. Deve ter sido um pesadelo logístico. Arcas, caixotes e cestos tiveram de ser construídos, recheados, rotulados e depois transportados até ao Vale. Embora alguns tenham vindo do vizinho palácio de Malkata ou do templo mortuário de Tutankamon, outros vieram de barco desde lugares tão distantes como Mênfis. Tudo teve de ser enfiado naquele túmulo demasiado pequeno. Não temos nenhuma maneira de saber até que ponto são típicos os seus objetos fúnebres, mas embora seja tentador imaginar reis que viveram mais tempo deitados em túmulos que se assemelham a armazéns rodeados por centenas de milhares de artefactos, não temos nenhuma razão para assumir que Tutankamon não tenha sido abastecido com tudo o que era necessário para a sua vida póstuma. Como a Câmara Fúnebre era demasiado pequena para conter mais do que a sepultura propriamente dita, o Tesouro — a sala mais próxima do corpo — foi repleta com os objetos fúnebres mais rituais e ligados ao processo funerário, enquanto o Anexo se transformou numa arrecadação para comida, bebida e óleos, além de mais algum mobiliário. A Antecâmara, que continha uma elevada percentagem de artigos práticos e quotidianos, constituía um problema, pois tinha de ficar uma passagem para que a múmia acedesse à Câmara Fúnebre e a caixa canopa acedesse ao Tesouro. Embora alguns artigos pudessem ser empilhados contra as paredes, outros objetos fúnebres teriam de ser guardados em armazéns temporários fora do túmulo. Entretanto, os objetos fúnebres especificamente associados ao funeral — os caixões, a caixa canopa, as figuras funerárias e as *shabtis* — tinham de ser reunidas para a procissão fúnebre, e os acessórios para comida, bebida e rituais tinham de ser organizados para o funeral e o banquete que se seguia.

A breve descrição das expectativas da vida real além-túmulo que iniciou este capítulo torna simples e nítida a teologia subjacente. Na realidade, encontramos um certo grau de confusão e de crenças religiosas conflituosas refletido nos objetos fúnebres de Tutankamon e na arte tumular. Cada objeto preparado para a sepultura tinha o seu próprio objetivo válido; mas se considerarmos o conjunto como uma grande coleção, vemos um agregado de expectativas e de tradições misturadas. Isso não significa que o próprio Tutankamon estivesse confuso ou insatisfeito. Aqueles entre nós que abordam o Natal com calendários de advento e cartas ao Pai Natal, ou que celebram a Páscoa com folares de pão doce quentes e coelhinhos de chocolate, conseguem compreender o que é uma feliz mistura de diferentes tradições. Não deveríamos esperar que o túmulo de Tutankamon contasse uma simples história de morte e vida além-túmulo: a teologia egípcia nunca foi assim tão simples. Isso torna-se óbvio quando damos uma segunda olhadela às paredes pintadas da Câmara Fúnebre e vemos cenas de uma vida póstuma tanto baseada em Osíris como em Ra, e novamente óbvio quando consideramos as figuras *shabti* incluídas entre os objetos fúnebres.

As *shabtis*, ou figuras serviçais, eram uma parte importante do equipamento fúnebre da elite ao longo de todo o Novo Reino. O seu dever muito específico — agir em nome do detentor do túmulo — está delineado no Encantamento 6 do texto funerário conhecido como o *Livro dos Mortos*:

> Ó *shabti*, se contar contigo [...] para fazer algum trabalho que tenha de ser feito no submundo [...] tu me substituirás a cultivar os campos, a irrigar as margens do rio, ou a transportar de barco a areia de leste para oeste. «Aqui estou», dirás tu.[116]

Animadas por magia, as *shabtis* pegarão nas suas ferramentas em miniatura — as *shabtis* de Tutankamon estavam equipadas com minúsculos cestos, picaretas, enxadas e jugos — e executarão qualquer humilde tarefa agrícola de que Osíris queira encarregar o amo delas. Tutankamon foi sepultado com 413 *shabtis* feitas de diversos materiais, variando em desenho e qualidade artística. Tinha um trabalhador para cada dia do ano e mais trinta e seis capatazes (um por cada semana de dez dias) e doze supervisores (um para cada mês do ano). Isto seria prova de um planeamento sensato se não fosse um facto muito importante. Os reis não esperavam desempenhar humildes trabalhos agrícolas na vida além-túmulo: por conseguinte, não necessitavam de trabalhadores delegados. As *shabtis* reais seriam sempre redundantes. Tutankamon não foi o único rei confundido por esta questão teológica razoavelmente elementar: muitos reis foram sepultados com *shabtis* de que não precisavam, e, como já vimos, elas até foram encontradas em Amarna, onde Akhenaton certamente não esperava vir a experimentar uma vida póstuma com Osíris. Ramsés III da XIX dinastia foi porventura o rei mais confundido: uma cena no seu templo mortuário de Medinet Habu mostra-o a executar efetivamente humildes trabalhos agrícolas para Osíris.

Podemos imaginar o funeral de Tutankamon através de uma série de cenas pintadas nas paredes do túmulo. Os túmulos reais da XVIII dinastia eram tradicionalmente decorados com textos e cenas extraídos de uma coleção de escritos religiosos conhecida como os *Livros do Submundo* ou *Guias para a Vida após a Morte*. No túmulo de Tutankamon, porém, somente a Câmara Fúnebre foi rebocada e pintada, e ao que parece um trabalho feito à pressa. O bolor nas paredes e nos objetos fúnebres, e os danos causados pela humidade em vários artefactos, dizem-nos que o gesso não estava completamente seco quando o túmulo foi selado. Ao que parece, a troca de túmulos por Ay foi uma decisão tomada à última hora. Do nosso ponto de vista, esta pintura tardia é boa, já que podemos estar certos de que as cenas na parede (contrariamente a muitos dos objetos fúnebres) foram especificamente desenhadas para Tutankamon. Elas refletem, não as suas próprias expectativas acerca da sua vida além da morte, mas as expectativas que Ay tinha para ele.

Na parede oriental, podemos ver o rei mumificado. Jaz num caixão assente numa armação protegida por um relicário com grinaldas. O relicário está sobre um barco, e este em cima de um trenó de madeira. A caixa canopa, que também terá sido transportada através do deserto, encontra-se ausente da cena, bem como as carpideiras que vemos assistirem aos funerais privados da XVIII dinastia. Não existe qualquer sinal da viúva Ankhesenamon e não temos meio de saber como reagiu à intempestiva morte de Tutankamon. Doze dos mais altos dignitários do Egito, vestidos com linho branco, foram recrutados para puxar as cordas que arrastam o trenó sobre as areias do deserto até ao túmulo. Entre eles, caracterizados pelas cabeças rapadas e claramente rotuladas, estão os vizires Pentu e Usermont. Todos os homens cantam lamentosamente enquanto puxam: «Nebkheperure vem em paz, Ó Deus, protetor da terra.» A imagem faz com que a jornada através do deserto pareça fácil; a arqueologia mostra que era uma viagem acidentada, que danificou os pés de Tutankamon, envoltos em ligaduras, por embaterem contra as paredes do caixão.

A parede norte retoma a história com três cenas destinadas a ser lidas da direita para a esquerda. A primeira, que visitámos no início deste capítulo, mostra uma versão abreviada dos ritos funerários. A múmia de Tutankamon foi colocada na vertical e Ay, vestido com a pele de leopardo de um sacerdote, está a brandir a faca com cabeça de serpente para conduzir o ritual da Abertura da Boca e dos Olhos. Uma confirmação indireta de que a múmia de Tutankamon seria erguida da horizontal para a vertical durante a cerimónia é fornecida por dois buracos rudemente abertos na sua máscara funerária, que permitiriam que o mangual fosse atado, impedindo-o de tombar para diante quando a múmia fosse endireitada.[117] Cenas funerárias pintadas em túmulos não-reais indicam que esta cerimónia era executada à entrada do túmulo. Não sabemos quanto tempo demoraria o ritual — a imagem pintada não nos proporciona qualquer noção do tempo —, mas a presença de três camas em forma de animal e de quatro relicários dourados no interior do túmulo levou à sugestão de que ele poderia ter prosseguido por até três dias e quatro noites.[118] Seguidamente, vemos Tutankamon — agora um homem e não uma múmia — a ser recebido na vida do Além pela deusa Nut. Finalmente, vemos o rei e o seu *ka* a abraçarem o deus Osíris. A parede sul, danificada, preserva os restos de uma cena que mostra Tutankamon a ser saudado pelas divindades funerárias Hathor, Anúbis e Isis.

A parede ocidental conta uma história que pertence a uma teologia muito diferente. Numa cena do texto funerário conhecido como o *Livro da Câmara Oculta Que Está no Submundo* (conhecido mais popularmente hoje em dia como *Amduat*), é-nos mostrada a primeira hora da noite: a hora conhecida como o «Golpear das Cabeças dos Inimigos de Ra». É crepúsculo — nem dia nem noite — e o barco solar está a ser recebido no submundo pelos doze babuínos cantores que representam as doze horas da noite. É este o barco que Tutankamon ajudará a tripular. O deus-sol Ra está velho e cansado, mas na parede de Tutankamon o seu barco oferece-lhe a esperança de renascimento ao apresentar o jovem deus escaravelho Khepri, uma manifestação de si mesmo. Se a Câmara Fúnebre fosse maior, é possível que tivéssemos sido capazes de acompanhar a tripulação de Ra nas suas aventuras noturnas ao longo das onze horas seguintes. Tê-los-íamos visto combater a serpente maligna Apófis, observado como um ser com cabeça de gato brandindo facas decapitava os inimigos de Osíris, presenciado o último julgamento dos danados e finalmente rejubilado enquanto a divina tripulação arrastava o barco solar através do corpo da enroscada serpente Mehen, permitindo a Ra renascer.

A certo ponto, durante o funeral, os sacerdotes ofereciam uma última refeição às estátuas funerárias e, porventura, à múmia. Isso tinha início com a apresentação de comida sobre as mesas e de vinho em jarros e terminava com os visitantes vivos a consumirem os alimentos e talvez a despedaçarem a louça. A restante comida e toda a louça partida eram reunidas e armazenadas em grandes potes, que eram deixados na passagem ao lado de outros artefactos ocasionais, incluindo uma quantidade de pequenas canecas vermelhas de oferenda.

A múmia e a caixa canopa de Tutankamon, bem como os artefactos rituais usados na cerimónia fúnebre foram transportados dezasseis degraus mais abaixo, ao longo da estreita passagem, através da Antecâmara repleta e até ao interior da Câmara Fúnebre. As pesadas bases do seu féretro estavam aí à espera, empilhadas no interior do sarcófago de pedra. Tutankamon foi engrinaldado e colocado no interior do seu caixão mais interior, e os sacerdotes murmuraram encantamentos enquanto vertiam sobre o seu rei pelo menos dois baldes de unguentos à base de resina, evitando cuidadosamente a cabeça e os pés. As três tampas de caixão foram fechadas e seladas à vez, e a tampa quebrada do sarcófago foi, com alguma dificuldade, baixada e «remendada» com gesso e tinta. Esta parte da operação deve ter demorado mais do que se esperava, uma vez que os pés do caixão exterior tiveram de ser aplanados de maneira a que a tampa assentasse bem, deixando reveladoras lascas de madeira na base do sarcófago.

A caixa canopa foi colocada no interior do seu relicário pré-montado. Então, com o Tesouro completo, puderam começar as obras para erigir os quatro relicários dourados, concêntricos e sem base ao redor do sarcófago (de fora para dentro, n.º 207, 237, 238, 239). Com grande dificuldade — eram demasiado grandes para passarem na Câmara Fúnebre sem ter de se alargar a entrada — foram trazidos até ali, primeiro o maior, empilhado contra a parede, e depois montados desde o mais pequeno (mais interior) até ao maior (mais exterior). A falta de espaço na Câmara Fúnebre causou problemas tanto aos antigos carpinteiros como aos modernos arqueólogos, como nos conta Carter, «batíamos com as cabeças, magoávamos os dedos, tínhamos de entrar e sair dali como doninhas e trabalhar em todos os tipos de posições embaraçosas», enquanto tentavam desmontar os relicários.[119] Apesar das úteis instruções rabiscadas ou pintadas nos componentes dos relicários, estes não estavam devidamente montados. Havia amolgadelas e rachas abertas, restos de carpintaria no chão e, o que era mais surpreendente, os relicários estavam mal alinhados, de maneira que as suas portas se encontravam voltadas para leste, e não para ocidente, na direção do sol poente.

Com os relicários no lugar, e as suas portas duplas trancadas e seladas, os pedreiros puderam construir a porta que separava a Câmara Fúnebre da Antecâmara. A nova parede sul foi pintada, e os artistas saíram da Câmara Fúnebre rastejando por um pequeno buraco. Os sacerdotes selaram-no com quatro «tijolos mágicos» nas paredes da Câmara Fúnebre, e depois também eles partiram. Trabalhando a partir da Antecâmara, os pedreiros bloquearam o buraco para a Câmara Fúnebre e cobriram-no com gesso, para que — como se esperava — o corpo do rei ficasse escondido para sempre, embora a própria colocação óbvia das duas Estátuas Guardiãs denunciasse algo aos futuros saqueadores. Os restantes objetos fúnebres foram então enfiados na Antecâmara, tendo alguns sido abandonados na passagem. A última pessoa viva a sair do túmulo varreu o chão atrás de si, para que nenhuma pegada perturbasse a harmonia daquele local sagrado. Finalmente, os sacerdotes bloquearam e selaram a porta do túmulo e encheram de entulho a escadaria descendente.

Sozinho no escuro, Tutankamon esperou pela noite e pelo início da sua próxima grande aventura. Entretanto, as ligaduras começaram lentamente a crestar-se. As resinas e os unguentos, tão profusamente aplicados pelos agentes funerários e pelos sacerdotes, estavam a queimar-lhe a pele e a reduzir a fuligem o seu invólucro.

4

A HISTÓRIA DA RAINHA:
A IRMÃ-ESPOSA DE TUTANKAMON, ANKHESENPAATON

Uma rainha egípcia enviuvada escreve ao rei dos hititas:

> O meu marido morreu. Filho não tenho. Mas para vós, dizem, os filhos são muitos. Se me désseis um filho dos vossos, ele tornar-se-ia meu marido. Nunca hei de escolher um dos meus servos e fazer dele meu marido! [...] Tenho medo![120]

Ankhesenpaaton é uma figura familiar de Amarna. Ela fez a sua primeira aparição numa cena familiar gravada numa pequena estela privada que se recuperou numa desconhecida moradia de Amarna.[121] Imortalizada em calcário e pigmentos garridos, uma jovem família está a repousar sob os raios do Sol. O pai, sentado num banco almofadado, segura o primogénito e a filha mais importante. Acaricia-a, e debruça-se para a beijar. De frente para ele, a esposa segura a segunda filha, a qual, ansiosa por se juntar à diversão, tem de ser refreada sobre o joelho da mãe. Quase desapercebida, uma terceira filha, mais pequena, trepa e está a estender a mão para alcançar um tentador ornamento que pende do seu elaborado toucado. Por trás do pai, oito vasilhas de barro contêm cerveja suficiente para saciar a sede mais feroz. À primeira vista, esta poderia ser uma qualquer família egípcia a desfrutar de um piquenique. Um olhar mais apurado confirma que a cena está longe de ser normal. Os pais usam as coroas diagnósticas que os identificam como Akhenaton e a sua consorte, Nefertiti. O Sol que brilha por cima deles é Aton, o deus que domina todos os aspetos da vida deles. A bebé cativada pela coroa da sua mãe é Ankhesenpaaton: irá mudar de nome e de deus, tornar-se-á rainha do seu irmão, e sobreviverá a toda a família.

Ankhesenpaaton está nua. A ausência de roupas permite-nos ver que os artistas, não habituados a retratarem crianças, lhe deram a estranha forma de uma Nefertiti em miniatura: tem um corpo em forma de pera, coxas grossas, uma cintura cavada e braços e pernas finos, e, embora esteja a trepar e os braços dela pareçam razoavelmente fluidos, as pernas estão firmemente apertadas uma contra a outra. A sua cabeça rapada tem uma forma pouco naturalmente alongada. As irmãs são ligeiramente maiores, mas têm uma forma corporal idêntica e a mesma cabeça exagerada. Como Meritaton está a olhar para trás, para a mãe, podemos ver que também ela tem uma espessa trança lateral. Estas cabeças em forma de ovo, com ou sem penteado lateral, aparecem repetidamente em Amarna, tanto na arte bidimensional como nas esculturas, permitindo-nos identificar princesas que fora isso não estão rotuladas. Inicialmente, os egiptólogos especularam que a forma da cabeça poderia ser prova da deliberada manipulação dos ossos moles do crânio aquando do nascimento, mas, embora a modificação craniana artificial (ligamento da cabeça) fosse praticada em todo o mundo na Antiguidade, não foram descobertas nenhumas múmias com um crânio caracteristicamente distorcido. O facto de a cabeça de Ankhesenamon aparecer completamente normal quando, quinze anos mais tarde, ela surge ao lado de Tutankamon em Tebas, confirma que não é esse o caso e também nos permite descontar a sugestão de que todas as seis irmãs de Nefertiti sofriam de hidrocefalia. Parece muito mais provável que as cabeças alongadas sejam um deliberado exagero de uma tendência familiar para crânios longos que é tornada óbvia pela radiografia de Harrison em 1968 à cabeça de Tutankamon. O *Grande Hino a Aton* confirma que Akhenaton estava interessado na ideia do ovo enquanto fonte da vida, e parece que ele terá ligado a ideia às suas jovens filhas:

> Tu fazes a semente crescer nas mulheres e crias pessoas a partir do fluido. Tu dás vida ao filho no útero de sua mãe e acalma-lo para travar as suas lágrimas. Tu és a ama dentro do útero, que dá sopro para animar tudo o que ele faz quando desce do útero. No dia em que ele nasce, tu abres-lhe a boca para prover às suas necessidades. Quando o pinto está no ovo, falando dentro da sua casca, tu dás-lhe sopro lá dentro para que viva. Quando fizeste com que fosse tempo para que ele se liberte da sua casca, ele sai do ovo para proclamar o seu nascimento, e caminha sobre as duas pernas quando sai de lá.[122]

Amarna tinha uma insaciável procura de arte real. Akhenaton, Nefertiti e as filhas apareciam nas estelas limítrofes que rodeavam a cidade, nas paredes dos túmulos e dos templos, em capelas públicas e privadas, e em locais significativos por toda a cidade. Havia estátuas de pedra, de metal e de madeira, frescos, pequenas estelas gravadas e pintadas com cores vivas, e grandes paredes gravadas e garridamente pintadas. Os ditadores erigem rotineiramente grandes estátuas para se celebrarem a si mesmos, mas esta profusão de imagens reais reflete mais do que um simples desejo de dominar a paisagem urbana. À medida que os antigos deuses são relegados, Akhenaton está a reatribuir os papéis anteriormente detidos pelas divindades solares tradicionais. Atum, o deus que emergiu das águas do caos no início dos tempos, tornou-se Aton. Os seus filhos gémeos, Shu, deus da atmosfera, e Tefnut, deusa da humidade, tornaram-se Akhenaton e Nefertiti. As filhas de Akhenaton representam agora os filhos divinos nascidos de Shu e Tefnut, e seus descendentes.

À medida que o tempo passa, vemos uma Ankhesenpaaton cada vez mais velha assistindo a compromissos reais com as suas irmãs. Ela está na varanda do palácio e ajuda o pai a atirar ouro aos seus favoritos, e assiste à reunião internacional no ano 12. Um bloco isolado de arenito com inscrições de proveniência desconhecida mostra-a ao cuidado da «ama da filha do rei Ankhsenpaaton, Tia». Tia oferece pão à jovem princesa e ambas estão próximas de um truncado macho real de grande porte, que deve ser Akhenaton. É evidente que Ankhesenpaaton é uma pessoa muito importante: ela é uma do restrito grupo de mulheres que estão autorizadas a rodear o rei. Mas sendo a terceira filha, ela nunca é tão importante como Meritaton, a primogénita, à qual é concedida a honra de se sentar no joelho de seu pai, e nunca é tão importante como Meketaton, a segunda a nascer, que é na prática a delegada de Meritaton. Tal como o estatuto de Akhenaton foi elevado pela morte do irmão mais velho, Tutmés, também o estatuto de Ankhesenpaaton deve ter sido reforçado pela morte prematura de Meketaton.

Perto do final do reinado de Akhenaton duas jovens princesas juntam-se subitamente às fileiras exteriores da família real. Os seus títulos, que são ambos complicados e se encontram danificados, tornam claro que são filhas de um rei ou reis não designados.[123] Os seus nomes, Meritaton Tasherit (Meritaton-a-Nova) e Ankhesenpaaton Tasherit (Ankhesenpaaton-a-Nova), permitem especular que terão recebido o nome das mães. Apesar de os casamentos entre pai e filha serem extremamente raros no Egito dinástico, foi imediatamente assumido que tanto Meritaton como Ankhesenpaaton haviam desposado o pai e dado à luz filhos dele, uma teoria que ainda hoje floresce na Internet. Na verdade, existem vários pais possíveis para qualquer uma ou para ambas as raparigas, incluindo Meritaton e Smenkhkare, Kiya e Akhenaton (teremos descoberto a filha anónima de Kiya?), alguma rainha do harém que ficou por registar e Akhenaton, e, como possibilidade exterior, Meketaton e um marido desconhecido. Ankhesenpaaton e Tutankaton constituem um improvável casal de progenitores, uma vez que Tutankaton teria sido demasiado novo para ser pai de duas crianças quando viveu em Amarna. O facto de Meritaton e Ankhesenpaaton terem mais tarde desposado Smenkhkare e Tutankaton serve de prova, caso fosse necessária alguma prova, de que nenhuma delas se casara anteriormente, uma vez que as rainhas egípcias enviuvadas não voltavam a casar-se.

Embora os casamentos reais entre pai e filha fossem raros, os casamentos reais entre irmão e irmã não o eram. Tais casamentos eram percebidos como benéficos. Permitiam que o rei desposasse uma mulher treinada para o seu papel; asseguravam que a rainha não tinha qualquer lealdade conflituosa com a sua família ou país de origem; restringiam o número de pretendentes ao trono ao limitarem o número de netos reais; proporcionavam maridos adequados a princesas que de outro modo poderiam sentir dificuldade em casar-se. E até ligavam a família real aos deuses, que também tendiam a desposar as irmãs, embora os casamentos divinos se devessem parcialmente a uma ausência de parceiros elegíveis. Ninguém teria objetado a que Tutankamon desposasse a irmã ou meia-irmã Ankhesenpaaton, já que ninguém estaria ciente de que o casamento deles poderia ter consequências infelizes.

Todos os egípcios, desde os plebeus até aos deuses, se deviam casar, independentemente das preferências sexuais. Um homem sem uma esposa era visto como incompleto, e os rapazes em idade escolar eram aconselhados a casarem-se cedo e a terem o máximo de filhos possível:

> Toma uma esposa quando és novo, para que ela te faça um filho. Ela deve gerar para ti enquanto ainda és jovem; é apropriado gerar gente. Feliz é o homem cuja gente é muita; ele é aclamado em razão da sua prole.[124]

Para a maioria das pessoas, o casamento e a unidade familiar ofereciam a única defesa fiável contra a doença, o infortúnio e a pobreza na velhice. Tutankaton, evidentemente, não precisava de se preocupar com a pobreza em idade avançada, mas ainda assim esperava-se que ele abordasse o casamento de uma maneira empresarial, e precisava efetivamente de gerar filhos.

Ankhesenpaaton viria a tornar-se consorte de Tutankamon, ou «grande esposa». Ela seria um componente essencial da governação do marido, com o rei e a rainha a formarem uma parceria — um equilíbrio macho/fêmea — que serviria aos deuses, guiaria o Egito e confundiria o caos. Os seus deveres mais óbvios seriam apoiar Tutankaton e proporcionar-lhe uma família nuclear, que idealmente incluiria um herdeiro masculino e mais alguns irmãos, além de algumas filhas que pudessem trazer apoio feminino à governação do pai e, evidentemente, desposar os irmãos. No entanto, a consorte era muito mais do que uma máquina de fazer bebés e as responsabilidades de Ankhesenpaaton seriam variadas e complexas. É frustrante como o holofote que está constantemente assestado sobre o rei nos cega em relação à rainha e torna o trabalho dela difícil de ver. Menções ocasionais nas Cartas de Amarna mostram que uma consorte poderia desempenhar um papel na diplomacia, enquanto um par de títulos explícitos — «esposa de deus» e «mão de deus» — indiciam rituais destinados a excitar deuses masculinos. Sabe-se até que algumas consortes governaram o Egito, temporariamente, em nome de um marido ausente ou de um filho de tenra idade. Os seus «reinados», inteiramente ocultos no interior dos reinados do marido ou do filho, são invisíveis a menos que o rei opte por agradecer à rainha a lealdade.

Uma esposa não seria suficiente. Tutankaton, contrariamente ao povo e aos deuses, tinha o dever de casar muitas vezes, adquirindo esposas simultâneas de diferentes estatutos sociais, com diferentes deveres e expectativas. Alguns dos casamentos seriam — assumimos nós — com esposas egípcias, puramente por prazer. Essas rainhas seriam menos importantes do que a consorte, mas havia sempre a possibilidade de que uma delas pudesse, em tempo de crise dinástica, ser arrancada à relativa obscuridade para se tornar a próxima «mãe do rei». Mais importantes eram os casamentos diplomáticos de Tutankamon: tanto os casamentos de alto nível que persuadissem os aliados de que estes eram verdadeiramente reis seus irmãos, como os casamentos de baixo nível, que vinculassem ao Egito os seus vassalos menos importantes tornando na prática as filhas deles reféns no seu harém. Estes casamentos eram encarados como vínculos pessoais entre reis individuais; se algum dos monarcas morresse, o vínculo quebrava-se e era necessário um novo casamento. Por isso, quando Tadukhepa, filha de Tushratta de Mitâni, se mudou para o harém do Egito como noiva de Akhenaton, deu por si vivendo ao lado da tia Gilukhepa, filha de Shutturna II de Mitâni, que se mudara para o harém do Egito como noiva do pai de Akhenaton, Amenotep III. Todos os casamentos contraídos por Akhenaton teriam de ser restabelecidos; e por isso, apesar de ele ainda não ser sequer um adolescente, os primeiros anos do reinado de Tutankamon terão sido passados a desposar uma série de noivas estrangeiras. Ao mesmo tempo, ele andaria a adquirir mulheres estrangeiras — tanto servas como esposas — como ofertas. Já vimos a casual referência de Abdi-Astarti de Qiltu a uma oferta de «dez mulheres»; ele estava longe de ser o único correspondente a enviar mulheres anónimas para o Egito.

Podemos ver que Tutankamon assumiu responsabilidade por um significativo número de mulheres: não apenas as esposas dele e seus filhos, mas as servas delas também. Gilukhepa poderá não ter sido invulgar ao chegar ao Egito com uma comitiva de 317 serviçais, sendo que muitos terão sido mulheres. Além disso, haveria as tias, as irmãs e as primas de Tutankamon: as mulheres herdadas de Akhenaton, de Smenkhkare e de Amenotep III. Teria sido impossível albergar todas essas mulheres na corte. Em vez disso, elas eram enviadas para complexos independentes do harém: comunidades femininas independentes e autossustentadas que obtinham os seus rendimentos de doações de terrenos, de rendas pagas por agricultores e de um florescente negócio têxtil. É irónico que embora as casas e os túmulos relativamente humildes da aldeia dos trabalhadores de Amarna tenham sobrevivido mais ou menos intactos, os extensos complexos do harém e os cemitérios associados tenham desaparecido quase sem deixar vestígios.

Embora tenhamos múltiplas inscrições e imagens que atestem o facto de Ankhesenpaaton se ter tornado grande esposa de Tutankamon, não dispomos de qualquer registo do casamento. O túmulo de Tutankamon revelou uma arca pintada, ocasionalmente descrita como o cofre do «contrato de casamento», mas não há nada que apoie a implícita suposição de que ela conteve outrora importantes documentos (n.º 40). A arca, talhada de um bloco de alabastro e ostentando as cártulas incisas do «grande deus, senhor das Duas Terras, filho de Ra, senhor dos diademas» Tutankamon e da «grande esposa real» Ankhesenamon, continha uma massa de crina de cavalo apodrecida e algumas bolas daquilo que poderia ter sido cabelo humano, levando Carter a sugerir que poderia ter sido «uma espécie de caixa canopa adicional para o cabelo do rei».

Se regressarmos ao bloco de Hermópolis que primeiramente nos introduziu a Tutankaton, podemos ver uma segunda inscrição hieroglífica que se refere à «Filha do rei de seu corpo [...] que foi grandemente favorecida pelo senhor das Duas Terras». A proximidade — originalmente as duas inscrições estavam de frente uma para a outra no bloco agora partido — sugere que os textos estão ligados. Poderá até suceder que sejam as «legendas» que identificam as duas figuras desaparecidas que outrora estavam conjuntamente postadas sobre a parede do templo. A maior parte do nome da filha do rei desapareceu, mas um solitário hieróglifo de junco sugere que ele terminava com a palavra «Aton». Quatro das seis filhas de Akhenaton tinham nomes que terminavam com o nome do deus, mas os nomes egípcios nem sempre eram escritos com os hieróglifos ordenados da maneira como eram pronunciados, e só num caso o elemento Aton era regularmente escrito no final do nome.[125] Podemos, portanto, estar confiantes de que o texto se refere a Ankhesenpaaton. Podemos sugerir com menos confiança que Tutankaton e Ankhesenpaaton estão juntos neste contexto oficial porque já são marido e esposa e Ankhesenpaaton se tornou a legítima herdeira de Nefertiti e de Meritaton. Isso explicaria o uso do epíteto «grandemente favorecida pelo senhor das Duas Terras», que é único para ela.

No seguimento da coroação de Tutankamon, Ankhesenamon tornou-se uma ativa consorte, tal como a mãe e a avó antes dela. Aparece em vários documentos de Tutankamon, é mencionada nas inscrições e aparece como o rosto de Mut no templo de Luxor. No entanto, apenas teve o reinado de dez anos do marido para deixar a sua marca na paisagem arqueológica, e isso não é suficientemente longo. O melhor local para procurarmos provas de Ankhesenamon em ação é no túmulo do esposo. Não nas paredes — ela não aparece em nenhuma das cenas pintadas — mas em alguns dos seus objetos fúnebres decorados. O «Pequeno Relicário Dourado», um belo e intensamente mágico artefacto, e um dos mais enigmáticos objetos fúnebres de Tutankamon, é um bom sítio para começar (n.º 108). Este relicário — uma caixa de madeira com dupla porta e uma cobertura inclinada, coberta com espessa folha de ouro e montada em cima de um trenó — é uma réplica do *Per-Wer*, o relicário da deusa-abutre Nekhbet de el-Kab, divindade tutelar do Alto Egito. Tal como muitas das caixas no túmulo de Tutankamon, o relicário foi atacado por ladrões e por isso, quando redescoberto, continha uma coleção sortida de artefactos rejeitados: um pedestal de ébano para uma estatueta roubada, partes de um corselete e de uma gola, e um colar de contas com um amuleto de Weret Hekau, a grande encantadora. Weret Hekau amamenta Tutankamon para o preparar para a coroação; abraça-o com o seu braço esquerdo e guia a boca dele para o seio com a mão direita. O Tutankamon em miniatura, «rei do Alto e Baixo Egito, Nebkepherure, amado de Weret Hekau, a senhora dos céus», está postado sobre um pedestal ao lado da serpente gigante, usando uma coroa, um saiote, sandálias e joias.

O relicário manteve o seu exterior em folha de ouro, e é aqui que podemos ver Tutankamon e Ankhesenamon interagindo numa série de painéis gravados que foram descritos por Carter como:

> [...] ilustrando, de uma forma deliciosamente ingénua, uma quantidade de episódios na vida diária do rei e da rainha. Em todas estas cenas, a nota dominante é a da relação amigável entre o marido e a esposa, a amizade desenvolta que marca a escola de Tell el-Amarna [...].[126]

Carter, ele próprio um talentoso artista, absorveu claramente a propaganda do idílio de Amarna e isso persuadiu-o a esquecer que a arte formal do Egito tem um significado que vai muito além do valor decorativo. Ele relacionou o movimento fluido ao estilo de Amarna à informalidade e decidiu que aquelas vinhetas eram, embora atraentes, essencialmente insignificantes. Não parou para pensar porque é que os artistas se dariam ao trabalho e à despesa de representarem um casal na monotonia das vidas quotidianas num artefacto suficientemente importante para ser incluído no túmulo de um rei. Um século depois, temos uma compreensão bastante melhor tanto das complexidades da arte como do papel da rainha consorte. Quando examinamos o relicário, vemos uma rainha a prestar o seu apoio feminino a um rei que está sentado, não porque se sinta fraco, mas porque é demasiado poderoso para ficar em pé. Assumindo o papel de Weret Hekau, a rainha verte líquido na taça do rei; enquanto Maat, a personificação divina do conceito de *maat*, ela agacha-se para receber a água que o rei despeja nas mãos dela. A ligação a Weret Hekau, que é referida diversas vezes nas listas nada informativas de nomes e de títulos que estão inscritas no exterior do relicário, sugere que Ankhesenamon está a preparar o marido para a coroação e a participação nas cerimónias de Ano Novo que se irão seguir. Isso é confirmado pela cena inferior no verso do relicário que mostra Ankhesenamon oferecendo ao entronizado Tutankamon duas folhas de palma entalhadas, o símbolo hieroglífico para «anos», juntamente com os símbolos dos festivais de jubileu, de eternidade e o «girino», que significa 10 mil. Em cima, numa cena separada, vemos Ankhesenamon ungindo o esposo, presumivelmente como parte do ritual de coroação dele.

Ankhesenamon também está em destaque no painel central da parte de trás do «Trono Dourado» do rei (n.º 91). Com pouco mais de um metro de altura, esta é uma cadeira de madeira com um sólido e ligeiramente inclinado painel de costas, braços, painéis laterais ornados com aberturas e quatro pernas esculpidas como pernas de leão. Originalmente, as pernas estavam ligadas por uma gravação que representava a unificação das Duas Terras, mas isso foi roubado por ladrões de sepulturas. O trono está coberto com folha de ouro e de prata, e incrustado com pedras coloridas, vidro e faiança. Os dois painéis laterais mostram ureus alados que ostentam a dupla coroa do Alto e Baixo Egito; nesses painéis, o nome de Tutankamon surge como «Tutankaton». Tal como o «Pequeno Relicário Dourado», o trono tem as suas raízes artísticas no período de Amarna, embora se tenha feito uma séria tentativa para adaptar a desacreditada teologia atonista à nova ortodoxia. Mais uma vez, é interessante ler a interpretação de Howard Carter para a cena do painel traseiro:

> [...] um dos salões do palácio, uma sala decorada com pilares de grinaldas de flores, frisos de ureus (cobras reais) e revestimento de painéis convencionais «em recesso». Através de um buraco no telhado, o Sol traz cá para baixo os seus protetores raios, que concedem vida. O próprio rei está sentado em atitude não convencional sobre um trono almofadado, o seu braço descuidadamente lançado sobre as costas deste. Diante dele está a figura ameninada da rainha, que, aparentemente, dá os últimos retoques à higiene dele: numa mão segura um pequeno frasco de aroma ou unguento, e com a outra unta suavemente o ombro dele ou acrescenta-lhe um toque de perfume ao colarinho. Uma pequena e simples composição caseira, mas que instinto de vida e de sentimento ela tem, e com que sentido de movimento![127]

O uso por Carter do termo «ameninado» [*girlish*] talvez tencione ser um cumprimento, embora seja estranho enquanto tal e não aquele que muitas mulheres apreciariam hoje em dia. Ankhesenamon é uma mulher crescida, uma rainha consorte com importantes deveres políticos e rituais. As palavras de Carter são provavelmente influenciadas por uma visão sentimental das mulheres da classe alta como passivas, emotivas e atenciosas; uma visão que ele transpôs para o Antigo Egito. Isso tem o infeliz efeito de diminuir a importância de Ankhesenamon. Este não é um confortável incidente doméstico — um momento íntimo entre dois jovens amantes; é, mais uma vez, um ritual de unção, e Ankhesenamon é a sacerdotisa.

O casal real é mostrado dentro de um pavilhão ou caramanchão floral. Ankhesenamon está diante do seu marido, vestida com uma elaborada toga pregueada com mangas, uma peruca arredondada ao estilo núbio e uma complicada coroa que incorpora chifres de vaca, um disco solar e duas altas penas, o que sugere uma ligação com o falcão deus solar Hórus, Hathor, a filha de Eye e de Hórus, e, o que é aqui mais relevante, com Amon de Tebas. Tutankamon, vestido com saiote pregueado, gola, coroa alta e joalharia colorida, está sentado numa cadeira requintada com os pés sobre um banco de apoio. Por cima do casal, o disco solar ao estilo de Amarna brilha mais uma vez, com os seus longos raios terminando numas pequenas mãos de estilo humano. Quando Ankhesenamon estende a mão direita para Tutankamon, ela assume o papel de Weret Hekau.[128]

Porém, nem tudo é o que parece. Se olharmos mais de perto, podemos ver que a cena foi alterada. Os toucados altos interrompem os raios do Sol; portanto, devem ser adições mais tardias à imagem, já que normalmente a altura dos toucados seria ajustada de maneira a ocupar o espaço disponível. Os nomes do casal real, dados na sua forma posterior, baseada em Amon, mostram nítidos sinais de alteração às anteriores versões — -aton e -paaton. Ao que parece, o trono foi feito num tempo em que Aton era o deus dominante no Egito, e depois adaptado de modo a adequar-se à alteração de circunstâncias de Tutankamon. Já foi sugerido que originalmente ele fora feito para um rei diferente, mas, se for esse o caso, quem era o casal original? Os especialistas defenderam variadamente Akhenaton e Nefertiti, Akhenaton e Kiya, e Smenkhkare e Meritaton. Dado que as cártulas apenas sofreram uma alteração mínima, parece mais provável que o trono tenha sido feito pouco após Tutankaton aceder ao trono, e que sempre estivera previsto a rainha ser Ankhesenpaaton/amon.

Se o «Pequeno Relicário Dourado» e o «Trono Dourado» confirmam o papel de Ankhesenamon no apoio à realeza viva de Tutankamon, o sarcófago deste também indicia que ela, no início do reinado, tinha um papel a desempenhar para o apoiar na morte (n.º 240). Basta um olhar de relance para se ver que o sarcófago e a tampa não formam um conjunto. A tampa foi talhada em granito vermelho, pintado numa tentativa não inteiramente bem-sucedida de igualar a cor da base de quartzito. Geralmente, assume-se que a tampa original foi abandonada, mas é também provável que a base original tenha sofrido algum acidente catastrófico, obrigando os pedreiros a improvisar e talvez a «pedir emprestada» a base de um túmulo mais antigo. Quando, com o funeral a aproximar-se rapidamente, um segundo acidente resultou numa fenda que percorre o centro da tampa, não houve tempo para arranjar substituto, pelo que os danos foram «remendados» com gesso e tinta.

Na inclinada tampa do sarcófago está gravado um disco solar alado e três linhas verticais de texto funerário que faz referência às divindades funerárias Anúbis, Titah e, o que é invulgar, o deus falcão Behdety. A base, que também tem textos funerários, está protegida por quatro deusas talhadas em alto-relevo, uma postada em cada canto, que olham para a cabeça de Tutankamon. No entanto, originalmente, as quatro deusas tinham braços humanos em vez de asas com penas. Inicialmente talhadas como mulheres, ou como uma mulher repetida quatro vezes, foram depois reesculpidas como deusas para refletir as novas expectativas de Tutankamon quanto à vida além-túmulo. Ao mesmo tempo, os textos funerários sofreram alterações substanciais. O facto de a base estar por terminar, com algumas áreas meramente esboçadas e outras completadas com tinta, sugere que esta remodelação ocorreu pouco tempo após o funeral de Tutankamon; isto, por seu turno, apoia a ideia de que Tutankamon não era um rei débil e adoentado (um rei que tivesse necessidade iminente de um sarcófago) quando morreu. Podemos traçar aqui um paralelo com o estilhaçado sarcófago de granito vermelho de Akhenaton, fragmentos do qual foram recuperados no túmulo real de Amarna. Esses fragmentos mostram que Akhenaton estava protegido na morte não por quatro deusas — o que teria sido inaceitável, dadas as suas crenças religiosas — mas por quatro versões de Nefertiti, uma postada em cada canto do sarcófago. Como já observámos, é possível que a base do sarcófago de Tutankamon tenha provindo de um anterior sepulcro. Mas se foi de facto feita de propósito para ele, podemos deduzir que mostraria originalmente quatro imagens de Ankhesenpaaton. Tal como a mãe antes dela, parece que Ankhesenpaaton tem o poder de proteger o falecido rei.[129]

Antes de abandonarmos o túmulo de Tutankamon, existe prova de um outro aspeto da vida de Ankhesenamon que devemos considerar.

O Tesouro albergava os mais sagrados e íntimos objetos fúnebres de Tutankamon, incluindo o seu relicário canopo. Aí, casualmente pousado em cima de um monte de caixotes, barcos em miniatura e outros artefactos, a equipa de escavação encontrou uma simples caixa de madeira cuja tampa, que se soltara, fora originalmente atada e selada no devido lugar (n.º 317). Dentro da caixa estavam dois minúsculos caixões antropoides deitados lado a lado e cabeça com pés, medindo um deles 49,5 centímetros e o outro 57,7 centímetros de comprimento (n.º 317a,b). Os caixões tinham sido atados com fitas de linho à volta do pescoço, cintura e tornozelos, e selados com a cera do cemitério. Ambos os caixões eram feitos de madeira, ambos tinham sido pintados com resina e ambos ostentavam normais inscrições funerárias que designavam o falecido como «Osíris». Eram ligeiramente grandes demais para a caixa em que estavam e, tal como acontecera com o caixão do próprio Tutankamon, tinha sido preciso aparar os calcanhares do caixão maior para conseguir fechar a tampa.

Cada caixão continha um caixão mais pequeno coberto de folha de ouro, e cada caixão interior continha uma minúscula múmia entrapada. A primeira múmia tinha uma máscara funerária dourada que era demasiado grande para a sua cabeça. Foi desembrulhada por Carter, que não esperava encontrar restos humanos, e depois passada a Derry, que a identificou como sendo o corpo bem preservado de uma menina prematura, que media 25,75 cm desde o alto da cabeça até aos calcanhares.[130] Não havia nenhum sinal de uma incisão abdominal e por isso nenhuma maneira de saber como é que a bebé havia sido mumificada. Tinha sido embrulhada com os braços completamente estendidos e as mãos pousadas sobre a frente das coxas. Não tinha pestanas nem sobrancelhas, mas havia fino cabelo de bebé na sua cabeça. A pele estava cinzenta, quebradiça e quase transparente; uma porção do cordão umbilical ainda estava presa. Derry calculou que tivesse morrido aos cinco meses de gestação.

O segundo corpo minúsculo também estava bem embrulhado, mas não tinha máscara. Graças a uma inesperada reviravolta do destino, esta já estava no Museu do Cairo. Davis, na atabalhoada escavação da jazida de embalsamamento de Tutankamon em 1907, tinha descoberto uma máscara de ouro em miniatura dentro de um dos potes de armazenamento. Ela tinha sido reclamada pelo Serviço de Antiguidades e enviada para o Cairo. Quando os restantes potes foram doados ao Metropolitan Museum of Art, Davis também doou uma máscara de múmia em miniatura, aparentemente não relacionada e que fora encontrada, talvez, durante a escavação de 1906 ao KV51, um túmulo que guardava os restos mumificados de três macacos, três patos, um íbis e um babuíno. Essa inexplicada substituição confundiu toda a gente, e a máscara de gesso pintado foi publicada como fazendo parte da jazida de embalsamamento de Tutankamon.[131] Como Davis não manteve nenhum registo da abertura e esvaziamento dos potes de armazenamento, não sabemos se a máscara original foi encontrada junto dos materiais de embalsamamento ou dos restos do banquete funerário, ou até se se encontrava tudo junto. Isso significa que não podemos averiguar como é que a máscara em miniatura ali foi incluída. Teria sido descartada na oficina do embalsamador, talvez por ser demasiado pequena para encaixar na cabeça embrulhada? Isso sugeriria que pelo menos um dos bebés fora mumificado ao mesmo tempo que Tutankamon. Ou terá caído dentro do túmulo, e sido varrida juntamente com os restos do banquete funerário? Se for este o caso, isso sugere que os bebés, tal como as estátuas, as estatuetas e, evidentemente, a múmia real, desempenharam um papel no funeral de Tutankamon.

Derry desembrulhou pessoalmente a segunda múmia, expondo uma menina, que media 36,1 cm desde o alto da cabeça até aos calcanhares. Embora o corpo e a cavidade craniana dela tivessem sido esvaziadas e recheadas com linho embebido em resina, estava menos bem preservada do que a outra múmia. Os seus braços estendidos estavam colocados ao lado das coxas. Tinha sobrancelhas e pestanas, e os olhos abertos. Tinha pouco cabelo na cabeça, mas Derry achou que ele poderia ter-se soltado ao desembrulhar as ligaduras. Não havia cordão umbilical, mas, após lhe examinar o umbigo, Derry sugeriu que este lhe havia sido cortado. Achou que esta bebé nascera morta com aproximadamente sete meses de gestação. Harrison, que voltou a examinar a bebé vários anos depois, calculou oito ou nove meses de gestação. Diagnosticou que ela sofria de ombro de Sprengal — uma deformidade da clavícula — em conjunção com espinha bífida e escoliose lombar.[132] De forma mais controversa, foi sugerido que as meninas poderiam ser gémeas, sendo a diferença de tamanho atribuída à Síndrome de Transferência entre Gémeos.[133] Tal sugestão não foi amplamente aceite. As bebés e os caixões foram enviados para o Cairo, onde foram separados — os caixões entraram para o Museu enquanto os corpos foram enviados para a Escola Médica, onde ficaram esquecidos durante muitos anos. Em 1977, uma das múmias foi redescoberta, sendo-lhe retirada uma amostra de tecido que revelou o grupo sanguíneo O/M. O que é consistente com Tutankamon ser o pai.

Não sabemos porque é que as duas meninas ficariam incluídas entre os objetos fúnebres de um túmulo real no Vale dos Reis. Nem sabemos se essa seria uma prática habitual, uma vez que o túmulo de Tutankamon é o único túmulo real da XVIII dinastia que foi encontrado substancialmente intacto. Será uma coincidência que ambas as bebés fossem meninas, ou teriam sido deliberadamente incluídas no funeral para que pudessem acrescentar a sua proteção feminina àquela que era oferecida por Ankhesenamon? De facto, parece ser altamente provável que estas fossem as filhas nado-mortas de Tutankamon e de Ankhesenamon. Carter certamente acreditou que elas eram filhas de Ankhesenamon e, aparentemente esquecido do facto de as crianças terem dois progenitores, perguntou:

> Teria sido resultado de alguma anormalidade por parte da pequena rainha Ankh-es-en-Amen (sic), ou teria sido resultado de intriga política que terminou em crime? Trata-se de questões que, receio bem, nunca obterão resposta, mas poderá inferir-se que se alguma destas bebés vivesse poderia nunca ter havido um Ramsés.[134]

O Egito não tinha qualquer papel para uma consorte viúva e sem filhos. Não devemos, por conseguinte, ficar surpreendidos por Ankhesenamon desaparecer quando Ay ocupa o trono do marido, pondo fim a uma linhagem de reis que se estendia por quase 200 anos até ao reinado de Tutmés I. Podemos imaginá-la a retirar-se da vida pública e a refugiar-se no palácio do harém, onde poderia passar os próximos trinta ou quarenta anos em luxuosa obscuridade. Seguir-se-ia o enterro num dos cemitérios perdidos do harém. Era esse o destino da vasta maioria das rainhas do Egito.

Contudo, uma rápida pesquisa na Internet trar-nos-á a popular teoria de que a enviuvada Ankhesenamon permaneceu na corte para desposar o sucessor do marido, Ay. Esse teria sido um casamento curioso: Ay era consideravelmente mais velho do que Ankhesenamon e existem fortes provas circunstanciais a sugerir que ele era simultaneamente irmão da rainha Tiy e pai da rainha Nefertiti, e, por conseguinte, simultaneamente avô e tio-avô de Ankhesenamon. Não temos nenhum precedente para uma rainha enviuvada que tivesse voltado a casar, e nenhum precedente para um casamento entre avô e neta, fosse na família real ou noutro local qualquer. Nem existe qualquer registo de que Ankhesenamon tenha desempenhado algum papel no reinado de Ay. A única prova do casamento é fornecida por um anel de vidro ou faiança azul decorado com as cártulas colocadas lado a lado de Ankhesenamon e de Ay. Esse anel foi adquirido, em 1931, por um tal «Sr. Blanchard do Cairo» (presumivelmente o negociante de antiguidades norte-americano Ralph Huntington Blanchard), num local indeterminado do delta do Nilo. O egiptólogo Percy Newberry aceitou o anel como uma antiguidade genuína e baseou nele a sua reconstrução dos acontecimentos que se seguiram à morte de Tutankamon. Para ele, isto era prova, para além de toda a dúvida razoável, de que o plebeu Ay havia consolidado a sua pretensão ao trono casando-se com a única princesa de Amarna que sobrevivera. Newberry, porém, estava a escrever em 1932, quando a «teoria da herdeira» da realeza egípcia estava a florescer. Essa teoria, desenvolvida a partir de um (des)entendimento superficial das matriarquias africanas, estipulava que o direito ao trono egípcio passava para a linhagem feminina. Como explica o próprio Newberry:

> Um homem geralmente torna-se rei em virtude do seu casamento com a princesa herdeira, sendo ela a mais velha fêmea sobrevivente da casa reinante. Ela poderá ser a viúva do rei, ou a filha mais velha que lhe sobreviveu, ou uma parente mais afastada. A princesa herdeira não reinava por si mesma [...] ela era apenas o canal pelo qual a realeza era transmitida ao seu marido.[135]

Desde então, o anel desapareceu. No entanto, um anel que exibe as mesmas cártulas foi comprado pelo Museu de Berlim na década de 1970. A teoria de Newberry foi aceite sem perguntas, possivelmente porque ela proporcionava uma explicação aceitável para os casamentos reais consanguíneos que muitos egiptólogos achavam escandalosos. Basta um olhar de relance à árvore genealógica de Tutankamon para vermos que a teoria da herdeira não tem qualquer base factual. Embora Tutankaton e Ankhesenpaaton tenham sido provavelmente irmãos ou meios-irmãos, nem Amenotep nem Akhenaton escolheram uma irmã como consorte. Na verdade, Amenotep III tornou muito claras as origens familiares relativamente humildes da esposa ao informar o mundo de que ela era «A grande esposa real [...]. O nome do pai dela é Yuya e o nome da mãe dela é Thuya».[136] A autêntica consorte de Ay pode ser vista nas paredes do túmulo dele no Vale Ocidental, onde Tyie, que encontrámos pela primeira vez como ama de leite de Nefertiti, ostenta o título de «grande esposa real». Poderia o anel ter sido uma falsificação ou um erro, com o artista, que talvez não conseguisse ler, a copiar simplesmente os nomes errados? Ou, como parece mais provável, será que ele reflete uma relação amigável entre Ay e Ankhesenamon, que, porventura, poderá ter continuado a desempenhar o seu papel sacerdotal durante o reinado do avô?

Ay governou o Egito durante não mais de quatro anos até lhe vir a suceder o generalíssimo Horemheb. Não voltamos a ver Ankhesenamon.

Os *Feitos de Suppiluliuma* é um relato biográfico do reinado de um contemporâneo de Tutankamon, o rei hitita Suppiluliuma I. Foi escrito após a sua morte pelo seu filho, Mursili II, e guardado nos arquivos reais da capital hitita, Boghaskoy (na moderna Turquia). Sobreviveu numa série fragmentada de placas de barro, com a mesma escrita cuneiforme «em cunha» que foi usada nas Cartas de Amarna. Inserida na história de Suppiluliuma, está a curiosa narrativa que iniciou este capítulo:

> quando o povo do Egito ouviu falar do ataque a Amka eles ficaram com medo. E uma vez que, além disso, o senhor deles Nibkhururiya tinha morrido, por conseguinte a rainha do Egito, que era Dahamunzu (?), enviou um mensageiro ao meu pai e assim lhe escreveu: «Meu marido morreu. Filho não tenho. Mas para vós, dizem, os filhos são muitos. Se me désseis um filho dos vossos, ele tornar-se-ia meu marido. Nunca hei de escolher um dos meus servos e fazer dele meu marido! [...] Tenho medo!» Quando meu pai ouviu isto, mandou chamar os Grandes para conselho (dizendo): «Nunca na vida me aconteceu uma coisa assim!» E assim meu pai enviou ao Egito o camareiro Hattusaziti (com esta ordem): «Vai e traz-me de volta a palavra verdadeira! Talvez eles estejam a enganar-me! Talvez (na verdade) eles tenham um filho do seu senhor! Traz-me de volta a palavra verdadeira.»[137]

À primeira vista, esta é uma história simples. Uma rainha do Egito enviuvada escreveu a Suppiluliuma, pedindo-lhe que lhe enviasse um dos filhos como noivo. Frustrantemente, porém, o nome de quem escreve a carta, «Dahamunzu», é simplesmente uma versão fonética do título da rainha egípcia, «*ta hemet nesu*», ou «esposa do Rei».

Como sabemos que Suppiluliuma era um dos correspondentes de Akhenaton, sabemos que estamos a olhar para uma rainha que enviuvou perto do final da Época de Amarna. Isso deixa-nos com três ou quatro candidatas: Nefertiti, Meritaton, a enigmática Neferneferuaton (que é provavelmente Meritaton) e Ankhesenamon. Os especialistas já debateram longa e arduamente cada uma delas. Mas, como vimos, Akhenaton deixara a sucessão clara. Após a sua morte o trono passaria para Smenkhkare e a seguir para o filho de Smenkhkare ou para Tutankamon. A menos que nos confrontemos com a inesperada e não provada dupla tragédia de Ankhesenamon e Tutankamon morrerem ao mesmo tempo, somente a viúva de Tutankamon poderia estar em posição de procurar um novo rei. O facto de o nome do rei falecido, Nibkhururiya, soar como uma versão distorcida do prenome de Tutankamon, Nebkheperure, dá peso à nossa suposição de que a autora da carta seja Ankhesenamon.

Suppiluliuma ficou confuso com este pedido. Toda a gente sabia que os reis do Egito eram avessos à ideia de uma das suas princesas se casar com um estrangeiro. Isso é deixado muito claro nas Cartas de Amarna quando o rei da Babilónia — cuja filha anónima desposou Akhenaton — solicita uma princesa como noiva ou, se isso realmente não for possível, uma mulher que possa passar por princesa:

> [...] tu, meu irmão, quando te escrevi acerca de desposar a tua filha, de acordo com a vossa prática de não [dar] uma filha, [escreveste-me], dizendo, «desde tempos imemoriais nenhuma filha do rei do Egito é dada a alguém». Porque não? Tu és um rei: fazes o que queres. Se tu desses [uma filha], quem iria dizer alguma coisa? [...] filhas crescidas, belas mulheres, têm de estar disponíveis. Envia-me uma bela mulher como se ela fosse [tua] filha. Quem irá dizer «ela não é filha do rei»? Mas mantendo a tua decisão, não me enviaste ninguém.[138]

Se a ideia de uma princesa egípcia a servir de refém numa corte estrangeira era detestável, ainda pior seria a ideia de convidar um estrangeiro a tomar o controlo do Egito. Afinal, o rei do Egito tinha a seu cargo o dever de defender as Duas Terras contra os forasteiros caóticos, e as muralhas dos grandes templos do estado estavam decoradas com cenas que mostravam os faraós a derrotar núbios, líbios e asiáticos (que incluíam os hititas). A datação da carta vem aumentar a confusão. Já especulámos que Horemheb não pudera comparecer ao funeral de

Tutankamon porque estava em campanha contra os aliados dos hititas no norte da Síria, e eis aqui uma rainha egípcia pedindo um favor a um rei hitita que, não sendo exatamente um inimigo, não pode ser considerado um amigo.

Suppiluliuma mandou o camareiro, Hattusaziti, ir fazer averiguações no Egito. Semanas depois, na primavera, Hattusaziti regressou a Hatti. Tinha interrogado a rainha, e esta, por seu turno, enviara uma mensagem através do seu próprio enviado, Hani:

> Porque disseste tu «eles enganam-me» daquela maneira? Se eu tivesse um filho, teria escrito sobre a minha vergonha e a do meu país para uma terra estrangeira? Tu não acreditaste em mim e até falaste assim para mim! Aquele que era o meu marido morreu. Filho não tenho! Nunca tomarei um servo dos meus para fazer dele meu marido! Não escrevi a nenhum outro país, só a ti eu escrevi! Dizem que teus filhos são muitos: dá-me então um filho dos teus! Para mim ele será esposo, mas no Egito ele será rei.[139]

Estas repetidas jornadas devem ter demorado muito mais do que os setenta dias que nós esperaríamos que Tutankamon passasse na oficina do agente funerário. Poderia o funeral ter ficado em suspenso, presumivelmente com a concordância de Ay, para esperar pela resposta de Suppiluliuma? Finalmente, ela chegou. O otimismo, ou porventura a cobiça, haviam superado a prudência e Suppiluliuma tinha enviado um filho, Zannanza. Infelizmente, Zannanza morreu no caminho para Mênfis. Se essa foi ou não uma morte natural não é certo; mas certamente causou uma fissura na relação, que já era morna, entre o Egito e os hititas. Não existe nenhuma menção desta correspondência, nem da morte de Zannanza, nos registos egípcios.

Este final altamente insatisfatório deixa-nos com toda uma multidão de perguntas sem resposta. Será que Ankhesenamon tinha realmente o poder de controlar o destino do Egito desta maneira? Teria ela ficado tão desesperada que entraria em negociações para ter um marido estrangeiro? Teria ela sido capaz de convencer os seus cortesãos, incluindo os ambiciosos Ay e Horemheb, de que o novo esposo (fosse ele egípcio ou nascido no estrangeiro) deveria ser rei? Dada a sua própria impecável linhagem real, não teria ela considerado governar por si mesma? A governação feminina nunca foi ideal, mas era certamente possível, e Ankhesenamon teria sabido que tanto a Sobeknofru da XII dinastia como a Hatshepsut do início da XVIII dinastia haviam reinado em nome próprio. Temos de concluir considerando a possibilidade de que a carta fosse uma armadilha: ou uma oferta irresistível concebida para causar atrito entre dois estados poderosos, ou um ardil destinado a causar atrito no interior da corte hitita. O autor do ardil, seja ele egípcio ou hitita, permanece desconhecido.

5

A HISTÓRIA DO LADRÃO:
TUTANKAMON E OS SALTEADORES DE TÚMULOS

Um ladrão confessa ter roubado o túmulo de Ramsés VI (KV9):

> O estrangeiro Nesamun levou-nos e mostrou[-nos] o túmulo do rei Nebmaatre-meryamun [Ramsés VI] [...]. E eu gastei quatro dias a arrombá-lo, estando [presentes] todos nós cinco. Abrimos o túmulo e entrámos nele [...]. Encontrámos um cesto (??) pousado em sessenta [...] arcas (?). Abrimo-lo. Encontrámos um caldeirão (?) de bronze; três bacias de lavagem em bronze; uma bacia de lavagem [...]. Pesámos o cobre dos objetos e das vasilhas e achámos que seriam 500 *deben*, cabendo 100 *deben* de quinhão [a cada homem?]. Abrimos duas arcas cheias de roupas [...].[140]

A elite do Egito decorava as capelas tumulares — as salas públicas dos seus túmulos — com cenas gravadas e pintadas com cores garridas. Estas cenas destinavam-se a ser vistas. Os visitantes acendiam um archote, abriam a porta do túmulo e penetravam numa fresca e debilmente iluminada terra de ordem e de prosperidade. Hoje em dia, as portas de madeira do túmulo foram substituídas por grades de metal e as paredes desbotadas são iluminadas pela agreste luz elétrica, mas ainda podemos observar os proprietários dos túmulos enquanto estes prosseguem as suas tarefas diárias, e podemos relaxar junto deles enquanto desfrutam de um sumptuoso banquete acompanhado de um interminável jarro de cerveja. Há cenas de barcos, de jogos de tabuleiro e de vida familiar. Músicos tocam os seus instrumentos, crianças jogam os seus jogos e atraentes raparigas dançam. Em fundo, os serviçais executam as tarefas quotidianas com admirável eficiência: toda a gente conhece o seu lugar e se sente feliz com o destino que lhe coube. Temos de olhar muito intensamente para conseguirmos aperceber-nos de alguém que parece não estar a divertir-se. Os egípcios dinásticos, ao que parece, dominaram a arte de viver a vida perfeita.

Mas isto, evidentemente, é uma ilusão. As pinturas dos túmulos não são instantâneos de vidas vividas, mas desejos de vida perfeita que há de vir, vista pela perspetiva do proprietário do túmulo. Para lá da porta do túmulo, uma infeliz combinação de pobreza, doença, infortúnio, crime e simples má sorte assegurava que a vida na terra dos vivos estava muito distante deste idílio. Com a grande riqueza do Egito controlada pela elite instruída — uns estimados dez por cento da população, quase todos homens — e muito poucas oportunidades de mobilidade social, a vasta maioria das pessoas estava destinada a repetir as vidas vividas pelos pais e avós antes deles. Uma vida de árduo labor físico e, para muitas mulheres, de múltiplas gravidezes seria «recompensada» com o enterro numa simples cova de um cemitério no deserto. Apenas podemos especular sobre a vida póstuma que estes egípcios anónimos não mumificados esperavam vir a alcançar.

Embora a esperteza e o trabalho árduo não trouxessem necessariamente recompensas materiais, o modo egípcio de morrer oferecia aos inescrupulosos amplas oportunidades de adquirir riqueza. Moralmente, roubar os mortos era indefensável: tratava-se, afinal, de um ataque à vida eterna dos falecidos, que poderia levar os mortos a amaldiçoarem os vivos. Iremos considerar a veracidade do mito da maldição de Tutankamon no Capítulo 8. Fisicamente podia ser muitíssimo perigoso: escavar sob a superfície de um cemitério do deserto ou abrir túneis através de uma passagem entulhada com lascas de pedra estava carregado de riscos. A descoberta de um ladrão dinástico entalado, apanhado no ato por um desabamento de pedras no cemitério de Riqqeh e representado apenas por um par de braços esqueléticos que se estendem para a sua vítima mumificada, mais um monte de ossos no chão, sublinha como podia ser arriscada a vida de um salteador de túmulos. Como observou o escavador, «Ao que parece, ele ficara subitamente esmagado enquanto estava em pé, ou pelo menos agachado, quando o desabamento ocorreu.»[141] Quem era apanhado enfrentava um final doloroso: o «interrogatório» dos suspeitos podia incluir a torção de membros, cortes ou espancamentos com um pau, enquanto aqueles que eram considerados culpados eram mutilados, enviados para trabalhar nas minas ou nas pedreiras (o que era efetivamente uma sentença de morte), ou em casos extremos empalados numa estaca de madeira como aviso para outros. Não obstante, as recompensas eram potencialmente enormes, e muitos estavam preparados para correr tais riscos.

Os furtos pós-dinásticos, as desobstruções sancionadas pelo estado e as modernas escavações arqueológicas esvaziaram completamente os túmulos reais, varrendo as provas de crimes anteriores, mais modestos. Mas um levantamento dos cemitérios ao longo do Egito dinástico deixa uma coisa clara. Com demasiada frequência aqueles que roubavam os mortos era quem os tinha a seu cargo. O conhecimento especializado e o acesso indiscutido aos cemitérios proporcionavam muitas oportunidades. Os agentes funerários podiam tomar atalhos com os rituais e os processos e, como ninguém podia ver por baixo das ligaduras firmemente atadas, podiam roubar linho, unguentos e amuletos com impunidade. Os cavadores que preparavam uma nova sepultura podiam tropeçar num túmulo antigo e saqueá-lo. Os empregados do estado que escavavam um túmulo real podiam abrir uma sepultura anterior e furtar os objetos funerários. Os sacerdotes que voltavam a selar um cofre familiar podiam tirar o que quisessem antes de trancarem a porta. Os guardas e oficiais da necrópole podiam aceitar um suborno e olharem para o outro lado, ou poderiam até roubar eles próprios os túmulos.

Lendo esta litania de crimes triviais, e acrescentando-lhe as quadrilhas profissionais que visavam metodicamente os cemitérios, poderemos perguntar razoavelmente porque é que os antigos tornaram isso possível. Porque é que, durante três mil anos, a elite egípcia persistia em levar os seus tesouros para a sepultura quando sabia que esses mesmos tesouros viriam a constituir uma tentação irresistível para os ladrões? Porque é que continuou com o ritual dispendioso e moroso da mumificação quando sabia que os corpos sobreviveriam numa dessecada mas ainda reconhecível forma que incluía pele e cabelo se fossem enterrados, sem ligaduras e sem caixão, nas quentes e estéreis terras do deserto? Uma combinação de pressão religiosa (a identificação do ritual de mumificação como um meio de aceder à vida póstuma) e de pressão social (ser visto a fazer o que é correto), além de, porventura, um medo razoável de ficar enclausurado por toda a eternidade numa sepultura cheia de areia, permitiu que a indústria funerária florescesse. A elite continuou a manter uma desorientada confiança nas barreiras físicas, nos guardas e nas ameaças que eles acreditavam que seriam eficazes, independentemente de os ladrões iletrados não as saberem ler:

(Em relação a) qualquer pessoa
que faça algo de mau a este (túmulo)
(ou) entre dentro dele (com a intenção de fazer mal?)
O crocodilo estará contra eles na água,
a cobra estará contra eles na terra,
o hipopótamo estará contra eles na água,
e o escorpião estará contra eles na terra.[142]

Os furtos obscureceram as provas daquilo a que poderíamos chamar os roubos «oficiais»: a reciclagem de objetos fúnebres criados para outros. Como a de Tutankamon é a única sepultura real que sobreviveu substancialmente intacta, não podemos saber com que frequência isso acontecia no Vale dos Reis, mas não precisamos de olhar com demasiada atenção para os seus objetos fúnebres para vermos que pelo menos foi sepultado com uma mistura de bens seus e de artefactos feitos para outros. Alguns destes últimos são obviamente presentes fúnebres: sabemos, por exemplo, que seis das maiores e mais bem feitas *shabtis* de Tutankamon foram dedicadas pelos cortesãos Maya (n.º 318b; ver também 331a) e Nakhtmin (n.º 318a, c e 330i–k).

Alguns dos objetos fúnebres de Tutankamon — os que estão conspicuamente inscritos com os nomes dos falecidos membros da família real, incluindo Tutmés III, Amenotep III, Tiy, Akhenaton, Nefertiti, Meritaton e Neferneferuaton — foram classificados por Carter como «legados», embora nunca possamos saber ao certo se são genuinamente artigos de valor sentimental, ou simplesmente artefactos antigos recuperados dos túmulos reais de Amarna através da oficina do KV55 e reutilizados por Tutankamon (ou Ay). O mais intrigante desses legados era um caixão antropoide em miniatura e feito de madeira que foi encontrado no Tesouro (n.º 320). Tinha sido revestido com resina, atado no pescoço e nos tornozelos com fitas de linho, e selado com o selo da necrópole. Revelou ser o mais exterior de uma série de quatro caixões que continha um pendente de ouro com a forma de um rei agachado usando a coroa azul, identificado por questões estilísticas como sendo Amenotep III ou Tutankamon, e uma trança de cabelo dobrado dentro de um pano de linho rotulado com o nome e os títulos da rainha Tiy. Este cabelo é considerado uma das principais provas na busca pela múmia de Tiy.

Grupos de objetos fúnebres que mostrem diferenças no estilo e na execução — a coleção de *shabtis* desiguais, por exemplo — podem refletir o trabalho de diferentes artífices trabalhando simultaneamente no mesmo projeto, e não objetos fúnebres adquiridos junto de diferentes fontes. Mas outros artefactos, incluindo as faixas da múmia de Tutankamon, pelo menos um dos relicários dourados que rodeiam o sarcófago, a arca canopa e os caixões canopos em miniatura, foram claramente feitos para outros antes de serem adaptados para fazerem parte do equipamento do próprio Tutankamon. A reutilização é tornada óbvia pelo seu estilo (final do Período de Amarna), pela falta de semelhança com outros artefactos principais no túmulo e, o que é mais importante, pelas inscrições, que mostram sinais de alteração. Alguns especialistas acrescentariam a esta lista o caixão médio dos três caixões embutidos de Tutankamon (n.º 254) pelo motivo de que, embora os três se encaixem perfeitamente, ele não combina estilisticamente com os outros dois. Como é evidente, também se deveria considerar que os outros dois sejam artigos «tomados de empréstimo» (n.º 253 e 255). Outros especialistas, como já vimos, acreditam que a máscara funerária de Tutankamon foi criada para Neferneferure.

Uma madeixa de cabelo pode deveras ser um «legado» ou uma ligação sentimental com o passado: os vitorianos que influenciaram a infância de Carter decerto pensavam assim, uma vez que rotineiramente incorporavam joias de luto no cabelo dos seus amados defuntos. As faixas das múmias e os caixões canopos são uma questão completamente diferente. Não se trata de artigos opcionais ou insignificantes: são componentes essenciais e íntimos de um funeral real. A maioria dos especialistas aceita agora que os objetos fúnebres de Tutankamon «tomados de empréstimo» foram feitos para Neferneferuaton, o que nos leva a pensar porque é que este enigmático indivíduo não terá precisado deles. Poderá acontecer que se trate de peças sobressalentes que não eram precisas, recuperadas na oficina real de Amarna. Mas parece mais provável que tenham vindo do próprio funeral de Neferneferuaton em Amarna através da oficina temporária em KV55. Isso leva-nos a perguntar porque é que Tutankamon não tinha o seu próprio equipamento funerário. Poderíamos razoavelmente ter esperado que artigos tão essenciais como as arcas canopas tivessem sido preparadas no início do reinado e guardadas, porventura no seu templo mortuário, até que fossem necessárias. Dada a troca de última hora de túmulo, é tentador ligar os objetos fúnebres substituídos a Ay, o sucessor mais idoso que receava não ter tempo para encomendar o próprio túmulo e os objetos fúnebres. Se o KV55 estava cheio de artefactos recuperados do Real Wadi de Amarna, teria sido simples proceder a uma troca estratégica, permitindo que Ay fosse sepultado com os objetos fúnebres originalmente destinados a Tutankamon, enquanto Tutankamon recebia os objetos fúnebres preparados para, e talvez usados por, diversos membros da sua família.

Rodeado pelos seus novos e reconvertidos objetos fúnebres, o falecido Tutankamon era significativamente mais rico e consideravelmente mais vulnerável do que a vasta maioria dos que viviam no Egito. A entrada para o túmulo fora bloqueada, rebocada, selada e enterrada, mas as suas propriedades estavam longe de se encontrar a salvo e havia muitos — incluindo os que construíram o túmulo, aqueles que o encheram com os objetos fúnebres e os que assistiram ao desempenho dos rituais funerários — que sabiam exatamente o que estava sob a terra. Esse perigo tinha sido reconhecido pelo arquiteto Ineni, que se gabava de construir um túmulo no vale para o antepassado de Tutankamon, Tutmés I, que «ninguém viu, ninguém ouviu».[143] Ineni está a exagerar, evidentemente: o Vale nunca foi um segredo bem guardado. Mas a sua pretensão contém mais do que um grão de verdade. Embora cada uma das altamente conspícuas pirâmides dos reinos Antigo e Médio tenha sido construída com aproximadamente 20 mil a 30 mil trabalhadores temporários convocados ao abrigo de um sistema de serviço nacional para trabalharem em turnos de três meses durante até vinte anos, os túmulos talhados na rocha do Vale eram construídos usando uma força de trabalho especializada e muito mais pequena: os «Servos no Lugar da Verdade».

Os servos viviam e morriam à parte da população geral de Tebas, numa aldeia de operários que era pertença do estado e fora propositadamente construída para eles, hoje em dia conhecida como Deir el-Medina. Esse isolamento estava longe de ser total — os trabalhadores tinham acesso às outras povoações da margem ocidental e podiam atravessar o rio até à cidade sempre que quisessem —, mas a sua aldeia remota era um constante lembrete do papel único que desempenhavam. A localização de Deir el-Medina no deserto árido a menos de um quilómetro da humidade destrutiva da terra cultivada permitiu que os seus vestígios arqueológicos sobrevivessem num espantoso grau de conservação. As casas, com as paredes inferiores substancialmente intactas, continuam de pé por trás dos restos de um robusto muro de tijolos de lama. Se espreitarmos por cima desse muro podemos ver filas de casas quase idênticas construídas em socalcos cujos interiores foram adaptados pelos proprietários, de modo que não há duas iguais. Para além do muro da aldeia, há túmulos talhados na encosta, capelas, o deserto e um grande buraco seco, hoje em dia conhecido como a «Grande Cova».

Não vemos, porém, aquilo que esperaríamos ver: um poço. A Grande Cova não conseguira chegar ao lençol freático e, como o Nilo corria a três quilómetros a sul da aldeia, cada gota de água tinha de ser fornecida pelo estado. Todos os dias uma interminável fila de burros transportava os pesados cântaros de água de e para a aldeia.

Os aldeões, invulgarmente letrados, tiravam pleno proveito do facto de terem acesso a um infinito suprimento de materiais de escrita: tinta de várias cores, além dos flocos de calcário (óstracos) que juncavam o solo do deserto. Quando o Vale dos Reis perdeu o seu lugar como necrópole real no final do Novo Reino, forçando Deir el-Medina a encerrar e os seus moradores a mudarem-se, estes abandonaram um notável arquivo de material escrito e de arte informal que nos permite ter algum conhecimento acerca do ritmo das suas vidas de trabalho:

> [...] O escriba Neferhotep saúda o seu senhor em vida, prosperidade e saúde [...]. Estou a trabalhar nos túmulos das crianças reais que o meu senhor ordenou serem construídos. Trabalho muito bem e muito eficientemente, com bom trabalho e com trabalho eficiente. Que o meu senhor não se preocupe com isso! Estou deveras a trabalhar muito excelentemente. Não me canso de todo.
>
> Endereçado pelo escriba Nebnetjeru ao escriba Ramose [...]. Por favor toma atenção e arranja-me alguma (?) tinta porque [o meu] superior [me] disse que a boa (tinta) se estragou.[144]

A cada dez dias os trabalhadores saíam da aldeia e caminhavam até ao Vale. Passavam os oito dias seguintes a trabalhar nos túmulos durante o dia — trabalhando todos os dias dois turnos de quatro horas com uma pausa ao meio-dia para almoço — e dormindo em cabanas temporárias à noite, antes de regressarem a casa para o fim de semana de dois dias. Entretanto os que ficavam para trás — as esposas, os jovens, os velhos e os doentes — viviam uma existência atípica onde eram mais as mulheres do que os homens que geriam a vida na aldeia.

As provas arqueológicas identificadas por Howard Carter indicam que não muito tempo após o funeral de Tutankamon uma quadrilha de salteadores fugiu aos guardas da necrópole, ou porventura subornou-os, e abriram um buraco no canto superior esquerdo da porta bloqueada do túmulo. Uma vez lá dentro, acenderam os seus archotes, apressaram-se a descer a passagem e arrombaram a segunda porta para acederem à Antecâmara. As caixas e as arcas foram despejadas no chão. Os artigos pequenos e leves — unguentos, joias, metais e têxteis — foram pilhados; os artefactos grandes e volumosos, e os artefactos cobertos de folha de ouro e não em ouro maciço, foram rejeitados. Um dos salteadores embrulhou oito anéis de ouro e dois escaravelhos num lenço, e depois deixou-o dentro de uma caixa onde Carter o encontrou e teceu uma intrincada história no cartão de registo do objeto (n.º 44b):

> Duvidoso quais teriam sido os conteúdos originais. O presente conteúdo era obviamente uma coleção miscelânea reunida apressadamente, após o roubo ter sido descoberto, e atirada sem cuidado para dentro da caixa. Na verdade, esta caixa dá-nos até agora a melhor pista a respeito dos pormenores do salteador do túmulo. Por cima, estavam dois objetos que teriam sido muito obviamente retirados à pessoa de um dos ladrões:
>
> (1) 4 peças de trabalho granulado e aberto em placa de ouro. Tinham sido vergadas & dobradas em conjunto para ser manuseadas com maior conveniência;
>
> (2) um longo xaile, no centro do qual tinha sido enrolada uma coleção de oito anéis de ouro e dois escaravelhos.
>
> Nenhum ladrão deitaria fora estes objetos por maior que fosse a pressa com que estava, deve ter sido apanhado com os objetos na sua posse. Os objetos [em baixo] devem ter vindo originalmente de várias caixas. Por isso, aqui não faz sentido uma só posição [...]. Este pano foi usado por um dos ladrões para embrulhar o seu saque [...] exatamente da mesma maneira que um árabe moderno embrulha os bens valiosos no seu pano de cabeça, ele colocou os objetos no centro do pano, pegou nas pontas de modo a formar um saco pendente, fechou o saco torcendo o pano diversas vezes, e depois com o saco fechado fez um simples nó.

O saque seria presumivelmente levado para o outro lado do rio e vendido em Tebas.

Os salteadores regressaram uma e outra vez até que, inevitavelmente, os funcionários da necrópole repararam no túmulo aberto. Os túmulos violados eram rotineiramente arrumados e novamente selados. Se os roubos não podiam ser prevenidos, podiam ao menos ser ocultados, permitindo aos funcionários fingir que tudo estava bem na necrópole. Afinal, ninguém queria um inquérito oficial do gabinete do vizir. O túmulo de Tutankamon foi, portanto, arrumado de uma forma bastante casual, com artigos enfiados ao acaso em caixas e arcas de modo que somente uma das caixas da Antecâmara guardava agora conteúdos que se adequavam ao seu rótulo original. Com o túmulo restaurado na aparência da sua anterior condição, a porta interna foi novamente trancada e selada, e, como precaução adicional, a passagem foi enchida até ao cimo com lascas de calcário. Diversos objetos pequenos, incluindo artigos deixados cair pelos salteadores e artigos varridos para dentro do túmulo com as lascas de pedra, foram acidentalmente incorporados no enchimento. Finalmente, a porta exterior foi novamente selada.

O conjunto seguinte de ladrões entrou pelo buraco dos antigos salteadores e, confrontados com uma passagem bloqueada, usaram os seus dotes de engenharia (e possivelmente as suas ferramentas do estado) para abrirem um túnel entre as lascas de pedra. Conseguiram aceder às câmaras do túmulo, mas, ignorando os artigos rituais que estavam concentrados ao redor da sepultura, concentraram-se nos artigos quotidianos da Antecâmara e do Anexo. Mais uma vez, abriram-se caixas, partiu-se louça e arrancou-se ouro da madeira. Agora, porém, os salteadores estavam condicionados na sua escolha do saque pelas dimensões do túnel. A história repetiu-se quando os funcionários da necrópole repararam mais uma vez na violação. O túmulo foi restaurado, o túnel enchido com lascas de pedra negra e a porta exterior novamente composta e selada com o selo da necrópole. Este padrão teria continuado se as condições climáticas não tivessem intervindo.

Embora o Vale dos Reis seja normalmente quente e seco, de vez em quando experimenta severas tempestades. Quando isso acontece, o solo não consegue absorver a água da chuva que escorre pela encosta da montanha formando grandes ribeiros que transportam uma massa de pedras, areia e entulho. Quando esses ribeiros colidem e se misturam, o Vale central — a localização do túmulo de Tutankamon e do KV55, ambos diretamente talhados na rocha — transforma-se num lago. Quando a água finalmente recua, deixa um endurecido depósito de lama, giz, xisto e calcário. Os antigos arquitetos, cientes dos perigos de inundação, tentaram proteger os falecidos reis abrindo um grande canal de drenagem e erigindo paredes para fazerem divergir as águas junto dos túmulos individuais. Apesar dessas precauções, todos os túmulos situados mais abaixo sofreram os efeitos de repetidos dilúvios. Quando uma tempestade feroz grassou, cerca de quatro anos após o funeral de Tutankamon, o Vale encheu-se de água e o túmulo ficou perdido sob um mar de lama e detritos. Pouco tempo depois, com o túmulo já esquecido, os trabalhadores envolvidos na construção do túmulo de Horemheb (KV57) construíram as suas cabanas mesmo em cima da entrada. Finalmente, quase 200 anos depois, os trabalhadores que talharam um túmulo para Ramsés VI da XX dinastia (KV9) também construíram as suas cabanas e despejaram o lixo sobre a entrada do túmulo perdido.[145]

O destino tinha assegurado que, após uma vaga inicial de roubos, Tutankamon ficaria a salvo dentro do seu túmulo desaparecido durante três mil anos. Outros reis não tiveram tanta sorte. A segurança no Vale estava em larga medida dependente da boa vontade dos trabalhadores que construíam e decoravam os túmulos. Era uma questão da maior importância que esses trabalhadores fossem pagos prontamente e na totalidade. Durante a XVIII dinastia, isso não tinha sido um problema, mas quando a autoridade real começou a minguar, perto do final da XIX dinastia, nem sempre foi possível cumprir a obrigação. Um documento hoje em dia conhecido como o *Papiro da Greve de Turim* descreve o descontentamento entre os trabalhadores durante o reinado de Ramsés III na XX dinastia, e inclui uma referência casual a roubos aos túmulos de Ramsés II (KV7) e dos seus filhos (KV5): «Agora Userhat e Patwere têm pedras tiradas do cimo do túmulo de Osíris rei Usermaatre Setepenre (Ramsés II) [...] e Kenena filho de Ruta fez da mesma maneira sobre o túmulo dos reais filhos do rei Usermaatre Setepenre [...].»[146]

Enquanto a economia do Egito desabava, os crimes contra os mortos aumentaram. Os moradores da margem ocidental tinham o conhecimento e os dotes necessários para atacar os túmulos reais e os da elite. As quadrilhas estavam bem organizadas e bem informadas, e muitas vezes tinham o apoio tácito dos funcionários responsáveis por proteger os cemitérios. No ano 16 de Ramsés IX, encontramos uma sessão de tribunal para avaliar a confissão de Amenpanufer, um pedreiro e ladrão que assaltou a sepultura do rei Sobekemsaf II da XVII dinastia. Vale a pena ler a confissão até ao fim, uma vez que não apenas fornece pormenores do assalto bem planeado, mas também indica o ponto a que o suborno e a corrupção se haviam tornado um facto da vida:

> Fomos roubar o túmulo, como é nosso hábito, e encontrámos o túmulo em pirâmide do rei Sobekemsaf, sendo este túmulo diferente das pirâmides e dos túmulos dos nobres que normalmente roubamos. Levámos as nossas ferramentas de cobre e abrimos caminho na pirâmide desse rei através da sua parte mais interior. Localizámos as câmaras

subterrâneas e, levando na mão candeias acesas, descemos [...]. Encontrámos o deus deitado na parte de trás do seu local de sepultura. E encontrámos o local de sepultura da rainha Nubkhaas, sua consorte, ao lado dele, estando ele protegido e guardado por gesso e coberto de entulho [...]. Abrimos os sarcófagos e os caixões deles, e encontrámos a nobre múmia do rei equipada com uma espada. Havia uma grande quantidade de amuletos e joias de ouro no pescoço, e usava uma tiara de ouro. A nobre múmia do rei estava completamente coberta de ouro e os caixões dele estavam decorados com ouro e prata por dentro e por fora, e incrustados com várias pedras preciosas. Recolhemos o ouro que encontrámos na múmia do deus, incluindo os amuletos e as joias que ele tinha ao pescoço [...]. Deitámos fogo aos caixões [...] [uma maneira fácil de soltar a folha de ouro e as preciosas incrustações].

Após alguns dias os funcionários distritais de Tebas ouviram dizer que tínhamos andado a roubar a ocidente, prenderam-me e aprisionaram-me no gabinete do prefeito de Tebas. Tomei 20 *deben* de ouro, que era o meu quinhão, e dei-os a Khaemope, o escriba distrital do cais de atracagem de Tebas. Ele libertou-me e eu juntei-me aos meus colegas e eles compensaram-me com um novo quinhão. E assim ganhei o hábito de roubar os túmulos [...].[147]

Dois séculos e meio após a morte de Tutankamon, o rei do Egito já não podia ser considerado o governante todo-poderoso de uma terra unida. A função pública tornara-se enorme e corrupta, e as lealdades pessoais e locais andavam a competir com — e muitas vezes a levar a melhor sobre — a lealdade à coroa. Como o rendimento do estado caiu a pique, os armazéns, que funcionavam como bancos, ficaram em baixo. Tebas sofria de falta de alimentos e as povoações da margem ocidental estavam vulneráveis a assaltos dos nómadas líbios, que avançaram pelo deserto ocidental. O Vale dos Reis era uma zona sem lei e, à beira do deserto, os templos mortuários tinham sido vandalizados e despojados dos seus valores. Ramsés XI, o último monarca do Novo Reino, abandonou Tebas e fugiu para norte, para nunca mais voltar. A morte dele, em 1069 a. C., viu o Egito cindir-se em dois. O antigo governador provincial Smendes tornou-se o primeiro rei da XXI dinastia, governando o norte do Egito a partir da nova cidade de Tânis, no Delta. Simultaneamente, o generalíssimo e alto sacerdote de Amon Herihor, o seu sucessor, Pinudjem I, e os seus descendentes governaram o centro e o sul do Egito a partir de Tebas.

Os egiptólogos designaram os quatro séculos seguintes como o «Terceiro Período Intermédio». Em todo o caso, este é um termo enganador, dado sugerir que o Egito havia mergulhado, pela terceira vez, numa temporária era sombria de caos e de confusão. É verdade que este foi um tempo de descentralização e de movimentação de populações, com grandes quantidades de líbios e de núbios a instalarem-se no Egito. Mas as provas arqueológicas e, em menor extensão, as escritas demonstram que o Terceiro Período Intermédio foi para muitos uma época de relativa paz e prosperidade. Cada vez mais, torna-se óbvio que as modernas distinções que se fazem entre «Reinos» controlados e «Períodos Intermédios» sem lei não são, de maneira nenhuma, tão nítidas como em tempos se supunha.

Com o rei ausente, os sacerdotes de Amon assumiram a responsabilidade pela manutenção da necrópole real no Vale dos Reis. Encontraram os túmulos numa condição vergonhosa: tinham sido abertos e o conteúdo roubado, e as respetivas múmias tinham sido abertas e ocasionalmente queimadas numa impiedosa caça às joias e aos amuletos. Restaurar as sepulturas na sua antiga glória seria moroso, muitíssimo dispendioso e por fim inútil, uma vez que o ciclo de roubo-restauro-roubo voltaria simplesmente a começar de novo. Era necessária uma nova estratégia. Se a promessa de um tesouro oculto andava a atrair salteadores aos túmulos, talvez a bem publicitada remoção desse tesouro permitisse que os reis descansassem em paz. Qualquer tesouro recuperado durante a operação representaria um valioso acréscimo para os cofres de Tebas, que estavam tristemente vazios após muitos anos de quase guerra civil.

Os funcionários da necrópole deitaram mãos ao trabalho. As sepulturas reais foram abertas, e o conteúdo transferido para oficinas temporárias em toda a necrópole de Tebas. Aí, as múmias foram desembrulhadas, ligadas de novo, rotuladas e colocadas em caixões de madeira cuja folha de ouro tinha sido retirada. Num gesto de respeito, várias das múmias reais embrulhadas de novo receberam grinaldas de flores (pouco dispendiosas). Os caixões foram guardados em câmaras em toda a necrópole. Gradualmente, essas coleções de múmias foram amalgamadas até haver apenas duas: uma jazida real selada no túmulo de Amenotep II situado no Vale (KV35), e uma segunda jazida real selada na sepultura familiar talhada pelo alto sacerdote da XXI dinastia Pinodjem II, no alto da falésia de Deir el-Bahri (DB320).

A nossa consideração das experiências da vida, da morte e da imediata vida póstuma de Tutankamon termina com a sua múmia jazendo rodeada de objetos fúnebres enquanto o espírito floresce na vida póstuma escolhida. O seu nome foi omitido da lista oficial de reis, mas deixou estátuas e escritos suficientes para garantir que não seria esquecido para sempre. Descansará em paz durante quase três mil anos, antes de reemergir para se tornar o mais famoso faraó do Egito.

PARTE 2

LUXOR, 1922 D. C.

6

A HISTÓRIA DO ADVOGADO:
EM BUSCA DOS REIS PERDIDOS

O advogado e egiptólogo Theodore M. Davis desiste da sua demanda para encontrar um túmulo real intacto:

> Receio que o Vale dos Túmulos esteja agora esgotado.[148]

O Vale dos Reis nunca foi um sítio arqueológico «perdido». O nome — Biban el-Moluk, ou «Portões dos Reis» — denunciava o propósito original, e várias das sepulturas eram óbvias, e estavam abertas e vazias. No entanto, ninguém sabia quem tinha construído os túmulos, nem quando, e as estimativas quanto à quantidade eram variáveis. Diodoro Sículo arriscou uma suposição de quarenta e sete:

> Também há nesta cidade [Tebas], dizem, notáveis sepulturas dos primeiros reis [...]. Ora os sacerdotes dizem nos seus registos que encontram quarenta e sete túmulos de reis; mas remontando ao tempo de Ptolomeu filho de Lagus [Ptolomeu I], dizem, apenas restam quinze, a maioria dos quais tinham sido destruídos quando os fomos visitar [...].[149]

Em 1743, o clérigo e viajante Richard Pococke publicou *Observações sobre o Egito*, uma atraente introdução a uma terra vagamente familiar aos seus leitores britânicos através da Bíblia e de um punhado de autores clássicos. Ao chegar a Luxor, procurou em vão os cem portões mencionados por Aquiles na *Ilíada*, de Homero: «A Tebas egípcia, em cujas casas se acumulam os maiores tesouros, que é *hekatompuloi*, tendo uma centena de portões, de cada um dos quais avançam duzentos homens com cavalos e carros.»[150] Pococke visitou Karnak, «uma aldeia muito pobre, na qual as pessoas, na sua maioria, construíram as moradias entre as ruínas a sul do templo», e depois, atravessando o Nilo, num cavalo emprestado pelo xeque local, cavalgou até ao Vale:

> Por esta passagem chegámos ao Biban-el-Maluke, ou Bab-il-Meluke, ou seja, o portão ou pátio dos reis, sendo os sepulcros dos reis de Tebas [...]. O vale onde estão estas grutas deverá ter uns cem metros de largura [...]. Existem sinais de cerca de dezoito [...]. No entanto, deve observar-se que Diodoro diz que apenas restavam dezassete desde o tempo dos Ptolemeus; e eu encontrei as entradas para mais ou menos outros tantos, a maioria dos quais ele diz que estavam destruídos no seu tempo, e agora só há nove em que se possa entrar. As colinas de cada lado são altos rochedos escarpados, e todo o local está coberto de pedras brutas que parecem ter rolado de lá; as grutas estão talhadas na rocha de uma belíssima maneira em longas salas ou galerias sob as montanhas [...]. As galerias têm na sua maioria três metros de largura e altura; quatro ou cinco dessas galerias, uma dentro da outra, com nove a quinze metros de comprimento, e com três a cinco metros de altura, conduzem geralmente a uma sala espaçosa, na qual se vê o túmulo do rei [...].[151]

O mapa simplificado que acompanhava esta descrição mostrava um vale em forma de T com portas muito evidentes abertas na face da rocha ao nível do solo.

Quando, em 1768, o explorador britânico James Bruce visitou Luxor, também ele tentou encontrar os cem portões e não conseguiu. O seu relato de uma visita aos «magníficos e estupendos sepulcros de Tebas» é uma exagerada aventura repleta de ação, mas conseguiu visitar sete túmulos, e as suas observações são bastante sensatas:

> Num painel, estavam diversos instrumentos espalhados pelo chão, principalmente do género do oboé, com um bocal de cana. Também havia algumas gaitas e flautas simples. Junto delas estavam diversos potes aparentemente feitos por oleiros, os quais, tendo as suas bocas cobertas com pergaminho ou pele, e atadas de lado como um tambor, eram provavelmente o instrumento chamado *tabor*, ou *tabret*, no qual se batia com as mãos, unido nas épocas primordiais com a harpa, e ainda

preservado na Abissínia, embora a sua companheira, o instrumento referido em último lugar, já não seja conhecido por lá.

Nos três painéis seguintes estavam pintadas, em fresco, três harpas, que mereceram a maior atenção, quer nós consideremos a elegância desses instrumentos na sua forma, e o detalhe das suas partes como ali está claramente representado, ou nos confinemos à reflexão que necessariamente se segue, a da grande perfeição a que a música deve ter chegado, antes que um artista pudesse ter produzido um instrumento tão completo como qualquer um destes.

Como a primeira harpa parecia ser a mais perfeita, e menos estragada, dediquei-me imediatamente a essa, e disse ao meu escriturário para se encarregar da segunda. Desta maneira, desenhando-as com exatidão, e desenvoltura, eu esperava ter-me apoderado de todas as pinturas daquela cave, para estender porventura as minhas investigações a outros, embora, na sequela, me tenha achado miseravelmente desiludido.[152]

O medo dos «*banditti* que vivem nas cavernas das montanhas» levou Bruce a fugir. Regressado a casa, a publicação de um esboço altamente imaginativo da cena musical suscitou um grande interesse público. Daí em diante, o túmulo seria conhecido como o «Túmulo dos Harpistas». Hoje em dia, conhecemo-lo como o túmulo do faraó Ramsés III da XX dinastia (KV11).

O Egito havia experimentado quase quatrocentos anos de governo otomano (turco) quando, em 1798, Napoleão Bonaparte lançou a invasão que ele esperava que viesse a impedir os ingleses de acederem à Índia pelo mar Vermelho. A campanha francesa começou bem, e em 21 de julho a Batalha das Pirâmides tinha sido vencida. Esse foi, porém, um breve triunfo. Em 1 de agosto, Horatio Nelson levou a marinha britânica à vitória contra a frota francesa, e, com os seus navios destruídos, as tropas francesas ficaram retidas no Egito. O próprio Napoleão escapou em 1799. Os franceses ocuparam o Cairo durante três anos, estendendo gradualmente o seu controlo para o sul até Assuão. Depois, em 18 de março de 1801, os britânicos desembarcaram e tomaram Alexandria. Quando o exército turco veio em apoio dos britânicos, os franceses foram obrigados a retirar, e o Cairo caiu. O Egito estava de novo sob governação otomana.

Incluída entre os funcionários civis de Napoleão, estava a Commission des Sciences et Arts d'Égypte, um grupo de eruditos encarregado de registar a história natural, moderna e antiga do Egito. A sua publicação em vários volumes intitulada *Description de l'Égypte*, um livro tão grande que era fornecido com a sua própria estante, registava somente onze túmulos no Vale principal, e mais um, o túmulo de Amenotep III, no Vale Ocidental. A *Description* suscitou em toda a Europa uma moda do «estilo do Nilo», que se refletia nas roupas, nas joias e na arquitetura da era napoleónica. Mas a comunidade académica permaneceu impassível. O Antigo Egito era visto como um beco cultural sem saída: a sua história perdera-se, os seus costumes eram grosseiros — a adoração de animais, em particular, era vista como primitiva — e tinha uma arte decorativa que acabara por estagnar. Os museus pouco faziam para desencorajar tal visão ao apresentarem as suas limitadas coleções egípcias como curiosidades e não como artefactos que merecessem ser estudados.[153]

O primeiro europeu a fazer uma tentativa sistemática de encontrar os túmulos perdidos do Vale foi o antigo homem forte do circo e especialista em hidráulica Giovanni Battista Belzoni, nascido em Itália e portador de um passaporte britânico. O seu interesse pelo Vale foi despertado por uma visita ao Túmulo dos Harpistas. Aventurando-se pelo remoto Vale Ocidental, encontrou imediatamente o túmulo de Ay e acrescentou uma nova inscrição por cima da entrada deste: «descoberto por Belzoni 1816». No ano seguinte, regressou ao Vale Ocidental e descobriu o inacabado WV25, o túmulo encetado por Amenotep IV. Deslocando-se para o Vale Principal, o seu olhar de engenheiro permitiu-lhe encontrar túmulos vazios com relativa facilidade, mas, para seu grande desapontamento, não havia nenhum sinal de uma sepultura real intacta. A maior descoberta ocorreu em 16 de outubro de 1817, quando descobriu um túmulo que identificou inicialmente como o «Túmulo de Ápis» (porque continha um boi mumificado), e depois como o «Túmulo de Psammethis», mas que sabemos agora ser o túmulo de Seti (KV17). Este túmulo, um dos mais compridos, dos mais fundos e dos mais lindamente decorados em todo o Vale, constituiu a base de uma exposição de enorme sucesso que, muito apropriadamente, teve lugar no recentemente inaugurado Salão Egípcio em Londres. Os visitantes ficaram cativados pelos desenhos de Belzoni, pelas *shabtis* em vidro azul de Seti e — o ponto alto da exposição — pelo sarcófago do rei em alabastro translúcido.[154] A múmia do rei, evidentemente, não tinha sido encontrada. Intrépido, Belzoni arranjou uma múmia ao acaso, a qual, não tendo ele deixado de ser um homem do espetáculo, desenrolou perante uma audiência pública.

Enquanto Belzoni labutava no Vale, os linguistas e os antiquários estavam envolvidos numa corrida frenética para traduzir a antiga língua egípcia e, simultaneamente, descodificarem a escrita hieroglífica. A descoberta, em 1799, da «Pedra de Roseta» tornara a tradução uma possibilidade real.[155] A Pedra ostentava uma inscrição em três escritas diferentes e em duas línguas diferentes: um texto que era legível em grego antigo, um texto ilegível em egípcio antigo numa escrita que se assemelhava ao árabe moderno (antigo demótico), e um segundo texto ilegível em egípcio antigo escrito em hieróglifos, oferecendo por conseguinte a possibilidade de se usar o texto grego como chave para interpretar os outros dois. Quando, em 1822, o linguista francês Jean-François Champollion venceu a corrida, foi finalmente possível ler os textos que decoravam os túmulos e as paredes dos templos do Egito. Esses textos revelaram uma cultura instruída, sofisticada e muito antiga. Quase de um dia para o outro, a egiptologia foi elevada de passatempo peculiar a respeitável disciplina académica, e aqueles que haviam acreditado que as origens da civilização ocidental estavam apenas no mundo clássico foram forçados a pensar melhor. Os museus que outrora se mostravam tão avessos aos antigos artefactos egípcios esforçavam-se agora por adquirir mais. Entretanto o turismo florescia e Luxor estava pejada de visitantes ocidentais ansiosos por gastar o seu dinheiro em lembranças. Toda a gente queria antiguidades genuínas (ou o que credulamente imaginavam ser antiguidades genuínas), quem ali vivia fazia-lhes a vontade. Finalmente, aquele deserto estéril estava a render uma colheita valiosa.

Em 1858, foi estabelecido o Serviço Nacional de Antiguidades para proteger o cada vez mais valioso património do Egito. Quando, na década de 1870, o mercado de antiguidades foi inundado por artefactos funerários do Terceiro Período Intermédio, o Serviço — tendo comprado dois papiros para o novo Museu do Cairo — entrou em ação. Os principais suspeitos eram os irmãos el-Rassul, uma bem conhecida família de negociantes de antiguidades e salteadores de túmulos que se tornara inexplicavelmente rica. A sua casa — que, como muitas outras na aldeia de Gurna, na margem ocidental, estava ligada a um antigo túmulo — foi revistada, mas nada se encontrou. As tentativas de subornar os irmãos para que estes revelassem o segredo falharam, e assim Ahmed el-Rassul e o irmão Hussein foram detidos e enviados para a capital da província, a fim de serem interrogados. Foram «inquiridos» — Hussein nunca mais deixou de coxear — e depois, ao fim de dois meses, enviados para casa. Finalmente, um terceiro irmão, Mohammed el-Rassul, acedeu a um acordo. Em troca de imunidade judicial, de uma recompensa de 500 libras e de um cargo a trabalhar para o Serviço de Antiguidades, contou a história de uma descoberta notável.

Cerca de dez anos antes, o irmão mais novo, Ahmed, tinha sido enviado para o penhasco de Deir el-Bahri em busca de uma cabra perdida — um pretexto, quase de certeza, para ir procurar os túmulos perdidos — quando tropeçou numa depressão do terreno que indicava um possível poço de túmulo. Após aquilo que deve ter sido um esforço considerável, o poço foi esvaziado do seu enchimento, a entrada bloqueada no fundo foi arrombada e os el-Rassuls conseguiram entrar na sepultura da família Pinodjem (DB320). A sepultura ainda continha ambos os funerais originais dos Pinodjem e a jazida de múmias reais restauradas que ali foram guardadas no início do Novo Reino. Como as múmias reais já haviam sido despojadas dos seus pertences valiosos, os irmãos começaram a roubar a família Pinodjem.

Em 6 de julho de 1881, Mohammed el-Rassul levou um curador do museu, Émile Brugsch, e o seu colega Ahmed Kamal até ao fundo do escuro e bem escondido poço do túmulo. Foi atada uma corda a um tronco de palmeira e Brugsch desceu cautelosamente o poço. Empunhando uma candeia acesa, agachou-se para passar por uma minúscula porta, penetrando num corredor baixo guarnecido com vários caixões grandes e muitos artigos funerários de pequena escala, incluindo caixas de estatuetas, vasilhas de bronze e de pedra e jarros canopos. O corredor curvava e, através de um curto lanço de escadas, ia dar a uma câmara repleta de caixões que albergavam alguns dos maiores reis e rainhas do Novo Reino do Egito. Mais ao fundo do corredor, uma segunda câmara continha os tristes despojos dos funerais da família Pinodjem.[156]

Enquanto o túmulo apenas era conhecido pelos irmãos el-Rassul estava relativamente a salvo. Agora que o segredo fora revelado, espalharam-se pela margem ocidental rumores acerca de um grande tesouro de diamantes e rubis, deixando vulneráveis tanto as múmias como os arqueólogos. Embora o Serviço de Antiguidades considerasse a população de Gurna como uns ladrões que se regozijavam a saquear o património do Egito, a população de Gurna também considerava o Serviço de Antiguidades como uns ladrões que se compraziam a negar aos pobres o acesso à vasta fortuna tão fortuitamente escondida junto às suas casas. O receio dos aldeões pode explicar porque é que Brugsch decidiu esvaziar o túmulo imediatamente, sem elaborar planos detalhados, catalogar os achados ou fazer fotografias. Foram contratados trezentos homens para esvaziarem o túmulo e transportarem os caixões: os que trabalhavam dentro do túmulo tinham de trabalhar despidos, para impedir que roubassem pequenos objetos. Os caixões foram envolvidos em esteiras, cosidas em lençóis de lona e içados pelo poço até ficarem sob o sol quente. Menos de uma semana após a sua descoberta estavam num vapor que ia a caminho do Cairo. Os objetos fúnebres mais óbvios foram com eles; os artefactos e fragmentos de menor escala foram abandonados no túmulo. Instaladas no Museu do Cairo, as múmias reagiram muito mal às suas novas condições, mais húmidas, e começaram a apodrecer.

De novo no Vale dos Reis, o egiptólogo francês Victor Loret andava agora à procura dos túmulos reais perdidos. Em 8 de março de 1898, descobriu o túmulo de Amenotep II (KV35).[157] Era um túmulo comprido e perigoso, com íngremes corredores e escadarias, tetos baixos e um poço aberto que se destinava a recolher ladrões e água da chuva. Fora saqueado, mas não estava vazio. Loret encontrou o próprio Amenotep II deitado num caixão de madeira dentro do seu sarcófago de pedra na câmara fúnebre. O rei tinha sido «restaurado» e utilmente rotulado pelos sacerdotes do Terceiro Período Intermédio. Não estava sozinho. Havia restos humanos espalhados ao acaso pelo túmulo e, para grande alegria do escavador, uma sala que guardava nove múmias reais em caixões rotulados como sendo do Novo Reino. As múmias dos caixões foram transferidas para o Cairo e Amenotep II, após várias tentativas de roubo, também.

Uma câmara lateral selada que se abria junto à principal parede de pilares continha mais três múmias, não rotuladas, desembrulhadas e tiradas dos sarcófagos, que estavam enfileiradas no chão. Todas haviam sido muito danificadas, aparentemente por salteadores de túmulos:

> A primeira parecia ser de uma mulher. Um espesso véu cobria-lhe a testa e o olho esquerdo. O seu braço partido fora recolocado ao lado dela, e tinha as unhas no ar. O pano rasgado e desfeito mal lhe cobria o corpo. Um abundante cabelo negro encaracolado espalhava-se sobre o chão de calcário em ambos os lados da sua cabeça. O rosto estava admiravelmente conservado e tinha uma gravidade nobre e majestática.
>
> A segunda múmia, no meio, era a de uma criança com cerca de quinze anos. Estava nua com as mãos juntas sobre o abdómen. Primeiro que tudo a cabeça parecia inteiramente calva, mas quando se examinava melhor via-se que havia sido rapada, exceto na área da têmpora direita, na qual crescia uma magnífica trança de cabelo negro [...].

O rosto do jovem príncipe estava sorridente e malicioso, não evocava de todo a ideia de morte.

Por último, o cadáver mais perto da parede parecia ser o de um homem. Tinha a cabeça rapada, mas havia uma peruca no chão, não muito longe dele. O rosto desta pessoa exibia algo de horrível e algo de divertido ao mesmo tempo. A boca, que se abria obliquamente de um lado quase até ao meio da bochecha, mordia um enchumaço de linho cujas duas pontas pendiam de um canto dos lábios. Os olhos semicerrados tinham uma estranha expressão, ele poderia ter morrido sufocado por uma mordaça, mas parecia um jovem gato brincalhão com um pedaço de pano [...].[158]

Loret tinha sido enganado pela cabeça rapada, e sem peruca, do terceiro corpo, que era de uma mulher. Como se assumiu que todos os três eram membros insignificantes da família de Amenotep, ele voltou a selá-los na câmara lateral, que acreditava ser o seu túmulo original.

Não existe nenhuma prova que confirme que alguma destas três múmias é real, e absolutamente nada que as date do final da XVIII dinastia. É improvável que os sacerdotes do Terceiro Período Intermédio que as deixaram ali nuas no chão pensassem que se tratava de pessoas importantes, e, uma vez que dependemos dos rótulos dos sacerdotes para identificarmos a realeza oculta do Novo Reino, deveríamos dar algum peso a essa opinião. Mas não há nada de que os egiptólogos gostem mais do que de combinar múmias anónimas com a realeza perdida, e, portanto, a primeira múmia, hoje em dia conhecida como a Senhora Idosa (KV35EY), foi identificada ao longo dos anos como, entre outras, a faraó Hatshepsut, a consorte de Akhenaton, Nefertiti, e a mãe desta, a rainha Tiy. Esta múmia ainda tem, como notou Loret, um cabelo abundante. Smith, que mais tarde autopsiou o corpo, descreveu-a como:

> [...] uma pequena mulher de meia-idade com cabelo comprido, castanho, ondulado e lustroso, apartado ao centro e que caía de ambos os lados da cabeça para os ombros. As pontas estão convertidas em numerosos caracóis aparentemente naturais. Os dentes estão bastante gastos, mas fora isso são sadios. O esterno está completamente anquilosado. Não tem cabelo grisalho.[159]

Em 1976, radiografias ao crânio e medições indicaram que a Senhora Idosa tinha a mesma forma de crânio característica de Thuya, mãe da rainha Tiy. Pouco tempo depois, descobriu-se que uma amostra retirada do legado de cabelos descoberto no Tesouro de Tutankamon (n.º 320) combinava cientificamente com uma amostra de cabelo retirada à Senhora Idosa.[160] Embora com uma idade de morte estimada em quarenta anos ela talvez seja mais nova do que teríamos esperado da mãe de Akhenaton, a Senhora Idosa foi imediatamente aceite como sendo a rainha Tiy. Começaram então a surgir dúvidas quanto à exatidão da técnica analítica usada para se comparar as amostras de cabelo, que alguns especialistas receavam ter sido demasiado generalista para produzir algum resultado significativo.[161] A identificação ficou ainda mais debilitada quando o teste aos tecidos mostrou que a Senhora Idosa era do grupo sanguíneo O/N. Isso, embora não fosse impossível, não era o que se esperaria de uma filha de Thuya e Yuya, os pais de Tiy, que eram ambos do grupo sanguíneo A2/N.[162] Ao mesmo tempo, houve uma crescente noção de que um rótulo numa caixa não pode provar a propriedade ou a origem de algo que esteja dentro dessa caixa. A identidade da Senhora Idosa já não estava considerada provada para lá de qualquer dúvida razoável.[163] Em 2010, cientistas que trabalhavam para o Serviço de Antiguidades egípcio, sob a liderança do doutor Zahi Hawass, usaram a análise genética para identificar KV35EL como a avó de Tutankamon e filha de Yuya e de Thuya: uma identificação alegremente aceite pelos media, e recebida mais cautelosamente pelos egiptólogos.[164] Se se tratar efetivamente de Tiy, podemos reconstruir a sua jornada terrena após a morte como um funeral em Amarna seguido de restauração em KV55, depois um novo enterro (com o marido em WV22?) e finalmente transferência para KV35 durante o Terceiro Período Intermédio.

O mistério dos túmulos vazios tinha sido resolvido e as múmias reais em falta, recuperadas. Mas nem todos os reis haviam sido localizados. Se listarmos os reis da XVIII dinastia, os túmulos e os corpos deles tal como identificados em 1908, podemos ver que alguns possuíam um túmulo (que nós assumimos terem sido usados por ele ou ela), alguns tinham uma múmia recuperada de uma jazida, e outros tinham ambas as coisas:

Ahmés: túmulo?, múmia DB320;
Amenotep I: KV39?, múmia DB320;
Tutmés I: KV20/KV38, múmia DB320?;
Tutmés II: túmulo?, múmia DB320;
Tutmés III: KV34, múmia DB320;
Hatshepsut: KV20, múmia em parte DB320?;

Amenotep II: KV35, múmia KV35;
Tutmés IV: KV43, múmia KV35;
Amenotep III: WV22, múmia KV35?;
Akhenaton: Túmulo Real de Amarna, múmia?;
Smenkhkare: Túmulo Real de Amarna?, múmia?;
Tutankamon: túmulo?, múmia;
Ay: WV23, múmia?;
Horemheb: KV57, múmia?.

Somente dois reis da XVIII dinastia não tinham um túmulo e um corpo. Smenkhkare era, porém, uma figura sombria e não era de todo claro que tivesse governado de forma independente. Podia assumir-se razoavelmente que ele vivera, morrera e fora sepultado em Amarna. Tutankamon era uma questão diferente. Decerto teria planeado ser sepultado ao lado dos antepassados no Vale dos Reis. Portanto, onde estava? Havia muitos egiptólogos ansiosos por ir à caça do rei desaparecido, mas o Serviço de Antiguidades, apostado em evitar o caos de escavações rivais, decretou que a concessão para trabalhar no Vale seria concedida a apenas um. Em 1902, esse prémio foi atribuído a Theodore Monroe Davis, o abastado advogado americano que encontrámos primeiro quando ele escavava a jazida de embalsamamento de Tutankamon (KV54).

Davis era impelido pelas ânsias paralelas de colecionar arte italiana do Renascimento e de descobrir um túmulo real egípcio intacto. Como lhe faltavam os dotes necessários para conduzir o seu próprio trabalho de campo, iniciou a sua carreira em egiptologia patrocinando escavações do Serviço de Antiguidades, trabalhando em íntima associação com três inspetores sucessivos: Howard Carter (1902–1904), James Quibell (1904–1905) e Arthur Weigall (1905). Este sistema funcionava bem, permitindo que o subfinanciado Serviço de Antiguidades explorasse o Vale às custas de alguém. A equipa de Davis descobriu muitos túmulos e fossas, e obteve um sucesso espetacular em 1905, quando encontrou o túmulo praticamente intacto de Yuya e Thuya (KV46). No entanto, à medida que os deveres oficiais do inspetor foram aumentando, o esforçado Weigall encorajou Davis a empregar um egiptólogo independente para liderar a equipa.[165] Foi o que Davis fez, trabalhando sucessivamente com Edward Ayrton (1905–1907), Harold Jones (1908–1911) e Harry Burton (1912–1914). Um infeliz efeito desta movimentação para longe da supervisão direta pelo Serviço de Antiguidades foi que o trabalho de campo de Davis, que sempre fora atabalhoado, tornou-se então irresponsavelmente pobre e mal documentado.

Em 6 de janeiro de 1907, os homens de Ayrton estavam a escavar não muito longe do recentemente descoberto túmulo de Yuya e Thuya.[166] Abriram caminho através de uma camada de pedras soltas e sedimentos de aluvião solidificados e encontraram o rude lanço de escadas que conduzia à bloqueada abertura do túmulo-oficina KV55.[167] As impressões nos selos confirmaram que a oficina tinha sido encerrada durante o reinado de Tutankamon, e depois reaberta e selada de novo algures antes de o último dilúvio do final da XVIII dinastia ter coberto o chão do Vale. Do lado de dentro da porta, a curta passagem descendente estava bloqueada por um painel de madeira dourada: um dos quatro lados do relicário funerário da rainha Tiy. Como o frágil painel não podia ser removido sem tratamento de conservação, a equipa de escavação construiu uma ponte de tábuas que lhe permitiu atravessar até à câmara da única sepultura. Uma rara fotografia da escavação confirma que essa câmara estava em desalinho, com o chão coberto de entulho caído do teto e juncado por um grande sortido de objetos funerários: os restantes painéis do santuário, uma caixa de cosméticos, jarros de alabastro, um deteriorado pálio funerário, objetos de faiança, contas, vasilhas inscritas para Amenotep III e tijolos funerários que ostentavam os títulos de Akhenaton com a sua cártula apagada.

Um nicho na parede sul — provavelmente uma porta abandonada — continha quatro robustos jarros canopos encimados por delicadas tampas com cabeça humana. Com base nas suas perucas ao estilo núbio e nas belas feições faciais, houve um consenso geral de que as tampas representavam Kiya ou Meritaton: como seria de esperar que a rainha Meritaton usasse uma coroa, Kiya parece ser a opção mais provável. As tampas não assentam bem nas suas pesadas bases, e poderão não ser os bujões originais.[168] Um exame mais minucioso confirma que essas bases têm uma história complicada. Originalmente inscritas com o nome do proprietário, a inscrição foi apagada, deixando as cártulas de Akhenaton e de Aton intactas. Finalmente, as cártulas foram excisadas.[169] Quando abertos, os jarros continham uma «massa dura, compacta, negra, semelhante a pez, rodeando uma zona bem definida situada no centro, de um material diferente, que era de cor castanha e natureza friável».[170]

Um caixão antropoide decorado com um padrão incrustado de «*rishi*» em forma de penas estava no chão, com o rosto dourado arrancado e a tampa suficientemente deslocada para se poder entrever a múmia, que ainda estava no interior. Davis já tinha concluído que esta deveria ser a sepultura da rainha Tiy. A companheira de Davis, Emma Andrews, entrou no túmulo pouco depois da abertura e conseguiu observar o caixão *in situ*:

> 1907, 17 de janeiro. No Vale [...]. Desci até à câmara fúnebre e agora é quase fácil aceder a ela; e vi a pobre rainha que agora jaz um pouco fora do seu magnífico caixão, com a coroa de abutre na cabeça. Todo o madeiramento do relicário, portas & etc. está fortemente coberto de folha de ouro e eu parecia estar a caminhar sobre ouro [...].[171]

Davis julgava que o caixão estivera originalmente apoiado num suporte de madeira que apodrecera e se desfizera, deitando-o ao chão e deslocando a tampa de maneira a expor-lhe o conteúdo. A «coroa de abutre» seria, por conseguinte, um peitoral deslocado que outrora ornara o peito da múmia. No entanto, como não existe nenhum registo de qualquer suporte, é provável que o caixão sempre tenha estado no chão. Há provas de escorrimento de água para o interior do túmulo — descobriu-se que a múmia estava húmida — e provas que sugerem ter sido uma pedra que caiu e abriu a tampa do caixão. Parece provável que algum intruso — um salteador ou um funcionário da necrópole encarregado de fechar a oficina — tenha roubado o rosto dourado do caixão e a máscara dourada da múmia.

Davis diz-nos que a múmia estava «coberta com puros lençóis de ouro».[172] Tratar-se-ia provavelmente do forro do caixão que se soltara, e não de uma coberta separada para a múmia. Agora guardado no Museu do Cairo, contém inscrições, mas estas são impossíveis de ler. Os seis braceletes de ouro encontrados nos braços da múmia também foram enviados para o Cairo; infelizmente foram roubados no próprio dia em que os desempacotaram. Este não foi o único furto. Era um «segredo» amplamente conhecido que o KV55 fora roubado imediatamente após a sua descoberta. Howard Carter conseguiu ajudar Davis a localizar alguns dos artefactos roubados, mas como a sua proveniência estava agora comprometida, eles não podiam ser incluídos no «catálogo dos objetos encontrados» no KV55. Os artefactos retidos por Davis, ou oferecidos por ele, também foram excluídos do catálogo, tal como alguns artigos vistos aquando da abertura do túmulo, mas nunca mais desde então.

O caixão apodrecido desfez-se quando foi retirado do túmulo. Em 1915, os conservadores do museu tinham reconstruído a tampa, mas a base desaparecera e só veio a reaparecer no Museu Estatal de Arte Egípcia em Munique.[173] Reconstruído e reunido, o caixão conta uma história complicada. É óbvio, pela qualidade das incrustações, que foi talhado para uma pessoa importante. Os braços do caixão encontram-se cruzados sobre o peito — uma disposição que tanto pode ser vista em caixões femininos ou masculinos —, mas as mãos expostas estão vazias e não oferecem nenhum indício quanto ao proprietário, ou proprietários do caixão. Os textos danificados sugerem que teve duas fases de produção e pelo menos dois proprietários. O primeiro, que teria sido designado nas faixas de hieróglifos incrustados que descem da tampa e contornam a base, era uma mulher descrita como a «[esposa e muito adorada do] rei do Alto e Baixo Egito, em *maat*, Senhor das Duas Terras [Neferkheperure Waenre: Akhenaton], o filho perfeito de Aton vivo, que viverá continuamente para sempre[...]».[174] Como a cabeça do caixão usa uma peruca em estilo núbio, é provável que essa mulher fosse Kiya. As inscrições foram depois alteradas do feminino para o masculino e acrescentados os epítetos «pequeno filho perfeito de Aton», «grande no seu tempo» e «governante perfeito». Ao mesmo tempo, o caixão foi equipado com o ureu e a barba encaracolada (como a que é usada pelos deuses) que o tornaram apropriado ao segundo proprietário: um homem não identificado da realeza.

A autópsia foi conduzida com rapidez, e a múmia não tardou a ficar reduzida a um esqueleto com um dente da frente partido e um crânio rachado:

> Num instante, libertámos a múmia do caixão, e descobrimos que se tratava de uma pessoa de pequeno porte, com cabeça e mãos delicadas. A boca estava parcialmente aberta, mostrando um conjunto perfeito de dentes superiores e inferiores. O corpo estava envolto nuns panos-de-múmia de fina textura, mas tudo o que o pano cobria era de uma cor muito escura. Naturalmente, deveria ser uma cor muito mais viva. Suspeitando de danos causados pela evidente humidade, toquei ao de leve num dos dentes da frente (três mil anos de idade) e eis que ele desfez em pó, mostrando assim que a múmia não podia ser conservada. Levámos então toda a múmia [...].[175]

A ausência de fotografias significa que estamos dependentes dos relatos das testemunhas oculares, e, como muitas vezes acontece com tais relatos, estes mostram uma considerável variabilidade. Davis, por exemplo, relata que as mãos estavam fechadas enquanto Ayrton nos diz que o braço esquerdo estava dobrado, com a mão apoiada no peito, e que o braço direito estava estendido ao longo da coxa. Weigall viu faixas na múmia, mas mais ninguém as viu:

> […] quando retirámos a tampa do caixão, encontrámos uma faixa ou fita de ouro fino que evidentemente passava à volta do corpo. Quando já tínhamos apanhado os ossos, fragmentos e pó, encontrámos outra faixa semelhante que evidentemente passara pelas costas da múmia. Essas faixas, pelo que me lembro, tinham cerca de duas polegadas de largura e estavam inscritas com os títulos de Akhenaton, mas em ambos os casos a cártula estava cortada, pelo que havia simplesmente um buraco oval na faixa sempre que ela aparecia.[176]

Ele diz-nos que as faixas foram enviadas para o Cairo, onde as viu na oficina do Museu, mas foram omitidas do catálogo oficial, e «[…] agora não estou certo de que ainda estejam algures no Museu do Cairo, ou se terão desaparecido».

Davis arregimentou os serviços de dois médicos: o Dr. Pollock, que vivia na zona, e um anónimo obstetra americano que estava a passar o inverno em Luxor. Diz-nos ele que ambos declararam serem os restos femininos, com base na pélvis larga, mas Weigall discorda: «Noutro dia, vi o Dr. Pollock em Luxor, o qual nega alguma vez ter achado que se tratava de uma mulher, e diz que ele e o outro médico não o sabiam dizer ao certo.»[177] Quando os ossos chegaram ao Cairo, Smith viu imediatamente que a «rainha Tiy» era do sexo masculino, e todos os anatomistas que desde então examinaram o corpo concordaram com ele.

Que mais podemos dizer acerca desta múmia? Derry e Harrison concordaram em que tinha aproximadamente 1,70 metros de altura, a mesma altura de Tutankamon. Também partilhava da mesma distinta forma craniana «alta e rasa em cima (platicefálica)». A equipa de Harrison confirmou mais tarde que KV55 e Tutankamon partilhavam do mesmo grupo sanguíneo relativamente raro (A2/MN) e ambos mostravam sinais de um problema hereditário não-debilitante — estenose foraminal — que causava um buraco no úmero.[178] Combinados, estes pontos de semelhança são suficientes para sugerir que Tutankamon e KV55 estão intimamente relacionados. Ou são irmãos, ou são pai e filho. Como o próprio Tutankamon tinha menos de vinte anos quando morreu, não podia ter sobrevivido a um filho quase adulto, e se tivesse deixado algum filho vivo saberíamos disso. Podemos, portanto, eliminar esta opção.

Restam-nos duas fortes possibilidades. Se os ossos forem de um homem mais novo, serão provavelmente os do irmão ou meio-irmão (ou, com menor probabilidade, do pai) Smenkhkare. Se os ossos forem de um homem mais velho, poderão ser os do pai de Tutankamon (ou, com menor probabilidade, do avô), Akhenaton. Como sabemos que Akhenaton governou durante pelo menos dezassete anos, e podemos ver a sua filha primogénita nas cenas do templo de Tebas que datam do início do reinado, podemos assumir com segurança que tinha no mínimo trinta anos de idade quando morreu, e seria provavelmente vários anos mais velho. A idade de KV55 é crucial para a nossa investigação.

Smith calculou inicialmente uma idade de morte de vinte e cinco anos:

> [...] A questão foi-me posta pelos arqueólogos: «Será possível que estes ossos possam ser os de um homem de vinte e oito ou trinta anos de idade?» [...] Nenhum anatomista teria justificação para negar que este indivíduo pudesse ter vinte e oito, mas é altamente improvável que ele pudesse ter atingido os trinta anos se fosse normal.[179]

Depois, persuadido pelas provas do caixão, incluindo as misteriosas faixas da múmia, de que os ossos devem ser de Akhenaton, ele revê o seu diagnóstico:

> Não creio que algum erudito sem preconceitos que estude as provas arqueológicas por si mesmas albergasse qualquer dúvida quanto à identidade desta múmia, se não fosse o facto de ser difícil, a partir das provas anatómicas, atribuir a este esqueleto uma idade suficientemente grande para satisfazer as exigências da maioria dos historiadores, que querem pelo menos trinta anos em que possam encaixar os eventos do memorável reinado de Khouniatonou [Akhenaton] [...]. Se, com tais nítidas provas arqueológicas a indicarem que estes são os restos de Khouniatonou, o historiador pode produzir factos irrefutáveis que mostrem que o rei herético devia ter tido vinte e sete, ou mesmo trinta, anos de idade, eu estaria preparado para admitir que o peso das provas anatómicas em oposição à admissão desse facto é demasiado ligeiro para ser considerado absolutamente proibitivo.[180]

Derry examinou os ossos e os dentes em 1931 e discordou, julgando que eles indicavam um homem com vinte e poucos anos de idade.[181] A equipa de Harrison concordou com Derry: a múmia KV55 tinha falecido com menos de vinte e cinco anos, e, na verdade, «caso se utilizem [...] alguns critérios anatómicos variáveis, é possível ser-se mais definitivo e dizer que a idade da morte ocorreu no 20.º ano».[182] Desde então, diversos anatomistas concordaram com este diagnóstico. Harris e Wente, porém, tendo examinado a cabeça e os dentes, sugeriram uma idade de morte de 30–35 anos.[183] O mais recente exame egípcio produziu uma opinião dividida, com um dos peritos a defender que os ossos são os de um homem mais novo, e outro a defender que eles pertencem a um homem de pelo menos 45–50 anos, e possivelmente até sessenta.[184] O facto de a equipa ter sido incapaz de chegar a acordo sobre esta matéria é perturbador, e uma idade de morte de sessenta anos causa grandes problemas. Se Akhenaton tinha sessenta anos quando morreu, no ano 17 do reinado, teria sido mais velho do que a própria mãe (identificada pela mesma equipa como KV35EL), a qual morreu, aparentemente nos seus quarenta, após a corte se ter mudado para Amarna. A idade declarada no relatório oficial é 35–45 anos, mas não foi publicada qualquer prova em apoio desta declaração.[185] Nesta base, os ossos foram oficialmente identificados como sendo de Akhenaton, e é como Akhenaton que são agora mostrados ao público. Há, porém, muitos, incluindo a presente autora, que discordam, e, aceitando a idade mais jovem, consideram os ossos como sendo os restos de Smenkhkare, irmão de Tutankamon.

Existe apenas mais um ponto a considerar. Poderia Smenkhkare ter sido pai de Tutankamon em vez de irmão? As provas arqueológicas sugerem que é possível, uma vez que não temos ideia de quando nasceram Smenkhkare ou a esposa Meritaton. A idade dos ossos de KV55 é mais uma vez crucial. Se este é Smenkhkare, e se ele morreu efetivamente no seu vigésimo ano, parece improvável que lhe tenha sucedido um seu filho de oito anos.

O relatório de Davis, *O Túmulo da Rainha Tiyi*, foi publicado em 1910. Foi amplamente considerado inadequado:

> A história da escavação do Egito apresenta, lado a lado com muito trabalho esplêndido, uma quase contínua série de desastres. O maior desastre de todos é quando os resultados ficam completamente por publicar. Mas também é um desastre quando a publicação é incompleta

ou inexata. Foi isso que infelizmente aconteceu com o volume de Theodore M. Davis intitulado *O Túmulo da Rainha Tiyi*, Londres, 1910.[186]

Davis veio a obter descobertas bastante mais importantes, incluindo o KV57, o túmulo de Horemheb. Mas era um homem desapontado; sempre esperara ser ele a encontrar Tutankamon. Na verdade, estivera muito perto. Como observou o fotógrafo Harry Burton:

> Se o Sr. Theodore Davis, de Boston, para o qual eu andei a escavar em 1914, não tivesse interrompido demasiado cedo a sua última «cova», estou convencido de que teria descoberto o presente túmulo do rei Tutankamon. Estivemos a menos de dois metros. Foi então que o Sr. Davis receou que mais escavações acabassem por minar a estrada adjacente e me ordenou que parasse de trabalhar.[187]

Davis tinha destruído muitas das provas preservadas no KV55 e não se havia apercebido da importância do facto de os seus dois túmulos não saqueados — KV46 e KV55 — estarem perto um do outro no chão do Vale. Também não conseguiu reconhecer três pistas vitais que sugeriam fortemente que Tutankamon não estaria muito longe. Já discutimos uma delas: a jazida de embalsamamento encontrada em KV54. A isso deve ser acrescentada a descoberta em 1905–1906, «debaixo de uma rocha», de uma taça de faiança que ostentava o nome de Tutankamon, e que, presumivelmente, tinha sido deixada cair por salteadores de túmulos, bem como a sua descoberta , em 1909, de uma pequena câmara não decorada (KV58), que continha uma *shabti* sem inscrições e a folha de ouro de uns arreios de carro, inscritos com as cártulas de Tutankamon, Ankhesenpaaton e Ay. Davis publicou o KV58 como o túmulo assaz insatisfatório de Tutankamon.[188] Como poderia Tutankamon ter ido parar a uma fossa tão mesquinha? Teria, também ele, sido «restaurado» na Antiguidade?[189]

> São esses os poucos factos que sabemos acerca da vida e do reinado de Touatânkhamanou. Se ele teve filhos da sua rainha Ankhounamanou ou de outra esposa, estes não deixaram vestígio da sua existência nos monumentos; quando morreu, Aiya substituiu-o no trono, e sepultou-o. Suponho que o seu túmulo fosse no Vale Ocidental, algures perto de, ou entre, Amenothes III [Amenotep III] e Aiya [Ay]: quando a reação contra Atonou [Aton] e os seus seguidores ficou completa, a múmia

> e o seu mobiliário foram levados para um local oculto [...] e aí Davis encontrou o que restava dele após muitas transferências e furtos, mas isto também é mera hipótese, a verdade da qual não temos meios de provar ou reprovar por enquanto.

Em 1914, Davis retirou-se da egiptologia, julgando que o Vale havia revelado todos os seus segredos. Nem todos concordaram com ele.

7

A HISTÓRIA DO ARQUEÓLOGO: DESCOBRINDO TUTANKAMON

O arqueólogo britânico Howard Carter continuava convencido de que o Vale dos Reis ainda não revelara todos os seus segredos:

> *Sir* Gaston Maspero, diretor do Departamento de Antiguidades, que assinou a nossa concessão, concorda com o Sr. Davis, de que o sítio estava esgotado, e disse-nos francamente que considerava que aquele local não cobriria as despesas de investigações posteriores. Lembrámo-nos, porém, de que quase cem anos antes Belzoni fizera uma afirmação semelhante, e recusámos ficar convencidos. Tínhamos feito uma minuciosa investigação do sítio, e estávamos bastante certos de que havia áreas, cobertas pelos despejos dos anteriores escavadores, que nunca tinham sido devidamente examinadas.[190]

Hoje em dia, Carter está amplamente creditado com a descoberta do túmulo de Tutankamon. Em 1922, os acontecimentos foram vistos de maneira diferente. Tutankamon pertencia ao patrono de Carter, o conde Carnarvon, como os títulos dos jornais — «Grande Descoberta em Tebas. A Longa Demanda do Lorde Carnarvon» — deixaram muito claro.[191] Se alguém pensava em Carter, era como um empregado favorito, ou, como escreveu o *The Times*, o «fiel ajudante». Carter era o meio pelo qual Carnarvon alcançava os seus sonhos arqueológicos; estava para Carnarvon como Ayrton esteve para Davis. Por isso, quando em dezembro de 1922 o chefe do Serviço de Antiguidades, Pierre Lacau, escreveu à equipa para a congratular pela sua magnífica descoberta, foi naturalmente a lorde Carnarvon que ele escreveu.

Uma versão editada dessa carta foi reproduzida no *The Times* em 14 de dezembro:

> Todos os meus colegas estão muitíssimo impressionados não apenas pelos extraordinários resultados obtidos, mas também pelo método através do qual o vosso trabalho foi levado a cabo. Eles desejam unanimemente associar-se ao seu presidente [o próprio Lacau] exprimindo-vos todas as suas felicitações e agradecimentos. Deixastes o vosso nome ligado a uma das maiores descobertas feitas não apenas no Egito, mas em todos os domínios da arqueologia.
>
> Quanto ao vosso colaborador, Howard Carter, que conduziu os trabalhos durante tantos anos, é para ele o mais belo coroar de uma carreira e a mais espantosa recompensa que um arqueólogo poderia ter. Tal recompensa é verdadeiramente merecida, pois ele proporcionou um belo exemplo de método e de paciência, a virtude mais rara num escavador. Que ele seja frequentemente emulado.

George Edward Stanhope Molyneux Herbert, 5.º conde de Carnarvon, era — como o seu título torna óbvio — um aristocrata inglês. A sua sede ancestral, o Castelo de Highclere, que tem trezentos quartos, é conhecido hoje em dia por muitos como o cenário do drama histórico da ITV *Downton Abbey*. Os visitantes que procurem a autêntica experiência de *Downton* ainda poderão desfrutar de uma visita à Exposição Egípcia do Castelo, «celebrando a descoberta do túmulo de Tutankamon pelo 5.º conde de Carnarvon». Mesmo pelos padrões da aristocracia eduardiana, Carnarvon era extremamente rico. O dinheiro proveio-lhe não apenas das várias heranças, mas também do seu prudente matrimónio com Almina Wombwell, de dezanove anos. Ostensivamente filha natural do banqueiro Alfred de Rothschild, recebeu deste um acordo de casamento que incluiu um dote de 500 mil libras (aproximadamente um poder de compra de 70 milhões de libras em 2021), além de um rendimento anual de 12 mil libras e a liquidação das enormes dívidas de jogo e pessoais de Carnarvon.[192] No seguimento da morte do seu marido, Almina Carnarvon financiou a equipa até o túmulo de Tutankamon ficar vazio; um ato generoso de uma mulher que não tinha nenhum interesse pelo Antigo Egito.

Carnarvon tinha amplos fundos para financiar os seus passatempos: colecionar arte e livros raros, veleiros, cavalos de corrida e carros velozes. Em 1901, a paixão pela velocidade quase o matou, e virou-se então para a egiptologia. A irmã de Carnarvon, Winifred Burghclere diz-nos que o seu irmão «[...] era um esplêndido condutor, bem servido pelo seu dote — um dote que também lhe servia no tiro e no golfe — de avaliar as distâncias com exatidão, ao mesmo tempo que processava aquela serena calma nas dificuldades que muitas vezes, senão invariavelmente, é a melhor garantia contra o desastre».[193] Não obstante, conduzindo velozmente numa estrada estreita e aparentemente deserta na Alemanha, este esplêndido condutor não conseguiu antecipar duas carroças escondidas numa lomba da estrada. Incapaz de travar, virou o carro de lado e embateu contra um monte de pedras. Como os pneus rebentaram, o carro voltou-se e caiu sobre Carnarvon, esmagando-o contra a lama. Carnarvon ficou com feridas substanciais — a sua irmã enumera concussão, queimaduras, um pulso quebrado, cegueira temporária e ferimentos no maxilar e na boca — que o deixaram propenso a dores de cabeça e a infeções no peito. Os seus médicos, preocupados com a humidade britânica, recomendaram que passasse o inverno no Egito.

Tal como Theodore Davis antes dele, Carnarvon rapidamente desenvolveu um fascínio pelo Antigo Egito e pela caça aos tesouros perdidos. Não queria comprar antiguidades; queria a emoção de as encontrar por si próprio. Mas, embora dispusesse de fundos para financiar uma escavação, também carecia dos conhecimentos necessários para conduzir uma escavação adequada e científica. Se ele queria escavar os mais prometedores sítios arqueológicos — sendo o Vale dos Reis o mais prometedor de todos — Carnarvon precisava de encontrar um arqueólogo profissional que liderasse a sua equipa. Em 1909, Gaston Maspero apresentou-o a Howard Carter, com a sugestão de que eles os dois poderiam trabalhar juntos proveitosamente.

Carnarvon não poderia ter encontrado um melhor diretor de campo. Carter era um artista talentoso com um impressionante CV arqueológico. Havia treinado com Percy Newberry nos túmulos talhados na rocha de Beni Hasan e el-Bersha, com Flinders Petrie em Amarna, e com Édouard Naville em Deir el-Bahri. Tinha passado cinco anos como inspetor-chefe das Antiguidades para o norte do Egito. O Serviço de Antiguidades estava familiarizado com o seu trabalho, e Arthur Weigall, o atual inspetor das Antiguidades para o sul do Egito, reconhecia a sua capacidade e integridade. Em equipa, podia confiar-se em Carnarvon e Carter para investigarem os sítios mais prometedores do Egito, e eles embarcaram numa série de escavações arqueologicamente interessantes, ainda que pouco espetaculares. No entanto, o único sítio que os dois queriam desesperadamente escavar continuava frustrantemente fora de alcance. Foi somente em 1914 que Theodore Davis desistiu da concessão para escavar no Vale dos Reis. Em 1915, foi acordado que «o trabalho de escavação será levado a cabo por conta, risco e perigo do conde de Carnarvon pelo Sr. Howard Carter; este último estará constantemente presente durante a escavação».[194] No entanto, com o mundo em guerra, era impossível uma temporada plena de trabalho de campo, e foi só no final de 1917 que Carnarvon e Carter finalmente iniciaram a sua busca por Tutankamon.

Carter, ciente da localização das recentes descobertas de Davis em KV46 e KV55, decidiu concentrar a sua atenção no chão do Vale. Havia determinado uma ousada estratégia, que ele próprio reconheceu como «um empreendimento assaz desesperado»; o solo seria sistematicamente levantado até à camada rochosa na área entre os túmulos de Ramsés II, de Merenptah e de Ramsés VI.[195] O solo do Vale seria aplanado, e aproximadamente 200 mil toneladas de entulho e restos de antigas escavações seriam deslocados, para permitir aos arqueólogos confirmar que nada havia sido talhado no chão do Vale.[196] Seria utilizada uma via-férrea ligeira para deslocar o entulho: o que mais tarde se viria a revelar útil para transportar os objetos fúnebres de Tutankamon ao longo do deserto até ao rio.

Durante a sua primeira temporada, Carter limpou algum entulho e antigas barracas por baixo da entrada para o túmulo de Ramsés VI (KV9). Mais uma vez, tal como Davis, esteve muito perto de encontrar Tutankamon, mas parou pouco antes da entrada oculta quando a obra começou a perturbar o fluxo de turistas que visitavam o túmulo de Ramsés. Sem saber disso, continuou a trabalhar noutro local. Esta não era a excitante aventura arqueológica que Carnarvon havia antecipado. Era um trabalho monótono, sujo, repetitivo e nada gratificante. Talvez Davis tivesse razão: Tutankamon fora efetivamente sepultado no Túmulo do Carro, e a equipa deveria encontrar um outro sítio para escavar? Corriam rumores de que Carnarvon estava a ficar farto do encargo financeiro, embora, dada a extensão das suas posses, isso pareça improvável. A mão de obra local era barata e algumas semanas de trabalho não teriam custado mais de algumas centenas de libras. Parece mais provável que ele estivesse a fartar-se da egiptologia, e se preparasse para mudar de tema. Fosse qual fosse a razão, Carnarvon e Carter acordaram que a temporada de escavação 1922–1923 seria a sua última tentativa para encontrar o rei perdido:

> Seis temporadas completas escavámos nós ali, e temporada após temporada fomos malsucedidos; tínhamos trabalhado durante meses sem nada encontrar, e só um escavador sabe como isso pode ser desesperadamente deprimente; já tínhamos quase decidido que estávamos derrotados, e preparávamo-nos para sair do Vale e irmos tentar a nossa sorte noutro local; e então... mal tínhamos deitado a enxada à terra no nosso derradeiro esforço desesperado quando fizemos uma descoberta que excedia em muito os nossos sonhos mais desvairados. Decerto, nunca em toda a história da escavação se comprimiu uma temporada inteira de cavadelas no espaço de cinco dias.[197]

Em 1 de novembro de 1922, a equipa regressou à área por baixo do túmulo de Ramsés IV. Aí, tendo removido os restos das cabanas dos trabalhadores da XX dinastia, cortaram um metro daquilo que Carter descreveu como «solo» ou «entulho pesado», mas que as fotografias contemporâneas mostram ser detritos de aluvião.[198] Três dias depois, enquanto Carter estava em sua casa e Carnarvon em Inglaterra, os trabalhadores puseram à mostra o que se provou ser o primeiro de um lanço de dezasseis degraus de pedra. Ao fundo dessa escada havia uma porta bloqueada coberta de gesso de gipsite e carimbada com selos ovais que incluíam o selo da necrópole; um chacal (o deus da mumificação Anúbis) agachado sobre nove cativos atados. Chamado pelos trabalhadores, Carter apressou-se a chegar ao local. Fez um pequeno buraco e, usando a sua moderníssima lanterna elétrica, conseguiu espreitar para uma passagem repleta de lascas de pedra. A sua entrada no diário de bolso em 5 de novembro de 1922 foi um lacónico «Descoberto túmulo sob o túmulo de Ramsés VI. Investiguei o mesmo & encontrei selos intactos.» A entrada do mesmo dia no diário oficial da escavação conta uma história bastante mais entusiasmante:

> [...] Perto do crepúsculo tínhamos desimpedido o nível do 12.º degrau, que era suficiente para expor uma grande parte da porção superior de uma porta selada e engessada. Diante de nós, estavam provas suficientes para mostrar que se tratava realmente da entrada de um túmulo, e pelos selos, segundo todas as aparências exteriores, estava intacto [...]. As impressões dos selos sugeriam que pertencia a alguém de alto coturno, mas por essa altura eu não tinha encontrado nenhumas indicações de quem seria [...]. Embora eu estivesse satisfeito por estar à beira de um achado porventura magnífico,

provavelmente algum dos túmulos perdidos que eu andara a procurar durante tantos anos, fiquei muito intrigado pela pequenez da abertura em comparação com as de outros túmulos reais no vale. O desenho dela era certamente da XVIII dinastia. Poderia ser o túmulo de um nobre, ali enterrado com consentimento real? Ou seria uma jazida real? Pelo que averiguara nas minhas investigações, não havia absolutamente nada que mo dissesse. Se eu soubesse que, cavando alguns centímetros mais abaixo, teria exposto os selos impressos que mostravam distintamente a insígnia de Tût.ankh.Amen, teria continuado a trabalhar fervorosamente e descansado o espírito, mas assim, como estava a fazer-se tarde, e a noite a instalar-se rapidamente, a lua cheia já se erguera nos céus orientais, voltei a tapar o que se escavara para proteção, e, com os meus homens escolhidos para a ocasião — eles, tal como eu, deliciados para lá de todas as expectativas — regressei a casa e enviei por telegrama a Ld. C. (então em Inglaterra) a seguinte mensagem:

«Finalmente fiz maravilhosa descoberta no Vale um túmulo magnífico com selos intactos recuperados os mesmos para sua chegada parabéns.»

Tapar o que se escavara significava enterrar os degraus debaixo de muitas toneladas de areia, pedra e entulho, com grandes penedos por cima. Era uma proteção essencial contra os ladrões e as inundações repentinas, capazes de penetrar no interior do túmulo e destruir tudo; fazia-se isso de cada vez que a escavação era encerrada, e desfazia-se sempre que ela era reaberta.

Só quando Carnarvon chegou a Luxor em 23 de novembro de 1922 é que a obra de esvaziar a escadaria e desimpedir a porta foi completada. O enchimento da escada revelou uma mistura eclética de artefactos, incluindo louça quebrada, um escaravelho de Tutmés III e fragmentos de caixas inscritas com os nomes de Amenotep III, Akhenaton, Neferneferuaton e Meritaton, e Tutankamon, e Carter já começava a acreditar que tinha descoberto uma segunda jazida do final da XVIII dinastia, gémea do KV55, quando o nome de Tutankamon foi revelado, estampado no gesso da porta plenamente exposta. Ele percebeu então que a porta tinha sido selada por funcionários de Tutankamon, mas, ominosamente, havia sinais de que o túmulo tinha sido aberto e selado de novo antes de ter ficado perdido sob as águas de aluvião.

Por trás da porta bloqueada, uma curta passagem descendente estava cheia até ao teto com lascas de calcário de cor clara que incorporavam fragmentos de olaria, selos de potes, vasilhas de pedra quebradas e intactas e odres abandonados pelos antigos trabalhadores. Um túnel aberto no canto superior esquerdo do enchimento tinha sido enchido, por sua vez, com gravilha mais escura de pederneira e sílex. Em 26 de novembro, essa passagem já tinha sido esvaziada e Carter e Carnarvon estavam mais uma vez diante de uma porta bloqueada, engessada e selada. Havia, de novo, provas inequívocas de esta ter sido alterada e novamente selada.

É justo que seja Carter a contar-nos o que aconteceu a seguir. As suas palavras já foram citadas muitas vezes, mas nunca perderam a magia:

> Com mãos trémulas, fiz uma pequena abertura no canto superior do lado esquerdo. Escuridão e espaço vazio, até onde um varão de ferro conseguia alcançar, mostravam que o que havia do outro lado estava vazio, e não tinha sido enchido como a passagem que acabáramos de desimpedir. Foram realizados testes com candeias como precaução contra possíveis gases nocivos, e depois, alargando um pouco o buraco, inseri a candeia e espreitei lá para dentro. Primeiro não consegui ver nada, o ar quente que se escapava da câmara fazia a candeia tremeluzir, mas seguidamente, quando os meus olhos se acostumaram à luz, emergiram vagarosamente da bruma os pormenores da sala, estranhos animais, estátuas e ouro — em toda a parte reluzia o ouro. Nesse momento — que terá parecido uma eternidade aos outros que por ali estavam —, fiquei tolhido de espanto, e quando o lorde Carnarvon, incapaz de aguentar o *suspense* por mais tempo, perguntou ansiosamente «Consegue ver alguma coisa?» tudo o que consegui foi soltar as palavras «Sim, coisas maravilhosas». Depois, alargando um pouco mais o buraco, para que ambos conseguíssemos ver, inserimos uma lanterna elétrica.[199]

Embora já tivesse sido roubado em pelo menos duas ocasiões, era evidente, mesmo a partir da porta, que o túmulo estava substancialmente intacto. Carter e Carnarvon tinham afinal razão: o Vale dos Reis ainda tinha um segredo para revelar. Talvez não tenha grande importância perguntar porque é que o relato publicado desta momentosa ocasião não consegue equiparar-se ao relato fornecido no diário da escavação — «Sim, é maravilhoso» — nem à recordada frase de Carnarvon «Há aqui uns objetos maravilhosos».[200] Esta ligeira variação nas provas não é em si mesma sinistra ou importante. Contudo, serve como útil lembrete de que a nossa compreensão da descoberta e esvaziamento do túmulo de Tutankamon está dependente da informação coligida junto de diversas fontes. Pela sua própria natureza, a arqueologia destrói aquilo que procura, tornando questões de vital importância a manutenção de registos exatos e a pronta publicação. A par das fichas de objetos, das fotografias e dos diários da escavação que constituem o registo oficial do desimpedimento do túmulo, há memórias, cartas e reportagens jornalísticas de exatidão variável, além dos três volumes publicados por Carter, que, como foram escritos para uma vasta audiência, carecem do rigor científico que esperaríamos encontrar numa publicação plenamente arqueológica. Cada uma destas fontes conta a história por um ângulo ligeiramente diferente, e é apenas combinando-as a todas que conseguimos obter algo que se aproxime de uma plena compreensão do processo. O «Sim, coisas maravilhosas» relatado no primeiro desses volumes é inequivocamente uma afirmação mais poderosa, ao gosto do público, do que o prosaico «Sim, é maravilhoso», mas faz-nos pensar com que frequência é que ocorreu esta ligeira distorção dos factos para agradar à audiência.

A novíssima luz elétrica confirmou a primeira impressão de Carter. A Antecâmara tinha sido tão apinhada com objetos fúnebres que era difícil entrar lá sem pisar algum objeto precioso. Havia carroças desmontadas, camas com cabeças de animais e numerosas e misteriosas arcas, fardos e caixotes, cada um dos quais necessitava da sua própria miniescavação. A parede sul era de rocha em bruto (podemos assumir que o cauteloso Carter verificou isso com todo o cuidado), mas um buraco aberto na parede ocidental permitia a visão de uma sala mais pequena, o Anexo, que estava apinhada com uma mistura de «tesouros», além das pedras que haviam caído quando os ladrões arrombaram a porta trancada. Como o chão do Anexo estava quase um metro abaixo do chão da Antecâmara, os primeiros objetos teriam de ser removidos por elementos da equipa que entrassem e se pendurassem de cabeça para a frente na passagem. Ainda na Antecâmara, a parede norte incluía a entrada bloqueada, engessada e carimbada com selos para uma sala ou salas guardadas por duas estátuas guardiãs em tamanho natural. Mais uma vez, havia ali um muito óbvio buraco aberto por ladrões, que tinha sido restaurado e selado de novo pelos funcionários da necrópole.

Estaria Tutankamon ainda deitado no interior do seu túmulo, algures atrás daquela parede norte? Só havia uma maneira de saber.

Pouco depois da abertura da Antecâmara, Carter, Carnarvon e a filha deste, *Lady* Evelyn Herbert, reabriram o buraco dos ladrões e rastejaram até à Câmara Fúnebre situada lá atrás. Com a curiosidade satisfeita retiraram-se depois, colmatando o buraco com gesso e tentando seguidamente escondê-lo com a tampa de um cesto, a qual, com o benefício de quem já o sabe, parece muito óbvia nas fotografias oficiais. Como seria de esperar, não existe nenhum registo oficial dessa aventura, mas ela tornou-se um «segredo» amplamente conhecido e partilhado, entre outros, pelos trabalhadores egípcios e pelo químico Alfred Lucas, que, sendo um experimentado conservador arqueológico, detetou imediatamente o gesso moderno a espreitar por trás da tampa do cesto. Achou que esse era um assunto sem grande significado: «A questão do buraco e da sua condição quando foi descoberto, se estava aberto ou fechado, é uma questão que não tem importância arqueológica, e que, em si mesma, quase nem merece menção [...]».[201] Foi, no entanto, uma infração às regras do Serviço de Antiguidades e distorceu a arqueologia no interior do túmulo. Carter, sendo um antigo inspetor do Serviço de Antiguidades, teria compreendido isso.

O *The Times* contou a história da descoberta em 30 de novembro de 1922, tentando os leitores com promessas de tesouros ocultos ainda por vir:

> Parece não haver dúvida de que esta maravilhosa coleção de objetos fazia parte da parafernália do funeral do rei Tutankamon, cuja cártula se vê em toda a parte, em ambas as suas formas [...]. O que acrescenta interesse a esta descoberta é que ainda existe uma terceira câmara selada, a qual, significativamente, está guardada pelas duas figuras do rei descobertas, e que possivelmente poderá vir a ser o verdadeiro túmulo do rei Tutankamon, com membros da família do herético sepultados com ele.

Não se conseguia, porém, proceder a nenhuma exploração oficial antes de a Antecâmara ter sido desimpedida, e provavelmente esse iria ser um longo processo. Cada artefacto teria de ser numerado, fotografado, registado na planta do túmulo, descrito e desenhado. Seguidamente teria de ser levado para o laboratório de conservação — KV15, o remodelado túmulo de Seti II — para tratamento e posterior fotografia. Finalmente, teria de ser embalado para a longa e complicada jornada até ao Cairo. Percebendo que não conseguiria fazer isso sozinho,

Carter reuniu uma equipa de especialistas cujos principais membros eram o seu amigo Arthur Callender, um engenheiro reformado, o químico Alfred Lucas, e ainda, emprestados pelo Metropolitan Museum of Art, em Nova Iorque, o arqueólogo e conservador Arthur Mace e o fotógrafo arqueológico Harry Burton. A adição de um par de espessas cortinas converteu o KV55 numa câmara escura, onde Burton processou mais de três mil imagens do túmulo e do seu conteúdo, algumas colhidas dentro do túmulo e alguns retratos mais específicos dos artefactos feitos no laboratório de conservação. Embora a equipa original se tenha dispersado — segundo todos os relatos, o ensimesmado Carter não era um homem com quem fosse fácil viver e trabalhar —, Burton e Lucas ficaram até ao fim, com Burton a fazer a sua última fotografia no interior do túmulo em janeiro de 1933.

O KV4, o túmulo de Ramsés XI, tornou-se «a sepultura do almoço»; um local não apenas para comerem e se abrigarem do sol do meio-dia, mas também para guardar equipamento e alguns achados. Uma fotografia, desta vez não feita por Burton, mostra uma verdadeira galáxia de egiptólogos sentados ao redor da mesa de refeições; vestidos com formalidade, camisas, gravatas e casacos, ostentam uma formidável variedade de bigodes. Se nos deslocarmos no sentido do relógio a partir da esquerda, vemos o eminente linguista americano J. H. Breastead, Burton, Lucas, Callendar, Mace, Carter e o igualmente eminente linguista inglês Alan Gardiner. A cadeira vazia na cabeceira da mesa pertence presumivelmente a Carnarvon, o qual, sendo um apaixonado pela fotografia, está ocupado a tirar-lhes o retrato. Ao fundo, dois criados egípcios não identificados estão à espera para servir os convivas.

Foi construído um muro baixo ao redor da entrada do túmulo, proporcionando um ponto de triagem a partir do qual quem não fosse convidado não podia passar. Sendo a segurança uma grande preocupação, o primeiro trabalho de Callender foi encaixar um portão de madeira na entrada do túmulo. Algumas semanas depois, esse foi substituído por um portão de segurança em aço desenhado por Carter. Uma tenda e um telheiro de madeira proporcionavam abrigo e alguma privacidade para os soldados e os guardas do Serviço de Antiguidades que asseguravam a segurança do local.

Finalmente, podia iniciar-se a tarefa de desimpedir a Antecâmara. Isso era simultaneamente difícil e moroso. Não havia espaço para manobrar, até entrar na sala era difícil, deslocar um artefacto poderia perturbar seriamente os restantes. A equipa começou a trabalhar na sala em direção contrária à dos ponteiros do relógio, começando à direita da porta e terminando nas carroças desmanteladas que estavam à esquerda dela. Na tarde de sexta-feira, 6 de fevereiro de 1923, a entrada da Câmara Fúnebre foi desmantelada na presença de uma audiência de amigos, arqueólogos e funcionários do governo, listada no diário da escavação como:

> Abd El Halim Pasha Suleman, subsecretário de Estado P. W. D.;
> Lacau. Dir. Ger. S. des. A.;
> Engelbach. Insp. Chefe Up. Eg. S. des A.;
> Ibrahîm Effendi. Insp. Luxor S. des A. e Tewfik Effendi Boulos;
> *Sir* William Garstin;
> Lythgoe e Winlock;
> Mace, Callender, Lucas, e Burton;
> Ld. C. e *Lady* E.
> e outros.

O evento começou, naturalmente, com um almoço. O grupo voltou a reunir-se depois no túmulo, onde se acomodaram em cadeiras viradas para a parede da câmara fúnebre e aguardaram que o espetáculo começasse. Houve discursos — Carnarvon, ao que dizem, falou bem, Carter nem por isso — e a seguir, postando-se numa plataforma de madeira, Carter despiu-se até ficar em calças e colete e pegou numa picareta. Era um trabalho árduo, afogueante e poeirento. A parede tinha sido construída com substanciais blocos de pedra que tinham de ser passados de Carter para Mace e Callender, e seguidamente ao longo de uma fileira de trabalhadores até serem empilhados do lado de fora do túmulo. Ao fim de cerca de quinze minutos, havia um buraco suficientemente grande para se inserir um archote; isso revelou uma parede de ouro sólido. Pouco depois, Carter conseguiu enfiar um colchão pelo buraco, para proteger essa parede das pedras que caíssem. Ao fim de duas horas, a equipa conseguiu passar pelo buraco e descer para a Câmara Fúnebre, que fora talhada mais abaixo da Antecâmara.

A «parede de ouro» era, como Carter e Carnarvon já sabiam, o painel lateral do mais exterior dos quatro relicários dourados e concêntricos de Tutankamon. No lado oriental do relicário, havia portas duplas, que estavam fechadas e trancadas, mas não seladas. Carter retirou-lhes os cadeados de ébano e abriu essas portas, vindo a revelar um segundo relicário dourado, envolto num delicado pálio de linho enfeitado com rosetas. Mais uma vez, as portas desse relicário estavam trancadas, mas desta vez os selos — o selo da necrópole e o selo do próprio Tutankamon — estavam intactos. Pela primeira vez, o mundo podia ter a certeza de que os antigos salteadores não haviam chegado ao corpo do rei. A demanda por Tutankamon tinha chegado ao fim.

Seguir-se-iam anos de árduo labor físico. A tampa do sarcófago foi levantada, perante uma audiência de convidados, em 12 de fevereiro de 1924. Mace, que ajudou Carter a retirar a delicada mortalha de linho que cobria o caixão mais exterior, recordou um audível soluço da audiência quando foi revelada a cabeça do caixão antropoide.[202] A tampa do caixão mais exterior foi levantada em 13 de outubro de 1925, o caixão intermédio foi aberto em 23 de outubro de 1925, e o caixão mais interior foi aberto em 28 de outubro de 1925, num momento que Carter achou assaz comovente:

> Removidos os pinos, a tampa foi levantada. A penúltima cena ficou à vista — uma múmia muito bem embrulhada do jovem rei, com a máscara dourada de uma triste mas tranquila expressão, simbolizando Osíris. A figura do jovem Tut.Ankh.Amen, até agora somente conhecido pelo nome, no meio daquele sepulcral silêncio, fez-nos entender o passado.[203]

Em 31 de dezembro de 1925, o caixão mais interior e a máscara funerária foram enviados para o Cairo em comboio, escoltados por Carter, Lucas e um guarda armado. As atenções voltaram-se depois para o desimpedimento do Tesouro e do Anexo. O derradeiro artefacto foi removido do túmulo em novembro de 1930, até restar apenas o rei sepultado, ainda deitado no seu sarcófago, mas agora despojado dos seus objetos fúnebres. O trabalho de conservação continuou no túmulo de Seti II e foi somente em fevereiro de 1932, quase dez anos após a descoberta da sepultura, que o último lote de objetos fúnebres foi enviado para o Cairo.

Howard Carter morreu de linfoma de Hodgkin em 2 de março de 1939. O funeral foi singelo, e sem grande assistência; a sua sepultura, no Cemitério de Putney Vale, foi encimada por uma simples lápide celebrando «Howard Carter, Arqueólogo e Egiptólogo, 1874–1939». Hoje em dia, graças a uma campanha liderada pelo arqueólogo Paul Bahn, a sepultura ostenta uma lápide tumular mais esplêndida, dedicada a «Howard Carter, Egiptólogo, Descobridor do túmulo de Tutankamon em 1922. Nasceu em 9 de maio de 1874. Morreu em 2 de março de 1939». A lápide tem inscrita uma forma abreviada da oração da «taça dos desejos» de Tutankamon:

> Que teu espírito viva, que tu despendas milhões de anos, tu que amas Tebas, sentado com teu rosto para o vento norte, teus olhos contemplando a felicidade.

Ao longo dos anos, desde a sua descoberta, o túmulo de Tutankamon manteve facilmente a sua posição como um dos destinos turísticos mais populares do Egito. Essa popularidade trouxe a Luxor um rendimento que era muito necessário, mas causou sérios problemas de conservação para as paredes pintadas e engessadas da Câmara Fúnebre. Enquanto esteve enterrada por baixo do solo do Vale, a sepultura conservou um ambiente estático. A exposição do túmulo, seguida pelo influxo de grandes quantidades de turistas, causou flutuações de temperatura, introduziu dióxido de carbono, pó e cotão, e aumentou os níveis de humidade relativa até 95%. Outros problemas foram causados pelos visitantes — e em mais de uma ocasião por equipas televisivas — a roçarem e a tocarem deliberadamente nas paredes engessadas; esse problema mecânico foi resolvido com a simples, mas eficaz, medida de exigir aos visitantes que se mantenham atrás de uma barreira de madeira que lhes permite olhar para a Câmara Fúnebre a partir da Antecâmara mais acima. Em 2009, trabalhando em conjunto com o American Getty Conservation Institute, o Supremo Conselho de Antiguidades do Egito embarcou num projeto de conservação e gestão por cinco anos, destinado a restaurar as paredes da Câmara Fúnebre para o estado em que elas estavam — incluindo as curiosas manchas castanhas de bolor — quando Carter entrou pela primeira vez na Câmara.[204]

Em 2014, foi inaugurada uma réplica exata da Câmara Fúnebre de Tutankamon perto da restaurada casa de Carter em Luxor. Espera-se que esta experiência alternativa de alta qualidade para os visitantes venha a reduzir consideravelmente a quantidade de pessoas que visitam o túmulo genuíno, ao qual ainda se pode aceder com bilhetes a um preço bastante mais elevado. Até agora as reações dos visitantes foram sobretudo positivas. Antes de criarem a réplica do túmulo, os especialistas em replicação de arte da Factum Arte, baseados em Madrid, tiraram uma série de fotografias pormenorizadas em alta resolução e digitalizaram as paredes da Câmara Fúnebre original. Essas imagens foram publicadas em linha em 2011, «para ajudar os conservadores e os visitantes a acompanharem e perceberem a decadência do túmulo».[205]

Examinando tais imagens, e observando o que pareciam ser irregularidades nas paredes, Nicholas Reeves identificou o que ele acredita serem duas portas seladas escondidas por baixo do gesso: uma conduzindo a uma arrecadação, e a outra a uma sepultura anterior, que ele identificou como sendo a de Nefertiti, que ele julga ter sido corregente com um eventual sucessor de Akhenaton.[206] Na sua teoria, a rainha Nefertiti teria sido sepultada pelo seu sucessor, Tutankamon, e depois, quando Tutankamon morreu antes de o seu próprio túmulo estar terminado, o túmulo dela teria sido reaberto e reconfigurado para admitir o funeral de Tutankamon. Os antigos salteadores que atacaram a sepultura de Tutankamon não estariam cientes da presença de Nefertiti, ou não tiveram tempo suficiente para aceder à parte do túmulo dela.

Embora os meios de comunicação tenham respondido a essa teoria com grande entusiasmo e documentários ocasionais, poucos egiptólogos aceitaram a teoria de Reeves em pleno. Não seria surpreendente encontrar portas «sombra» — portas que tinham sido encetadas, mas nunca terminadas — escondidas sob o gesso da Câmara Fúnebre de Tutankamon. Uma porta inacabada semelhante é muito evidente como «nicho» na parede do vizinho KV55. Mas deduzir que Nefertiti jaz rodeada de objetos fúnebres por trás de uma dessas portas parece ir longe de mais. Embora isso explicasse porque é que Tutankamon foi sepultado num túmulo tão pequeno, a teoria do túmulo partilhado leva-nos a perguntar porque é que, se ele tinha de partilhar um túmulo, não foi levado para a muito mais espaçosa sepultura do avô, Amenotep III (WV22)? Ou porque não foi o vizinho túmulo-oficina KV55 esvaziado e remodelado para o funeral? Mais importante ainda, a teoria de Reeves convida-nos a aceitar que Nefertiti governou o Egito como rainha independente e, como já vimos, não existe qualquer prova que mostre ser esse o caso.

Este problema seria bastante fácil de resolver se o gesso pudesse ser retirado das paredes da Câmara Fúnebre, mas, como é evidente, tal nunca irá acontecer. Em vez disso, ficamos a aguardar novas e ainda mais detalhadas digitalizações que possam vir esclarecer a situação. Parece apropriado deixar a última palavra nesta matéria para o doutor Reeves:

> Se eu estou errado, estou errado. Mas se estiver certo, as expectativas são avassaladoras. O mundo ter-se-á tornado um lugar muito mais interessante — pelo menos para os egiptólogos.[207]

8

A HISTÓRIA DO JORNALISTA:
A MALDIÇÃO DE TUTANKAMON

O jornalista e ativista político Fikri Abaza reflete sobre Tutankamon:

> Meu jovem rei, vão transportar-te para o museu e seguidamente instalar-te nos barracões de Qasr al-Nil para somar o insulto à injúria? Para que, meu rei livre, tu possas olhar para o teu país ocupado? Para que possas ver o teu povo escravizado? Para que possas saber que aqueles que roubaram tua sepultura escavam agora uma outra para a tua nação?[208]

Logo que o KV62 foi reconhecido como o túmulo substancialmente intacto de um rei egípcio, multidões de egiptólogos, de jornalistas e de turistas — tanto egípcios como estrangeiros — desceram em Luxor. Era tal a procura de alojamento que os hotéis foram obrigados a montar tendas nos jardins para acomodarem o excedente. Quando, em 1924, o Museu de Berlim pôs em exibição uma cabeça da rainha Nefertiti nunca antes vista, o interesse pelo Período de Amarna subiu a pique, e as multidões à volta do túmulo de Tutankamon aumentaram. A «egiptomania» ocidental não era um fenómeno novo: os romanos tinham ficado tão fascinados pelo Antigo Egito que importaram obeliscos genuínos para decorarem Roma, e a publicação da *Descrição* havia inspirado artistas, arquitetos e desenhadores a criarem as suas próprias versões do estilo do Nilo. Mas esta era a primeira vez que o Antigo Egito entrara nas vidas das pessoas vulgares através de reportagens e de fotografias em jornais de circulação massiva, de reportagens radiofónicas e até da ocasional bobina de filme exibida no cinema. Efetivamente, o túmulo estava a ser esvaziado perante uma audiência ocidental fascinada: uma audiência que, após os lúgubres anos da Grande Guerra, ansiava ser distraída por mistérios exóticos, religiões estranhas e coisas deslumbrantes.[209]

A egiptomania experimentada no próprio Egito era diferente e mais intensa: inspirada por uma crescente saudade dos dias gloriosos em que o Egito era livre e grandemente admirado, a egiptologia passou de disciplina académica a tema de relevância para artistas e escritores egípcios, que começavam a encarar o Antigo Egito como a raiz da moderna identidade egípcia. A reemergência de Tutankamon foi um paralelo da reemergência de um Egito independente.[210]

A Lei Otomana das Antiguidades de 1884 especificava que um escavador tinha direito a uma proporção substancial de quaisquer artefactos descobertos durante uma campanha. No final de cada temporada de escavação (uma temporada decorria normalmente entre o outono e a primavera, para que o trabalho físico mais pesado ocorresse durante os meses mais frescos), os «achados» seriam divididos e uma parte enviada para o Cairo, onde seriam exibidos no museu, ou, como muitas vezes acontecia, relegados para as caves. Os restantes seriam dados ao escavador, para ele fazer o que quisesse. A maioria usava o seu quinhão dos achados para recompensar os patrocinadores que lhes haviam financiado o trabalho de campo, pelo que, efetivamente, o trabalho de campo se financiava a si próprio. Esta lei foi gradualmente atualizada ao longo dos anos, de modo que hoje em dia tudo o que for encontrado numa escavação continua a ser propriedade do estado egípcio e nada — nem sequer uma amostra de solo ou um caco de louça quebrada — pode ser exportado ou vendido. Mas em 1922 o lorde Carnarvon esperava lucrar consideravelmente com a descoberta do túmulo de Tutankamon.

No entanto, com Howard Carter a insistir em que o túmulo devia ser esvaziado lenta e metodicamente, e com o Serviço de Antiguidades a concordar em pleno com isso, era provável que passassem muitos anos até que Carnarvon pudesse reclamar toda a sua parte dos objetos fúnebres; mas, entretanto, ele estava obrigado a pagar os salários de todos os envolvidos na limpeza do túmulo e na conservação dos seus artefactos. Por conseguinte deve ter-lhe parecido uma manobra prudente quando, em janeiro de 1923, ele vendeu os direitos exclusivos ao túmulo e ao seu conteúdo ao jornal *Times* e à revista *Illustrated London News.* A soma de 5 mil libras mais um adicional de setenta e cinco por cento sobre todos os lucros acima dessa quantia que o *Times* pudesse gerar vendendo informação e imagens cobriria facilmente os custos do trabalho de campo.

Agora, o repórter do *Times* Arthur Menron seria o único jornalista autorizado no interior do túmulo e, num acordo alcançado sem consultar o Metropolitan Museum of Art, o empregador que havia «emprestado» generosamente Harry Burton à equipa de escavação, o jornal seria autorizado a publicar as fotografias de panorama de Burton.

A Expedição Britânica ao Monte Evereste em 1921 tinha feito um acordo semelhante com o *The Times*, e tudo havia corrido bem. Mas Luxor não era o remoto Evereste, e os acontecimentos no Vale dos Reis não podiam ser mantidos ocultos. O negócio foi altamente impopular junto da imprensa ocidental, que achava que a história de Tutankamon pertencia a todos. Foi ainda mais impopular junto dos jornalistas egípcios, que, muito naturalmente, julgavam que a história de Tutankamon pertencia ao Egito.

Tutankamon emergira da sua sepultura numa época de crescente nacionalismo, com Sa'ad Zaghloul e o seu partido Wafd a desafiarem os anos de domínio britânico que se haviam seguido aos séculos de governação otomana. Em fevereiro de 1922, o Egito tornara-se um reino semi-independente governado por Fuad, o filho mais novo do quediva Ismail, com a Grã-Bretanha a reter o controlo da defesa, das comunicações e do Sudão. Em 1924, no seguimento das primeiras eleições no Egito, Zaghloul tornar-se-ia primeiro-ministro e a arqueologia passaria a ser responsabilidade de um governo egípcio que via em Tutankamon um símbolo da nova autonomia do país. O Serviço de Antiguidades continuava a ser dirigido por um francês, Pierre Lacau, mas o politicamente astuto Lacau já não estava disposto a ser visto agradando aos escavadores estrangeiros naquilo que muitos começavam a considerar ser a exploração do património do Egito. Porque é que os jornalistas do Egito haviam de descobrir o que estava a acontecer no Vale dos Reis lendo o *The Times*?[211]

Carnarvon — já rico para além do que a maioria das pessoas conseguiria imaginar — era visto simultaneamente como ganancioso e inescrupuloso, um homem disposto a lucrar à custa do Egito. As opiniões de Carter sobre o acordo não ficaram registadas, mas como ele prosseguiu o acordo após a morte de Carnarvon, podemos assumir que estava razoavelmente satisfeito com ele. A sua tentativa para compor as coisas oferecendo aos jornalistas egípcios o mesmo comunicado de imprensa que ao *The Times*, mas doze horas mais tarde, não foi bem recebida, e os jornalistas exigiram que o governo parasse aquilo que parecia ser um injustificável monopólio ocidental. Entretanto, os poucos egiptólogos profissionais do Egito viram-se excluídos do mais importante acontecimento arqueológico das suas vidas. Isso estava longe de ser aceitável, e obteve uma resposta furiosa junto do público egípcio. No início da temporada de escavação 1923–1924, os jornalistas fizeram uma reclamação oficial sobre o negócio do *Times* ao Ministério das Obras Públicas, que agora planeava emitir os seus próprios boletins de imprensa sobre os acontecimentos no túmulo.

Deste ponto em diante, enquanto o *The Times* proporcionava relatos incentivadores e exatos dos acontecimentos dentro do túmulo, outros jornais, aos quais fora negada qualquer forma de história oficial, imprimiam uma mistura de verdade (obtida a partir do *The Times*), especulação por autodesignados «especialistas» e ocasional desinformação deliberadamente fornecida pela equipa de escavação. O tom geral desses relatos não era incentivador. Foi nesta atmosfera de raiva e de desconfiança que nasceu a história da «maldição de Tutankamon». A maldição é um fenómeno inteiramente moderno, que não desempenhou qualquer papel na história da vida e da morte de Tutankamon. No entanto, para muitos não-especialistas, ela tornou-se a história que define Tutankamon, e por isso merece ser contada — ainda que brevemente.

Entre os muitos jornalistas furiosos incluía-se Arthur Weigall, que havíamos encontrado pela última vez no seu antigo papel de inspetor de Antiguidades para o sul do Egito.[212] Weigall tinha deixado o Egito em 1914, retirando-se para Inglaterra onde se tornou um bem-sucedido cenógrafo, jornalista e autor. Com a descoberta do túmulo de Tutankamon ele regressou a Luxor como correspondente especial do *Daily Mail*, esperando ser acolhido pelos seus antigos colegas e convidado a ir ao túmulo. Quando se tornou evidente que isso não iria acontecer, começou a publicar persuasivas denúncias do muito óbvio monopólio de Carnarvon sobre um dos maiores bens mundiais. Sendo um reconhecido especialista em Amarna — o seu livro de 1910 *A Vida e Época de Akhenaton¸ Faraó do Egito* fora um sucesso de vendas — as suas opiniões tinham um grande peso junto dos leitores.

O túmulo era a principal atração turística de Luxor. Embora fosse verdade que havia pouco para ver, uma manhã passada sentado junto ao muro que rodeava a sepultura poderia ser recompensada com o vislumbre de algum artefacto embrulhado a ser escoltado para o túmulo de conservação. Poderia até ser possível subornar os trabalhadores para revelarem informação acerca dos objetos fúnebres: foi presumivelmente assim que começaram os boatos acerca de oito múmias e de uma enorme estátua de um gato. Muitos, julgando serem pessoas importantes, tentaram ultrapassar o muro e entrar no túmulo. Embora muitas pessoas fossem rejeitadas, outras — políticos, amigos de políticos, realeza, amigos da realeza, colegas e amigos e familiares da equipa — eram admitidas às terças-feiras, o dia em que não se trabalhava dentro do túmulo. A lista de distintos visitantes era impressionante — o comandante do exército egípcio e governador do Sudão, *Sir* Lee Stack; o governador da província de Qena, Abd al-Aziz Yahya; o diretor do Serviço de Antiguidades Indiano, *Sir* John Marshall; Sultana Malek, a cunhada enviuvada do rei Fuad; a rainha Elizabete dos belgas —, mas tais visitas eram temidas pela equipa, que pretendia simplesmente prosseguir o seu trabalho.

Também havia planos em progresso para transformar Tutankamon numa atração turística fora do Egito. Em 23 de abril de 1924, o rei George e a rainha Mary iriam inaugurar a Exposição do Império Britânico em Wembley. Uma das principais atrações era a recriação do «Túmulo de Tut-Ankh-Amen». A entrada custava um xelim e três dinheiros, ou oito dinheiros para as crianças, e por esse preço o visitante podia experimentar o mais famoso sítio arqueológico do mundo.[213] As réplicas dos objetos fúnebres incluíam o sarcófago, mas não, evidentemente, os caixões ou a múmia, uma vez que estes ainda não tinham sido descobertos. Os artefactos eram réplicas extremamente boas; os hieróglifos cópias tão fiéis que podiam ser lidas pelos linguistas. Tinham sido criadas para a exposição por uma equipa de artífices ao serviço dos Srs. William Aumonier e Filhos, e Weigall fora contratado como consultor em egiptologia. Carter não ficou contente. Assumindo que as réplicas se baseavam em planos e fotografias patenteados, tentou impedir a exposição. Como relatou o *Daily Express*: «A Bomba do Sr. Carter em Wembley — tentativa de encerrar o túmulo do faraó — apresentada intimação — réplica é considerada uma infração.» Só desistiu do seu caso quando recebeu garantias de que a informação tinha vindo das muitas fotografias não patenteadas feitas por Weigall e outros.

De regresso ao Egito, a equipa sentia-se fatigada e frustrada. Quando o impensável aconteceu e Carnarvon e Carter começaram a discutir, tornou-se evidente que todos eles precisavam de uma pausa. Por isso, em fevereiro de 1923 o túmulo foi encerrado, os laboratórios foram fechados e a equipa dispersou-se para umas férias bem merecidas. Enquanto Carter se retirou para a sua casa em Luxor, Carnarvon e *Lady* Evelyn vogaram para sul a fim de desfrutarem de alguns dias de repouso e relaxamento em Assuão. Aí, Carnarvon foi mordido na face esquerda por um mosquito. Pouco tempo após o seu regresso a Luxor, cortou a crosta da picada enquanto se barbeava. A ferida infetou e Carnarvon começou a sentir-se mal. Viajou até ao Cairo para discutir a divisão dos achados com o Serviço de Antiguidades, mas o seu estado deteriorou-se rapidamente. A septicemia instalou-se, e seguiu-se a pneumonia. À 1h45 de 5 de abril de 1923 Carnarvon morreu, e com ele morreu a concessão para escavar no Vale dos Reis. Esta teria sido uma altura ideal para o Serviço de Antiguidades se apoderar do esvaziamento do túmulo, mas o Serviço não dispunha de fundos para completar a obra, ao passo que os herdeiros do espólio de Carnarvon estavam relutantes em abandonar o projeto inteiramente, uma vez que ainda eram detentores de interesses nos objetos fúnebres. Foi, portanto, alcançado um acordo em que *Lady* Carnarvon concluiria o trabalho do marido, mas não conduziria mais escavações no Vale.

O testamento do lorde Carnarvon legava a sua coleção privada de antiguidades à esposa, Almina. Quando, em 1926, ela vendeu a coleção ao Metropolitan Museum of Art, em Nova Iorque, foi pedido a Carter que arrolasse e embalasse os artefactos. Ele listou 1218 objetos, ou grupos de objetos, e acrescentou que «Deixei em Highclere algumas antiguidades pouco importantes que não pertencem à série acima».[214] Essa coleção — esquecida até 1987 — incluía objetos datados do Reino Médio até ao Período Ptolemaico. Nenhuma dessas peças tem qualquer conexão com Tutankamon, e todas foram obtidas legalmente. As circunstâncias da sua redescoberta, porém, levaram à especulação de que Carnarvon guardara objetos do túmulo de Tutankamon.

A imprensa pode ter visto frustradas as tentativas de relatar os acontecimentos no interior do túmulo, mas não podia ser impedida de escrever acerca da súbita doença e morte de um conde britânico. Embora os egiptólogos profissionais como um todo não se dispusessem a falar à imprensa, as reportagens eram salpicadas com «factos» obtidos junto de celebridades que o público aceitava como autoridades acerca do Antigo Egito. Esses peritos — todos autores de histórias populares de múmias, todos ávidos de darem as suas opiniões — incluíam *Sir* Arthur Conan Doyle (autor de *O Anel de Tot*, com temática egípcia, 1890, e *Lote N.º 249*, 1892), e um reconhecido crente no sobrenatural), *Sir* Henry Ridder Haggard (*Ela*, 1887, *Cleópatra*, 1889, e *Smith e os Faraós*, 1910), e Marie Corelli, autora de uma série de histórias góticas imensamente populares.

Em 24 de março de 1923, o *Daily Express* relatara as preocupações de Corelli:

> Não posso deixar de pensar que se correm alguns riscos quando se arromba o último repouso de um rei do Egito, cujo túmulo está guardado de uma forma especial e solene, e ele é despojado de todas as suas posses. Segundo um livro raro que está na minha posse, e que não está no British Museum, intitulado *A História Egípcia das Pirâmides* (traduzido do árabe original por Vortier, professor de árabe de Luís XVI de França), o mais medonho castigo persegue todo o intruso temerário que penetre num túmulo selado. Este livro oferece longas e elaboradas listas de «tesouros» enterrados com vários dos reis, e entre eles estão designados «diversos venenos secretos fechados em caixas com tal engenho que aqueles que lhes tocam nem saberão como virão a sofrer». É por isso que eu pergunto: «Terá sido uma picada de mosquito que infetou tão seriamente o lorde Carnarvon?»

Corelli não foi a única clarividente a preocupar-se com o insensível comportamento de Carnarvon. Também Weigall foi amplamente creditado por ter previsto a morte dele. Ao observar a boa disposição do conde quando este entrou no túmulo para a abertura da Câmara Fúnebre, aparentemente comentara: «Se ele vai lá baixo com esse espírito, dou-lhe seis semanas de vida.»[215] Em contrapartida, os escritos do próprio Weigall negam especificamente a existência de qualquer maldição no interior do túmulo:

> Milhões de pessoas em todo o mundo têm perguntado a si mesmas se a morte do escavador deste túmulo se deveu a alguma influência malévola que tenha advindo dele, e espalhou-se a história de que existia uma maldição específica escrita na parede do real sepulcro. No entanto, não é esse o caso.[216]

Os boatos espalham-se como lume em palha seca. No próprio momento da morte de Carnarvon, ou assim se contava então, todas as luzes do Cairo se apagaram misteriosamente, enquanto, em Highclere, a adorada cadela de Carnarvon, Susie, uivava e morria.[217] Em breve, era amplamente aceite que uma maldição — «a morte vem em asas velozes a quem tocar no túmulo do faraó» — estava gravada por cima da entrada do túmulo de Tutankamon, ou gravada por cima da entrada para a Câmara Fúnebre, ou inscrita numa placa de barro que tinha sido encontrada na Antecâmara ou na Câmara Fúnebre. O facto de não existir qualquer vestígio de uma tal maldição era facilmente explicado por uma elaborada teoria da conspiração que se destinava a tranquilizar os trabalhadores egípcios:

> Nem Carter nem Gardiner [o linguista *Sir* Alan Gardiner] nem nenhum dos outros eruditos presentes receou a maldição nessa altura ou a levou a sério. Mas preocupava-os que os trabalhadores egípcios assim fizessem, e uma vez que estavam dependentes dos auxiliares nativos, a referência à placa de barro foi eliminada do registo escrito da descoberta do túmulo. Até a própria placa desapareceu da coleção de artefactos — mas não da memória daqueles que a leram.[218]

Uma segunda maldição estava aparentemente escrita nas costas de uma estátua descoberta na câmara principal do túmulo:

> Sou eu que faço recuar os ladrões do túmulo com as chamas do deserto. Eu sou o protetor da sepultura de Tutankamon.[219]

Isto é uma versão truncada de uma inscrição genuína descoberta à entrada do Tesouro. Um pequeno archote de juncos, impregnado de resina de pinheiro, recebera uma faixa dourada e fora montado num pedestal de cerâmica onde estava inscrito o Encantamento 151 do *Livro dos Mortos,* destinado a proteger o corpo do rei na tenda de embalsamamento enquanto ele é preparado para o enterro e para se transformar em Osíris (n.º 263):

> Eu sou aquele que prende a areia no muro da câmara secreta,
> O combatente ativo que o repele para a chama do deserto,
> Eu lancei fogo ao deserto, eu fiz desviar os caminhos,
> Eu sou o protetor de Osíris [o falecido].[220]

Muitos viriam a acreditar que a última linha da inscrição, «[…] Eu visitarei todos os que cruzarem este limiar do sagrado local do rei que vive para sempre», tinha sido apagada por Carter para, mais uma vez, proteger a mão de obra local.

A posição do próprio Carter foi clara. Não havia nenhuma maldição antiga, e Tutankamon não fora capaz de utilizar um conhecimento científico superior — «raios» científicos, nem micróbios, ou algo semelhante — para armadilhar de alguma forma o seu túmulo:

> Não é minha intenção repetir as ridículas histórias que têm sido inventadas acerca dos perigos que se acoitam em emboscada, por assim dizer, dentro do Túmulo, para destruir o intruso [...]. Mas existe um outro lado mais sério para esta questão que requer um protesto. Foi afirmado em diversos locais que havia autênticos perigos físicos escondidos no túmulo de Tuta-ankh-Amen — forças misteriosas, ativadas por algum poder maléfico, para se vingarem de quem se atrevesse a ultrapassar os seus portais. Não havia provavelmente nenhum lugar no mundo mais isento de riscos do que o Túmulo. A investigação científica provou que estava esterilizado. Quaisquer germes alheios que lá possam estar hoje em dia foram introduzidos a partir do exterior, e, contudo, pessoas perniciosas atribuíram muitas mortes, doenças e desastres a alegadas influências misteriosas e nocivas no interior do Túmulo. Declarações falsas e imperdoáveis desta natureza foram publicadas e repetidas em diversos locais com uma espécie de maliciosa satisfação. É deveras difícil falar desta forma de calúnia «fantasma» com calma. Se ela não é efetivamente difamatória aponta nessa desprezível direção, e todas as pessoas sãs deveriam rejeitar tais invenções com desdém. No que diz respeito aos vivos, as maldições desta natureza não têm qualquer parte no ritual egípcio.[221]

Esta firme tomada de posição contra o paranormal é, porém, algo contrariada pela sua história «O Túmulo do Pássaro»: uma história que fez muito para reforçar a ideia de que o túmulo de Tutankamon estava sob proteção sobrenatural.[222] Tendo começado por informar os seus leitores de que «Têm andado a circular muitos relatos inexatos do incidente e eu julguei que valeria a pena publicar [...] a seguinte descrição da morte do meu canário», ele passa a explicar como, no início da escavação de 1922, era o orgulhoso proprietário de um pássaro engaiolado que cantava lindamente todos os dias. Os trabalhadores julgavam que o pássaro era um bom agoiro e, evidentemente, os degraus que conduziam ao túmulo de Tutankamon não tardaram a ser descobertos. A passagem já tinha sido desimpedida e a segunda porta revelada quando uma cobra se enfiou dentro da gaiola e silenciou o canário para sempre. Sendo um cientista formado e incapaz de aceitar a ideia de uma intervenção sobrenatural, Carter culpou mais uma vez os seus trabalhadores por espalharem boatos sobre espíritos malévolos:

> [Os trabalhadores] viram na morte do pássaro um portento de mau agoiro apesar dos tesouros que se espalhavam diante deles. O que é que aquilo ameaçava? Teria o Jin que havia protegido o túmulo durante três mil anos ficado enraivecido e hostil? «Poderá o mau agoiro andar longe?» murmuravam eles.

Os trabalhadores não foram os únicos a interpretar isso como um mau agoiro. Como toda a gente sabia, os reis do Egito estavam protegidos pela serpente ureu: a feroz cobra cuspidora de fogo que se erguia sobre a testa. Decerto que o aparecimento de uma cobra neste preciso momento teria sido mais do que uma coincidência? Uma descrição elementar do mesmo acontecimento, contada numa carta privada escrita por Herbert Winlock, confirma a essência da história embora a despoje de qualquer significado oculto.[223] Carter tinha de facto uma ave canora muito admirada, que ele mantinha dentro de uma gaiola em sua casa. Enquanto Carter estava fora de casa, Arthur Callender encontrou uma cobra dentro da gaiola «no preciso ato de engolir o canário».

Weigall incluiu a história do canário de Carter no seu volume *Tutankamon e Outros Ensaios*, publicado em 1923. O que não é surpreendente: em 1923 os egiptólogos sabiam muito pouco acerca da vida e da morte de Tutankamon, e a sinistra história ajudava a tornar mais espesso aquele que de outra forma seria um livro bastante delgado, e atraía leitores ávidos de lerem sobre o que acontecia com o oculto. O mundo ocidental andava há anos a ler ficção baseada nas múmias, que acentuava a poderosa natureza da antiga magia egípcia: agora essa ficção estava rapidamente a tornar-se facto. Weigall avançou depois para a história igualmente sinistra de Carnarvon e da gata mumificada (em que a múmia de uma gata aparentemente volta à vida), para a história da candeia de barro (uma candeia que traz má sorte a todos os que a possuam), e para a história da malévola múmia do British Museum (um sarcófago em vez de uma múmia, que, como o título da história indica, também traz má sorte). Ao longo do seu escrito ele provoca os seus leitores com histórias de acontecimentos sobrenaturais que também poderiam ser explicados de uma maneira racional, e, ao fazê-lo, continua a lenda da maldição de Tutankamon, até finalmente, e num tom ameno, negar a existência desta:

> O grande número de visitantes do Egito e de pessoas interessadas em antiguidades egípcias que acreditam na malevolência dos espíritos dos faraós e dos seus falecidos súbditos causa-me sempre um grande espanto, em vista do facto de entre todos os povos antigos os egípcios serem os mais amáveis, e, para mim, os mais adoráveis [...]. Deixarei por conseguinte ao gosto dos leitores encontrar uma explicação para os incidentes que aqui irei relatar.[224]

Quando Weigall morreu, em 2 de janeiro de 1934, com apenas cinquenta e três anos de idade, o *Daily Mail* usou o título: «Morte do Sr. A. Weigall, Recordada a Maldição de Tut-Ankh-Amen».

Inicialmente confinada aos que haviam assistido à abertura do túmulo, a maldição depressa se torna uma ameaça para todos os que pudessem supostamente ter alguma relação com a sepultura, ou mais geralmente com Tutankamon, ou, em certos casos, com o Egito. Até de Jean-François Champollion (1790–1832), cuja decifração dos hieróglifos ocorreu um século antes da descoberta do túmulo de Tutankamon, se disse ter sido morto por uma poderosa maldição antiga. Em 1934, Herbert Winlock, frustrado pelo constante falatório sobre morte sobrenatural, coligiu informação sobre aqueles que considerava mais vulneráveis à maldição.[225] Isso mostrou que das vinte e seis pessoas presentes na abertura do túmulo, apenas seis faleceram dentro de uma década; das vinte e duas pessoas presentes na abertura do sarcófago, duas morreram dentro de uma década; e das dez pessoas presentes na autópsia de Tutankamon, nenhuma morreu dentro de uma década. Tendo morrido aos sessenta e quatro anos, Carter conseguiu sobreviver a Carnarvon durante dezasseis anos. *Lady* Evelyn, que seguiu o seu pai até ao interior da Câmara Fúnebre e estava com ele quando foi mordido pelo fatal mosquito, morreu em 1980 com setenta e oito anos. Se Tutankamon amaldiçoou de facto todos os que violaram o túmulo, apenas podemos assumir que os seus poderes sobrenaturais eram notavelmente ineficazes.

9

A HISTÓRIA DO AGUADEIRO:
VENDO TUTANKAMON POR OUTROS OLHOS

O egiptólogo e conservador de museu I. E. S. Edwards, organizador da exposição *Tesouros de Tutankamon* no British Museum em 1972, repensa a descoberta do túmulo:

> Eu costumava pensar em tempos que talvez tivéssemos alguma pretensão especial a fazer a exposição, porque o túmulo tinha sido descoberto por um arqueólogo britânico, mas Magdi Wahba [diretor das Relações Exteriores, Ministério da Cultura] não tardou a desiludir-me. Ele disse-me que não era assim que o egípcio comum via o assunto. Os britânicos tinham sido autorizados a escavar naquele que sempre prometera ser um dos locais mais ricos do Egito. Tinham feito essa maravilhosa descoberta graças à generosidade dos egípcios, que lhes permitiram escavar ali, o que era recompensa suficiente em si mesma.[226]

Em vida, Tutankamon tinha estado rodeado por reais mulheres. Na morte, era apoiado por deusas poderosas. Na ressurreição, foi escavado por homens ocidentais. Já nos familiarizámos com o núcleo da equipa responsável pelo esvaziamento do túmulo de Tutankamon: o patrão, lorde Carnarvon, o arqueólogo Howard Carter, o conservador Arthur Mace, o engenheiro Arthur Callender, o químico Alfred Lucas e, evidentemente, o fotógrafo Harry Burton. O Serviço de Antiguidades egípcio estava representado pelo diretor, o francês Pierre Lacau, e pelo inspetor-chefe de Antiguidades para o sul do Egito (o antigo emprego de Carter), um inglês, Rex Engelbach. Os inspetores regionais nomeados para trabalharem diretamente com a equipa eram Ibrahim Habib,

Mohamed Shabam e um inspetor simplesmente referido como Abbadir *effendi.*

Como poderíamos esperar na viragem do século passado, não havia nenhuma mulher admitida neste seleto grupo, e as esposas ou filhas que acompanhassem os seus maridos e pais até Luxor deviam ocupar-se com atividades femininas longe do Vale. *Lady* Evelyn Herbert, a filha do lorde Carnarvon, funcionava como hospedeira dos visitantes de alto nível e surgia em várias fotografias publicitárias, mas não desempenhou qualquer papel na escavação ou no esvaziamento do túmulo. Minnie Burton, a esposa de Harry, manteve um diário entre 4 de maio de 1922 e 20 de outubro de 1926, que nos permite compreender as limitadas rotinas da sua vida quotidiana — uma constante ronda de compromissos sociais, compras e deveres domésticos — embora ofereça entusiasmantes vislumbres dos acontecimentos ocultos no interior do túmulo:

> 30 de novembro de 1922: Ao Banco de manhã. Depois para o Museu com telegrama do Sr. Carter. Dizendo «Descoberta que ultrapassa os sonhos da avareza». Encontrei *Mme.* De Cramer. Sr. & Sra. & *Lady* Laird-Clowes ao chá. Seguidamente telefonar aos Garrys. Sr. & Sra. Grant lá. Noite Caledónia & grande festa com os Allans. *Lady* Bernard acamada com resfriado.
>
> 19 de dezembro de 1922: Pintar a minha mobília de manhã & à tarde. Sr. Carter mandou-me vir buscar no burro dele para ir até lá & ver «o» Túmulo Tutankamon. Maravilhoso. Sr. Callendar lá & mais tarde Dr. & Sra. Breasted & a menina. Subimos o monte de ambos os lados. Sr. Hauser & Hall regressaram de Assuão. Sras. W. & F. ao chá.
>
> 24 de janeiro de 1923: Fui até ao Túmulo dos Reis de manhã para ver o Leito sair de lá. Harry com «filme», & eu fiz alguns instantâneos. Multidões de gente. Os Wilsons, Sr. Weigall, Sr. Engelbach, menina Forbes-Smith, Sra. Murray Graham, Sr. Allan etc. Voltei para o carro com Sr. Hauser & Sr. Hall. Muito calor. Menina Hayward ao almoço. Sr. Carter ao jantar. No n.º 15 de manhã & vi a luva, & as sandálias reconstruídas.

Embora nenhuma mulher detivesse um cargo oficial na equipa de escavação, elas não estavam impedidas de prestar assistência na conservação dos objetos fúnebres se assim o desejassem. As fotografias de Burton mostram Essie Newberry, vice-presidente da Guilda das Bordadoras (e esposa do amigo e mentor de Carter, Percy Newberry), confortavelmente vestida com um vestido vaporoso e um chapéu sensato — em vincado contraste com o fato escuro formal que é usado pelo marido — a trabalhar no restauro do pálio de linho que outrora envolvera o segundo relicário na Câmara Fúnebre (n.º 209). As pesadas rosetas tinham sido cortadas do pano para permitirem a remoção deste da câmara fúnebre, e ela acedera a voltar a cosê-las no mesmo sítio. Mas isto era invulgar, e deixa-nos a pensar se um maior contributo feminino teria resultado numa diferente ênfase sobre os artefactos selecionados para conservação. Isto aplica-se particularmente ao linho, muito do qual se perdeu durante o esvaziamento do túmulo e o desempacotamento da múmia.

Como já vimos, Tutankamon foi sepultado com uma vasta — e altamente dispendiosa — quantidade de linho, que ia desde as suas ligaduras e roupas até aos sudários e mantos que envolviam as figuras funerárias e divinas. A equipa de Carter — desvalorizando irrefletidamente a importância dos têxteis, que eram vistos sobretudo como um interesse feminino — interpretou as ligaduras como uma forma elementar de embalar as múmias, enquanto os sudários e os mantos eram porventura o antigo equivalente a coberturas contra o pó que podiam ser simplesmente descartadas. Essie Newberry, com o seu conhecimento especializado, poderia ter defendido o contrário, reconhecendo tanto a qualidade dos têxteis como, o que é mais importante, a relevância das suas colocações.[227] Trabalhando a partir da Universidade de Manchester, no cerne da indústria britânica do algodão, a egiptóloga Margaret Murray já havia reconhecido a importância das ligaduras das múmias enquanto artefactos, embora não conseguisse reconhecer que essas mesmas ligaduras eram uma parte integral da múmia e não meros envoltórios. Em 1908, as ligaduras removidas durante o desembrulhar dos «Dois Irmãos» foram registadas de acordo com as suas diferentes camadas e a qualidade da tecelagem, tendo algumas amostras comparativas sido lavadas, montadas e enviadas para outras instituições. De forma menos admirável, pedaços das ligaduras também foram oferecidos à audiência que assistiu ao desembrulhar de um dos «Irmãos», Khnum Nakht.[228]

Embora as mulheres perifericamente ligadas à escavação apareçam ocasionalmente nas fotografias, o autoproclamado guarda do túmulo, o sargento interino Richard Adamson, da Polícia Militar, está teimosamente desaparecido do registo fotográfico. No final do século XX, Adamson tornou-se uma figura familiar no circuito das palestras de egiptologia — ele próprio estimava ter proferido umas sem dúvida exageradas mil e quinhentas apresentações — ao proporcionar conferências elucidativas em que pormenorizava os sete anos que passara a guardar o túmulo de Tutankamon. Em 1981, com oitenta anos e remetido a uma cadeira de rodas no seguimento da amputação de ambas as pernas, Adamson regressou a Luxor como o epónimo «Último Sobrevivente», na companhia de um jornalista, John Lawton.[229] O objetivo declarado deles era: «desafiar — e, por conseguinte, provar — a lendária "maldição" do faraó exumado, que alegadamente já reclamou as vidas de quarenta pessoas». O relato publicado da viagem está cheio de reminiscências. Aqui, por exemplo, Lawton regista as memórias de Adamson do dia em que o túmulo foi descoberto. A descrição dele é notavelmente diferente da que ficou registada por Carter. Adamson estava a avançar por um íngreme caminho no Vale dos Reis quando ouviu um grito:

> Atraído pelo frémito de excitação, Adamson começou a descer a íngreme rampa até onde os egípcios haviam desenterrado vários grandes penedos. Mas não vendo nenhuma razão para ficar entusiasmado por causa de uns penedos, o jovem soldado voltou para a sua tenda e os trabalhadores cobriram-nos.
>
> Na manhã seguinte, porém, quando Carter chegou e descobriu que os seus homens não estavam a trabalhar, perguntou a Adamson o que tinha acontecido. «Nada, senhor», respondeu o sargento, «Eles encontraram uns penedos, mas a seguir taparam-nos.» Ao ouvir isso, Carter mandou que destapassem os penedos outra vez e descobriu, ao lado de um deles, um grande degrau de pedra. Em retrospetiva, Adamson diz agora: «Os trabalhadores sabiam que tinham encontrado alguma coisa. Também sabiam que Carter se ia embora e que eles poderiam regressar ali e reclamarem o crédito para si próprios.»

Existem, contudo, grandes problemas com esta história. Adamson não é referido em nenhuma entrada de registo da época, em nenhum diário ou escrito privado e as memórias dele apenas surgiram em 1966, no seguimento da morte da esposa e de membros do núcleo da equipa, o que significava que não havia ninguém vivo que pudesse contradizê-lo. Existem, na verdade, boas provas — incluindo a certidão de casamento e as certidões de nascimento dos seus filhos — que sugerem que ele não estava no Egito nos períodos em que diz. Embora alguns tenham interpretado esta falta de provas como uma conspiração — não existe nenhum registo do destacamento de Adamson para o Vale dos

Reis porque ele era um espião encoberto — os egiptólogos concordam em que Adamson não guardou o túmulo de Tutankamon.[230] A história dele, no entanto, merece ser recontada porque realça o facto de que nem todas as descrições de testemunhas oculares no Vale dos Reis são verdadeiras.

Um relato igualmente não provado, desta vez o da redescoberta do túmulo, é-nos fornecido por um anónimo «aguadeiro».[231] A sua história emergiu durante os anos 1970, num tempo em que uma série de exposições havia reacendido o interesse em Tutankamon. Conta como um rapazinho, tendo ido entregar um cântaro de água aos homens que trabalhavam no Vale dos Reis, fez a sua própria escavação por brincadeira e encontrou um degrau de pedra. Foi a correr informar Carter da descoberta, e o resto era história. Por qualquer motivo — colonialismo, porventura? — Carter excluíra o aguadeiro do registo, do diário e da descrição publicada da descoberta. No entanto, durante a temporada de escavação de 1926–1927, Burton fotografou um rapaz egípcio ostentando um dos elaborados laços de pescoço de Tutankamon (n.º 267g). Muitos anos depois, Hussein el-Rassul, um membro da família que descobriu a jazida real de Deir el-Bahri, identificou-se como sendo o rapaz da fotografia; mais tarde ainda, a sua família reclamou que fora ele que havia descoberto o túmulo.

A história do aguadeiro, tal como o relato de Adamson, não é apoiada por qualquer prova, e outras famílias de Gurna disputam a afirmação de que foi a família el-Rassul que encontrou o túmulo. Parece improvável que o capataz, Ahmed Gerigar, tivesse deixado uma criança ir cavar perto da área da escavação oficial, e ainda mais improvável que Carter, que sempre se dispôs a apelar a uma audiência popular, tivesse perdido a oportunidade de promover uma história tão enternecedora. A história, no entanto, serve como útil lembrete de que a equipa de especialistas europeus e americanos de Carter era apoiada por uma equipa de trabalhadores egípcios especializados, recrutados e supervisionados por quatro experientes capatazes egípcios, ou *reises*. A quantidade de homens que trabalhava no sítio variava, mas nos períodos em que era preciso cavar ou proceder a enchimentos poderiam chegar a ser cem. Estes homens eram recrutados temporariamente, regressando ao seu trabalho agrícola quando a temporada de escavação terminava ou eram necessários menos operários. O contributo destes homens para a escavação e desimpedimento do túmulo foi graciosamente (ou condescendentemente, dependendo do ponto de vista do leitor) reconhecido por Carter no final de uma lista surpreendentemente breve de «amigos que me encorajaram com apoio e simpatia»:

> Por último vem a minha equipa egípcia e os *reises* que me serviram apesar do calor e do fardo de muitos longos dias, cujos leais serviços serão sempre recordados por mim com respeito e gratidão, e cujos nomes aqui ficam registados: Ahmed Gerigar, Hussein Ahmed Saide, Gad Hassan e Hussein Abou Owad.[232]

Embora possamos vislumbrar alguns desses trabalhadores egípcios nas fotografias de Burton, na sua maioria eles ficaram por nomear.[233] Não se trata de um fenómeno egípcio: aconteceu a mesma coisa na arqueologia dominada pelo Ocidente em outros países, e também aconteceu no Reino Unido, onde era raro que um escavador (os principais escavadores eram quase sempre homens) designasse os simples «cavadores» na sua publicação sobre a campanha. Embora isso seja muitas vezes visto como um reflexo da natureza colonialista da egiptologia, porventura é igualmente provável que provenha da natureza elitista da escavação arqueológica. Tal como Gustave Eiffel seria creditado com a construção da sua torre, e, na verdade, o faraó Khufu da IV dinastia seria creditado com a construção da Grande Pirâmide, também o lorde Carnarvon e depois Howard Carter seriam creditados com a descoberta e o esvaziamento do túmulo de Tutankamon. A relação entre Carter e a força de trabalho egípcia nunca poderia ser entre iguais; ninguém conseguiria esquecer que Carter era um membro da elite dominante britânica. Mas as fotografias que mostram Carter a trabalhar ao lado dos operários egípcios — ambos a esforçarem-se por tirarem do túmulo o leito com cabeça de hipopótamo, por exemplo — indicam que ele pelo menos não via uma firme divisão entre o trabalho manual apropriado à força laboral egípcia e a arqueologia mais cerebral conduzida pelos europeus.

Ganhamos alguma noção da atitude de Carter para com a sua mão de obra egípcia se considerarmos o que passou a ficar conhecido como o «Caso Sacara», um célebre evento que ocorreu vários anos antes de ele ter conhecido o lorde Carnarvon. Na tarde de 8 de janeiro de 1905, um grupo de franceses embriagados entraram à força no Serapeu de Sacara (o cemitério dos divinos bois Ápis). Recusaram-se a comprar ingressos e, quando foram confrontados, assaltaram primeiro os guardas do local e depois os inspetores de Antiguidades. Carter, que estava a trabalhar como inspetor das Antiguidades do Norte, deu aos homens autorização para se defenderem contra os franceses. Arthur Weigall foi uma testemunha ocular dessa desordem:

> Quinze turistas franceses haviam tentado entrar num dos túmulos com apenas 11 bilhetes, e por fim espancaram os guardas e escancararam a porta para trás [...]. Carter chegou ao local e, após algumas palavras, ordenou aos guardas — agora reforçados — que os pusessem na rua. Resultado: uma séria rixa em que foram usados paus e cadeiras e dois dos guardas bem como dois turistas ficaram inconscientes. Quando eu vi o local, depois disso, era uma poça de sangue.[234]

Que um inglês encorajasse egípcios a lutar contra franceses era considerado imperdoável. Quando o incidente se transformou num escândalo diplomático, o cônsul-geral britânico, o lorde Cromer, ordenou a Carter que pedisse desculpa ao cônsul francês. Carter, teimoso e defensivo, recusou. Hoje em dia, poderíamos considerar que Carter estava a assumir uma posição de princípio em apoio dos oprimidos trabalhadores egípcios; em 1905, isso foi visto como infantil e inútil, sendo o sentimento geral que ele deveria pedir desculpa mesmo que de forma insincera. Gaston Maspero, o então diretor do Serviço de Antiguidades, conseguiu resolver o assunto sem um pedido de desculpas, mas retaliou limitando a autoridade de Carter e, furioso com o que ele entendeu ser uma ausência de apoio oficial, em outubro de 1905, Carter resignou ao seu cargo no Serviço de Antiguidades. Seguiram-se vários anos de parcos recursos, enquanto Carter tentava ganhar a vida trabalhando como desenhador de arqueologia, guia turístico e vendedor de arte e de antiguidades. Só quando Maspero o apresentou ao lorde Carnarvon é que a sua vida melhorou.

O ponto de vista dos trabalhadores sobre Carter e a sua equipa não ficou registado. No entanto, parece que sabiam da tal primeira visita não-autorizada à Câmara Fúnebre — uma visita que teria sido difícil de ocultar —, mas preferiram guardar o seu segredo em vez de o denunciarem às autoridades. Outros, menos intimamente ligados à escavação, estavam profundamente desconfiados dos acontecimentos no Vale. Havia uma noção generalizada de que os arqueólogos eram ladrões decididos a roubar o tesouro de Tutankamon. Por que outro motivo manteriam eles os objetos fúnebres escondidos da vista? Quando Weigall escreveu a Carter, em janeiro de 1923, usou a linguagem do seu tempo e, ao fazê-lo, ilustrou perfeitamente o abismo social que existia entre os egípcios e os europeus em Luxor: «todos os nativos dizem que você poderá, por conseguinte, ter tido a oportunidade de roubar alguns dos milhões de libras que aquele ouro vale [...]».[235]

Já havia um boato de Tutankamon em circulação: três aeroplanos tinham, pelo que se dizia, aterrado no Vale e levado vastas quantidades de tesouros para um destino desconhecido. Os dias de visitas organizados para convidados de prestígio eram em parte uma tentativa de contrariar essas histórias de comportamento inapropriado, demonstrando que tudo estava na verdade aberto e à mostra. Assim, em 16 de dezembro de 1922, podemos ler no *Illustrated London News*:

> A abertura oficial do túmulo, ou câmaras fúnebres, do rei Tutankamon, encontrado pelo conde Carnarvon e pelo Sr. Howard Carter no Vale dos Reis, perto de Luxor, teve lugar em 29 de novembro. Antes da abertura, a filha do lorde Carnarvon, *Lady* Evelyn Herbert, organizou um grande almoço no vale, estando entre os convivas *Lady* Allenby e o governador da província de Kena, Abdel Aziz Bey Yehia, que prestara uma assistência inestimável na guarda dos tesouros.

Embora os egípcios suspeitassem que Carter e a sua equipa pretendiam roubar Tutankamon, Carter por seu turno suspeitava que os egípcios — outros que não os seus fiéis trabalhadores — tinham intuitos sobre o túmulo. Três grupos independentes de vigilantes, respondendo cada um deles a uma autoridade diferente, foram mobilizados para lhe sossegar o espírito.[236]

Embora Carter se sentisse confortável a lidar com os seus trabalhadores, a relação com o núcleo da equipa era menos amigável: discutiu com o velho amigo Callender por causa de dinheiro, discutiu com o patrono, Carnarvon, por uma questão não especificada, e a amizade com Burton tornou-se cada vez mais tensa à medida que os anos passaram. As relações com o Serviço de Antiguidades, gerido por franceses, e com o Ministério das Obras Públicas, gerido pelos egípcios, eram ainda piores. Obstinado, decidido e pouco diplomático, e sempre ciente das suas origens humildes e da sua formação inferior, Carter era incapaz de responder apropriadamente a algo que ele considerasse ser uma interferência desnecessária na gestão da «sua» escavação. Já tinha sido anunciado que um inspetor do Serviço de Antiguidades deveria estar sempre presente no sítio: um desenvolvimento que Carter não aceitou bem. Quando, no início da temporada de escavação 1923–1924, foi anunciado que o Serviço de Antiguidades deveria aprovar todos os membros da equipa (e seria assim capaz de excluir o jornalista do *Times*), ele reagiu muito mal. Hoje em dia, é esse o procedimento habitual; o Serviço de Antiguidades tem o direito de vetar alguém que considere inapto para trabalhar em qualquer sítio arqueológico. Mas nos anos de 1920 isto foi visto como uma interferência grosseira. Carter tentou argumentar, mas não havia espaço para negociações. Lacau foi firme: «[...] o Governo já não discute, mas informa-o da sua decisão».

Do mesmo modo, o levantamento da tampa do sarcófago em fevereiro de 1924 ficou manchado por disputas sobre a quantidade de visitantes autorizados a observar os procedimentos. Carter tinha convidado dezassete pessoas; o Ministério das Obras Públicas achou que eram demasiadas. A questão foi resolvida amigavelmente e, tal como planeado, a tampa de granito foi removida. No dia seguinte, porém, as «senhoras» — as esposas e familiares dos arqueólogos — viram ser-lhes negada a visita que ficara prometida porque não tinham autorização oficial para entrar no túmulo. A visita das senhoras era evidentemente um sintoma, não uma causa. O problema subjacente era a propriedade do túmulo e dos seus objetos fúnebres. Mace relatou a rápida escalada dos acontecimentos numa extensa entrada de diário datada de 13 de fevereiro de 1924:

> Hoje ao princípio da manhã Carter recebeu um bilhete do subsecretário dizendo que este havia recebido um telegrama do secretário que proibia absolutamente a visita das senhoras durante a tarde. Ele relatou-nos o assunto e sentimos que deveríamos recusar-nos a desenvolver qualquer trabalho, já que isto não era apenas um insulto para nós, mas um claro sinal de que o governo iria levar a sua política de interferência a níveis ainda mais elevados. Em tais condições, o trabalho científico tornava-se impossível [...].

A diretiva tinha vindo do Ministro das Obras Públicas, Morcos Hanna Bey; um homem com absolutamente nenhuma inclinação para agradar aos britânicos, os quais, no ano anterior, haviam classificado o seu ativismo político como traição e tentado que ele fosse enforcado. Tal como muitos outros, o ministro considerava Tutankamon como um símbolo da independência egípcia: não achava que os britânicos tivessem qualquer papel a desempenhar na ressurreição do rei.

A entrada do diário de Mace termina com um ligeiro alívio:

> A este respeito terá interesse uma descrição dos movimentos [do chefe distrital] de Marmur. Foi chamado ao Vale algures durante a manhã. Encontrando-se com Carter na margem do rio, tentou obter um carro emprestado, camuflando os seus movimentos ao dizer que só o queria para ir até às escavações de Mond. Não conseguindo isso, apoderou-se arbitrariamente de uma tipoia que tinha sido encomendada por um grupo de turistas, e abalou nela, deixando os turistas apeados. Em Mond, deixou a carruagem e pediu emprestado o carro de M para o levar a ele e ao seu grupo até ao Vale. Aí chegado disse ao motorista que viesse buscá-lo por volta das três horas. Entretanto Mond descobrira o que acontecera e recusou permitir que o seu carro lá voltasse. Após esperar uma hora ou perto disso ele telefonou ao Omdeh para que fosse pedir a Winlock que mandasse o carro dele ir buscá-lo. Recebemos a mensagem quando regressámos, por volta das seis da tarde, e Winlock retorquiu que como ele estava no vale para o propósito expresso de manter as nossas esposas fora do túmulo, dificilmente nos cabia a nós ir tirá-lo de lá. Finalmente, ele abandonou o Vale de burro por volta das 6h15.

A situação, porém, estava longe de ser divertida e a equipa achou-se arredada do túmulo enquanto os funcionários do governo e a imprensa egípcia escrutinavam os termos da autorização de *Lady* Carnarvon, numa tentativa de que esta lhe fosse retirada. Os acontecimentos haviam piorado tão rapidamente que a tampa do sarcófago ficou precariamente suspensa no ar, enquanto o pálio de lantejoulas que cobrira o segundo relicário de Tutankamon ficou abandonado, e apodreceu.

As coisas tornaram-se ainda piores quando Carter, muito imprudentemente, se virou para os tribunais para reclamar a escavação, com o advogado dele, F. M. Maxwell (o advogado que anteriormente processara Morcos Bey Hanna por traição) a acusar indelicadamente o Ministério de se comportar como os bandidos. A sugestão de que eram as autoridades egípcias que estavam a praticar o roubo não caiu bem junto da imprensa egípcia. Seguiram-se meses de negociações, complicadas pelo facto de Carter ter há muito um compromisso para ir fazer palestras na América e no Canadá. Depois, em 19 de novembro de 1924, *Sir* Lee Stack, comandante-chefe britânico do exército egípcio, foi assassinado. O governo nacionalista caiu, e Sa'ad Zaghloul Pasha foi substituído no cargo de primeiro-ministro por Ahmed Ziwar Pasha, um velho conhecido de Carter. Finalmente, foi alcançado um acordo. *Lady* Carnarvon, apesar da sua falta de interesse no Antigo Egito, prosseguiria a obra do marido e financiaria o esvaziamento do túmulo. O legado de Carnarvon renunciaria a todos os direitos sobre os objetos fúnebres, e o negócio do *Times* seria terminado. Carter passaria agora a trabalhar intimamente com o novo inspetor-chefe para o sul do Egito, Tewfik Boulos, e com o inspetor local, Ibrahim Habib.

Embora Carter estivesse ocupado com a sua digressão de palestras — com a pronúncia a espantar os membros da audiência, que julgavam que Tutankamon fora uma descoberta inteiramente americana —, o Serviço de Antiguidades aproveitou a oportunidade para levar a cabo um minucioso inquérito ao KV62 e aos túmulos associados usados pela equipa. Isso revelou uma cabeça de Tutankamon enquanto jovem deus-sol Ra, feita em madeira e quase em tamanho natural, guardada dentro de um caixote de vinho e arrumada no túmulo dos almoços (KV4). Como a cabeça não tinha número de objeto, os membros egípcios do comité acharam que Carter devia tê-la roubado. Foi enviado um telegrama ao primeiro-ministro, Zaghloul, e a cabeça foi enviada para o Cairo. Os apoiantes de Carter indicaram que não fazia sentido nenhum que este abandonasse um artigo roubado onde qualquer um o poderia encontrar. Enquanto a disputa se arrastava, Herbert Winlock, que andava a receber relatórios diários de Reis Hussein, enviou a Carter um telegrama cifrado:

> Envia toda a informação que puderes relativa à origem STOP Aconselha-nos por carta se houver algum inquérito teremos de estar preparados STOP Causou uma má impressão aos membros egípcios foi anunciado por telegrama a Zaghloul imediatamente e enviada por expresso para o Cairo STOP Lacau e Engelbach sugeriram-lhes que compraste por conta do conde no ano passado em Amarna não sei se acreditaram mesmo nisso.[237]

A resposta de Carter oferecia uma explicação adequada. A cabeça fora recuperada entre o entulho que bloqueava a passagem. Tinha sido conservada, e depois posta de lado numa altura em que o KV4 era o único túmulo disponível para armazenamento. Depois ficara ali esquecida. Essa explicação foi aceite sem mais perguntas, e a questão foi abandonada.

Os pormenores da divisão original dos achados tinham ficado definidos na autorização original de Carnarvon para escavar. O artigo 8 deixava claro que o corpo de Tutankamon ficaria no Egito: «múmias dos reis, de príncipes, e de altos sacerdotes, juntamente com os seus caixões e sarcófagos, ficarão propriedade do Serviço de Antiguidades». Os artigos 9 e 10 tratavam dos objetos fúnebres:

> 9: Os túmulos que sejam descobertos intactos, juntamente com todos os objetos que eles possam conter, serão entregues ao Museu na sua inteireza e sem divisão.
>
> 10: No caso de túmulos que já tenham sido investigados, o Serviço de Antiguidades, além e acima das múmias e sarcófagos abrangidos no Artigo 8, reservará para si mesmo todos os objetos de capital importância do ponto de vista da história e da arqueologia, e partilhará os restantes com o Autorizado.

O túmulo de Tutankamon, com as suas provas de pelo menos dois antigos roubos, classificar-se-ia como um túmulo «que já tinha sido investigado»; Carnarvon poderia, por conseguinte, reclamar uma parte do conteúdo. Isso levou alguns a sugerir que talvez as provas de roubos antigos — os danos nas portas, o túnel através da passagem cheia de gravilha, a desordem no interior do túmulo e uma coleção de anéis de ouro atados num pano de linho — fossem menos claras do que Carter nos quereria fazer acreditar.

Agora, com todos os direitos aos objetos fúnebres já cedidos, Carter passou o inverno de 1929–1930 a negociar com as autoridades egípcias uma pequena percentagem dos achados de Tutankamon. Esta não era uma discussão teórica: Carter não era um homem de meios independentes e dependia dos Carnarvons e da escavação deles (além de alguns proventos extra obtidos com as palestras, a escrita e outras atividades em nome próprio) para o seu próprio futuro. Inicialmente o primeiro-ministro, Ziwar Pasha, concordara que o legado de Carnarvon receberia duplicados dos artefactos, mas em 1930, com Mustafa el-Nahhas no comando, o governo egípcio não achava que devesse dar alguma coisa. Por fim, *Lady* Carnarvon viria a receber a curiosa soma de 35 867 libras, 13 xelins e 8 dinheiros (aproximadamente equivalente a umas atuais 2 462 168,46 libras), como compensação pela despesa de desimpedir o túmulo. Tendo pagado os direitos e taxas sobre a herança, ela pagou logo a Carter a quantia de 8012 libras, sendo-lhe pagas mais adiante, nesse mesmo ano, outras 546 libras, 2 xelins e 9 dinheiros. O Metropolitan Museum of Art, que emprestara pessoal para trabalhar no local, incluindo Harry Burton, não recebeu nada.

De 1930 em diante, o direito a trabalhar no túmulo passou para o Serviço de Antiguidades, e todos os custos relativos a Tutankamon foram suportados pelo governo egípcio. Isso causou problemas a Carter, que, sendo um estrangeiro sem qualquer cargo oficial, se encontrou de repente arredado do túmulo e do laboratório que haviam sido o seu domínio durante quase uma década. A sua resposta inicial, e algo infantil — argumentar que os portões de aço, as fechaduras e as chaves na verdade pertenciam a *Lady* Carnarvon e não ao Serviço de Antiguidades —, pouco fez para dirimir a questão. Finalmente acordou-se que as chaves seriam guardadas por um inspetor regional das Antiguidades, que todos os dias viria abrir os túmulos e deixar Carter lá entrar.

O túmulo de Tutankamon foi simultaneamente o apogeu e o fim da carreira de Carter como arqueólogo de campo. Com o túmulo vazio, ele regressou a Londres para começar a redigir o relatório oficial da escavação. O qual nunca foi completado. Quando ele morreu, em 2 de março de 1939, deixou uma coleção privada de antiguidades como herança à sua sobrinha, Phyllis Walker. A menina Walker consultou um trio de eminentes egiptólogos — Burton, Newberry e Gardiner — e todos os três chegaram à mesma conclusão perturbadora: a coleção Carter incluía dezanove objetos retirados do túmulo de Tutankamon. Embora alguns desses artigos tivessem um valor irrisório, outros estavam inscritos com o nome do rei e um deles, um apoio de cabeça verde e azul em vidro com inscrições, era único. Não ficou esclarecido como ou quando Carter obtivera tais artefactos, e poderá suceder que alguns, senão todos, tenham sido tirados da coleção Carnarvon em 1926, antes de ser transferida para Nova Iorque. A suspeita era, porém, de que ele as trouxera consigo desde o Egito. Os objetos fúnebres foram entregues ao Consulado do Egito em Londres, onde permaneceram durante a guerra. Em 1946, foram devolvidos ao rei Farouk, quc os apresentou no Museu do Cairo e reteve outros para a sua própria coleção. Em 1960, os restantes objetos foram doados ao museu.

10

A HISTÓRIA DO BISPO:
INVESTIGANDO OS MORTOS

O bispo de Chelmsford escreve ao jornal *The Times* em fevereiro de 1923, exprimindo a sua preocupação com o destino do corpo de Tutankamon:

> Senhor — Não sei quantos de nós, nascidos e criados na Época Vitoriana, gostaríamos de pensar que no ano, digamos, de 5923 o túmulo da rainha Vitória seria invadido por um bando de estrangeiros que de lá sacassem todo o conteúdo, tirassem o corpo da grande rainha do mausoléu em que ele fora colocado por entre a mágoa de todo o povo e o exibissem para tudo e todos os que quisessem vê-lo?
>
> Levanta-se a questão de saber se tal tratamento que nós consideraríamos impróprio no caso da grande rainha inglesa não é igualmente impróprio no caso do rei Tutankamon. Não deixo de considerar o grande valor histórico que poderá advir do exame da coleção de joalharia, do mobiliário e, acima de tudo, dos papiros descobertos com o túmulo, e compreendo que grandes interesses possam justificar a sua minuciosa investigação, e até, em casos especiais, a sua remoção temporária. Mas, em todo o caso, protesto fortemente contra a remoção do corpo do rei do lugar onde ele repousara durante milhares de anos. Tal remoção abeira-se da indecência, e opõe-se a todo o sentimento cristão relativo à sacralidade dos lugares de enterro dos mortos.[238]

Agora que Tutankamon fora descoberto, que se haveria de fazer com ele? O autor Rider Haggard contribuiu para um vigoroso debate na secção de cartas do *The Times* com a sugestão de que todos os falecidos reis do Egito deveriam ser colocados na Grande Pirâmide «e ali selados com concreto, de tal maneira que somente a destruição do inteiro bloco de toneladas de pedra sólida os pudesse revelar de novo aos olhos do homem».[239] O general *Sir* John Maxwell não gostou da ideia da pirâmide, mas concordou em que os corpos não deveriam ser colocados em exibição pública:

> Se a opinião pública neste caso é genuína, então, para se ser consistente, todos os corpos, tanto dos ricos como dos pobres, deviam ser devolvidos à terra, e todos os museus nacionais deviam dar passos para devolverem as suas múmias ao Egito para reenterro. Mas também se poderia recordar ao bom povo lá em casa que em todos os museus, num dia feriado, as multidões adoram ternamente a sua múmia![240]

O lorde Carnarvon já havia dado a sua opinião: «O corpo de Tutankamon será tratado com a maior reverência e será deixado dentro do sarcófago se sair do local onde jazeu durante três mil anos.»[241] O povo de Luxor concordou. Os objetos fúnebres de Tutankamon podiam ter ido para o Cairo, mas o corpo deveria permanecer no seu túmulo, onde atrairia turistas e geraria rendimento.

Tradicionalmente, o mundo moderno não tinha tratado os antigos mortos egípcios com o respeito que era concedido aos mais recentemente falecidos. No Egito, onde as múmias de humanos e de animais eram um recurso aparentemente infinito, os inescrupulosos consideravam-nas um bem valioso que deveria ser desentrapado ou queimado para lhes retirar os amuletos, que eram vendidos a turistas abastados, ou passados a negociantes que vendiam múmia em pó como medicamento (*mumia*) ou como o ingrediente epónimo da «tinta castanho-múmia». Os caçadores de tesouros e os arqueólogos geralmente consideravam as múmias humanas um incómodo, e Belzoni é completamente típico ao não mostrar qualquer compaixão, nem sequer interesse, pelos anónimos ocupantes dos túmulos que tanto o fascinavam:

> [...] Que local de repouso! Rodeado de corpos, de montes de múmias por todos os lados; o que, antes de eu me acostumar a tal visão, me impressionava com horror [...]. Em tal situação dei por mim muitas vezes, e muitas vezes regressava exausto e desfalecido, até que por fim me habituei a isso, e indiferente ao que sofri, a não ser pelo pó, que nunca deixou de me sufocar a garganta e o nariz; e embora, felizmente,

eu esteja destituído do sentido do olfato, pude saborear que as múmias eram bastante desagradáveis de engolir. Após o esforço de se entrar num tal lugar, através de uma passagem de cinquenta, cem, trezentos ou porventura seiscentos metros, quase derreado, procurei um lugar de repouso, e consegui sentar-me; mas quando o meu peso assentou sobre o corpo de um egípcio, esmagou-o como a uma caixa de chapéus. Naturalmente, tive de recorrer às minhas mãos para sustentar o meu peso, mas elas não encontraram melhor suporte; por isso afundei-me todo inteiro entre as múmias quebradas, desfazendo ossos, trapos e grades de madeira, o que levantou um tal pó que me mantive imóvel durante um quarto de hora, até que ele assentasse outra vez [...].[242]

Este tratamento pouco cuidadoso para com os mortos, não importa há quanto tempo falecidos, faz os leitores modernos estremecerem. Mas Belzoni viveu numa época em que as múmias eram literalmente consideradas o fim da linha. Para ele, uma múmia anónima não era mais do que uma curiosidade; um artefacto sem qualquer beleza e pouco valor científico. Em vez de uma entidade completa, em que cada camada tinha sentido e significado para os seus criadores, a múmia era vista como um embrulho recheado de tesouros à espera de ser desembrulhado.[243]

Fora do Egito, as múmias tinham-se tornado diversão pública. Inteiras e desembrulhadas, elas podiam constituir o ponto alto de um gabinete privado de curiosidades ou da coleção pública de um museu. Melhor ainda, podiam ser arte de palco. Os «desenrolamentos» foram acontecimentos muitíssimo populares, em que se pagava bilhete para entrar, e o próprio Belzoni inaugurara a sua exposição em Londres desembrulhando uma múmia perante o horrorizado deleite da sua audiência. Constitui uma marca da separação, entre a múmia morta há muito e o cadáver morto recentemente, as audiências cristãs, que esperavam vir a ressuscitar inteiras, e cujo medo da autópsia tornava quase impossível que as escolas de medicina obtivessem cadáveres para as salas de dissecção, sentirem-se mais do que felizes ao assistir a tal dessacralização, embora, como esta era uma época de enforcamentos públicos, talvez não devêssemos ficar demasiado surpreendidos pela sua falta de sensibilidade. O desembrulhamento, tal como a arqueologia, era um processo destrutivo que poderia, ou não, render uma valiosa colheita de amuletos e de outros artigos preciosos... Um anatomista competente poderia então registar informação sobre a altura, o género, e a presença ou ausência de dentes e de cabelo. Poderia até especular sobre a idade e a causa da morte. Mas só isso: não se podia obter mais nenhuma informação. A múmia já contara a sua história.

A decifração dos hieróglifos e a descoberta das duas jazidas reais vieram pôr em causa esta visão. De súbito, os egiptólogos viam-se confrontados com uma coleção de indivíduos com nome de um contexto histórico conhecido. As múmias reais, pelo menos, mereciam ser tratadas com respeito. Isso, porém, não as salvou da destruição. Gaston Maspero e Émile Brugsch, homens sem qualquer formação médica, sentiram-se confiantes de que deveriam ser eles a efetuar as autópsias reais, o que fizeram em frente de uma audiência convidada de dignitários. Embora exista um argumento para se efetuarem desembrulhamentos em público, a fim de mostrar que nada está a ser «escondido», este foi um forte lembrete do desenrolamento como diversão pública. As múmias reais foram depois postas em exposição no Museu, levando *Sir* Edward Pounter a escrever ao *The Times*, em maio de 1890, para exprimir a sua sensação de remorso por tão indigno fim. Prenunciando o debate sobre Tutankamon, o egiptólogo Édouard Naville sugeriu, mais uma vez através de uma página do *The Times*, que elas deviam voltar a ser sepultadas nas pirâmides.

Tutankamon era um caso em tudo diferente. Ele tinha um nome, um túmulo e uma história, e o público, ao longo dos últimos anos, familiarizara-se com ele, ao ponto em que era possível fazê-lo com um rei egípcio de há três mil anos. Além disso, ele tinha sido descoberto imediatamente a seguir à Grande Guerra e à posterior pandemia de gripe, numa época em que muitos carpiam os seus próprios falecidos e procuravam o conforto de saber que os corpos destes haviam sido tratados com o devido respeito. Carter, o homem que tinha dedicado muita da sua vida de trabalho à minuciosa conservação dos artefactos do túmulo de Tutankamon, via claramente a múmia como algo que pertencia mais ao mundo médico do que ao mundo arqueológico. O desembrulhamento, e a inevitável destruição da múmia, era, para ele, a derradeira fase lógica na sua demanda pelo rei. Quando Douglas Derry sugeriu que um raio X poderia tornar desnecessário desembrulhar Tutankamon, Carter concordou com o procedimento, embora continuasse a achar que a múmia devia ser desembrulhada para lhe extraírem a joalharia e outros artigos preciosos, que de outro modo a transformariam num alvo para os ladrões. Este é um argumento que teria sido familiar aos sacerdotes de Amon no Terceiro Período Intermédio, mas que fazia pouco sentido no Egito do século XX.

Derry, ao contrário de Carter, estava ciente da necessidade de justificar o desembrulhamento:

> Pode dizer-se aqui uma palavra adequada em defesa do desembrulhamento e exame de Tut-ankh-Amen. Muitas pessoas consideram tal investigação como sendo da natureza do sacrilégio, e que o rei deveria ter sido deixado incólume [...]. Compreender-se-á que logo que se fez uma descoberta como a do túmulo de Tut-ankh-Amen, e que as notícias sobre a profusão de objetos nele contidos se tornaram conhecidas, deixar alguma coisa de valor dentro do túmulo é estar a pedir sarilhos [...]. O mesmo argumento se aplica ao desembrulhamento do rei, cuja pessoa é assim poupada ao rude manuseio dos ladrões, ávidos de obterem as joias acumuladas em profusão no corpo dele. A história é ainda enriquecida pela informação que o exame anatómico possa vir a fornecer, o que neste caso [...] foi de considerável importância.[244]

Infelizmente, o radiologista escolhido, *Sir* Archibald Douglas Reid, faleceu na Suíça em 1924. A sua inesperada morte, com somente cinquenta e três anos de idade, suscitaria mais tarde boatos de que morrera no comboio para Luxor, sendo mais uma vítima da maldição de Tutankamon (embora uma vítima curiosa: não teria Tutankamon preferido ser radiografado em vez de desembrulhado?). Sem nenhuma possibilidade imediata de encontrar um novo radiologista, Carter decidiu não esperar, mas pediu a Derry que executasse o desembrulhamento. Depressa se tornou evidente que, na verdade, não teria sido possível radiografar a múmia, uma vez que ela não podia ser extraída inteira do seu caixão mais interior.

Já conhecemos a equipa médica de Tutankamon no Capítulo 1. O professor Douglas Derry, professor de Anatomia na Escola Médica Kasr el-Ainy da Universidade do Cairo, era assistido pelo doutor Saleh Bey Hamdi de Alexandria, ex-diretor da mesma escola médica e atual diretor de Saúde Pública em Alexandria. Harry Burton, o fotógrafo, trabalhou ao lado dos anatomistas, documentando o trabalho destes, e o químico Alfred Lucas estava presente para analisar todas as amostras retiradas da múmia. Pierre Lacau, diretor-geral do Serviço de Antiguidades, esteve presente na sua qualidade oficial de observador, e havia um pequeno grupo de convidados egípcios e europeus. A autópsia teve início na manhã de 11 de novembro de 1925, no corredor exterior do túmulo de Seti II.[245] Previa-se que demorasse uma semana.

Os unguentos à base de resina não tinham deixado apenas uma mistura com mau aspeto: tinham colado o rosto enfaixado à máscara funerária, e tanto a máscara como a múmia tinham ficado coladas ao caixão mais interior, cuja base estava colada à base do caixão intermédio. Derry teve, portanto, de trabalhar dentro dos confins da base do caixão interior. Idealmente, a múmia amortalhada teria sido exposta começando-se por soltar o lençol exterior, que estava preso ao corpo por ligaduras que passavam à volta dos tornozelos, dos joelhos, das ancas e dos ombros, e desenrolando depois as ligaduras individuais na ordem inversa em que tinham sido aplicadas. No entanto, o linho estava demasiado desfeito para poder ser removido dessa maneira. Isso foi uma surpresa. As ligaduras que envolviam as múmias recuperadas das duas jazidas reais haviam mantido a sua resistência, mas essas múmias, claro, tinham sido desembrulhadas, lavadas e embrulhadas de novo na Antiguidade. Tutankamon tinha ficado nas suas ligaduras embebidas em unguentos durante três mil anos, e o linho sofrera os efeitos combinados de uma sepultura húmida, da proximidade com um corpo em decomposição e da ação química dos unguentos que as haviam crestado.

Derry iniciou o trabalho aplicando uma generosa quantidade de cera de parafina derretida para endurecer o lençol exterior desfeito. Cortou depois o meio do lençol, desde a borda inferior da máscara até aos pés. Esperava que isso lhe permitisse levantar o corpo amortalhado do seu sudário, mas tal não foi possível uma vez que as ligaduras por baixo do lençol estavam num ainda pior estado de decomposição. Em vez disso, foi forçado a trabalhar no corpo das pernas para cima. Ao fim de cinco dias o torso e os membros tinham sido expostos, medidos, e endurecidos com cera de parafina, e as roupas, amuletos e joias espalhados pelas várias camadas tinham sido retirados, fotografados e numerados. Derry tinha chegado à cabeça e aos ombros, que ainda estavam cobertos pela máscara funerária em forma de elmo. A cabeça de Tutankamon acabou por ser extraída recorrendo a «facas quentes». Mais tarde Carter usou o calor gerado por diversos fogareiros de campismo para separar as bases dos caixões e a máscara. O calor fez com que as incrustações de vidro se separassem da máscara, que foi restaurada antes de ser levada, com o caixão interior em ouro sólido, para o Cairo. Com a atenção do mundo agora concentrada nesses espantosos artefactos funerários, muito menos atenção era dirigida para o próprio Tutankamon.

Tutankamon emergiu da sua autópsia como um esqueleto descarnado. A cabeça fora cortada, os braços separados pelos ombros, cotovelos e mãos, as pernas pelas ancas, e o torso cortado da pélvis pela crista ilíaca. Com a investigação científica completa, ele foi remontado num tabuleiro coberto de areia que fora em tempos usado para guardar açúcar, e algumas secções foram coladas com resina de maneira a dar a aparência de um corpo intacto. Esta decisão de ocultar a extensão dos danos da autópsia teve consequências imprevistas quando levou à sugestão de que Tutankamon deveria ter sofrido da rara síndrome de Klippel-Feil, uma doença que lhe teria fundido a espinha e tornado impossível que ele movesse a cabeça. Na verdade, o crânio tinha sido simplesmente colado à espinha para ocultar o facto de ele ter sido decapitado.

A autópsia provara aquilo que os arqueólogos há muito suspeitavam: Tutankamon não fora um cortesão idoso que se tornara rei ao desposar uma princesa real. Tinha sido um jovem, intimamente relacionado com a família real de Amarna. Quase de um dia para o outro, Tutankamon perdera a sua reputação como faraó tradicional e restaurador do Novo Reino — uma reputação que se esforçara muito por criar — e fora reinventado como o «menino-rei», um defeituoso órfão de Amarna pelo qual se devia ter mais compaixão do que admiração. Esta visão do Tutankamon débil continua a ser popular hoje em dia, realçada pelas amplamente publicitadas reconstruções da sua aparência física, que se concentram nas percebidas (mas longe de provadas) incapacidades: o pé danificado, as ancas largas, a ginecomastia e a cabeça anormalmente grande.[246]

Uma entrada no diário de Carter, datada de 1 de outubro de 1925, deixa claro que ele sempre tencionara voltar a embrulhar Tutankamon:

> Vi Edgar [Campbell Cowan Edgar, conservador do Museu] no Museu do Cairo. Combinei com ele que a luz elétrica nos túmulos dos Reis começasse a partir de 11 de outubro. Também lhe comuniquei o meu programa para os trabalhos desta temporada, e a necessidade de proceder ao exame da múmia real o mais cedo possível, referindo que o combinado era que isso tivesse lugar por volta do dia 25 de outubro, quando o Prof. Douglas Derry e Saleh Bey Hamdi estivessem a assistir. Que esse exame científico devia ser levado a cabo da forma mais serena e conveniente possível, mas que eu devia adiar o reembrulhamento da múmia até saber se os ministros quereriam inspecionar os reais despojos.

Em 23 de outubro de 1926, ele confirmava que: «O primeiro e mais exterior dos caixões que contêm a múmia do Rei, finalmente reembrulhada, foi descido para o sarcófago esta manhã.» Lucas recordaria mais tarde que Tutankamon tinha sido envolto em linho. O rei, ainda deitado no seu tabuleiro de areia, foi colocado dentro da base do caixão mais exterior (agora o único), e a tampa foi fechada. Por fim, o sarcófago aberto foi coberto com uma tampa de vidro que permitiria aos visitantes verem o Tutankamon-Osíris dourado. A tampa de vidro continuou no seu lugar até ser removida, e quebrada, pela equipa de Harrison em 1968. Foi substituída, sem custos, por uma lâmina de vidro à prova de bala de Pilkington. Quando a tampa do caixão foi erguida, tornou-se evidente que Tutankamon tinha sido desmembrado, uma descoberta que causou ultraje entre a imprensa que estava a assistir. Tutankamon estava acomodado sob uma manta de lã de algodão atada com ligaduras, mas as partes do seu corpo estavam espalhadas sobre o tabuleiro de areia e o seu gorro de contas e a cobertura do peito, que Carter havia considerado demasiado frágil para ser removida, tinham desaparecido. É impossível saber se esse estrago ocorreu acidentalmente ou se, como parece ser mais provável, é um sinal de que o sarcófago e o caixão foram abertos de forma não-oficial e superficialmente «restaurados» pelo menos uma vez entre 1926 e 1968.

A tampa de vidro foi levantada em 1978, quando a cabeça de Tutankamon foi examinada pela equipa de Harris, e levantada de novo em 2005, quando Tutankamon saiu do seu túmulo para ir visitar um aparelho móvel de TAC. Finalmente, em 4 de novembro de 2007, exatamente oitenta e cinco anos após a descoberta dos degraus que conduziam à sua sepultura, Tutankamon passou a residir num novo caixão de alta tecnologia, cheio de azoto, com luz integral e minuciosos controlos de temperatura e humidade. Como a sua Câmara Fúnebre está quase inteiramente ocupada pelo sarcófago de pedra, o novo caixão foi colocado num canto da Antecâmara, enquanto o caixão mais exterior foi enviado para o Cairo, para se juntar aos outros dois. O trio será exibido ao lado da máscara funerária nas galerias atribuídas a Tutankamon no novo Grande Museu Egípcio.

Tutankamon não fez a longa e complicada viagem até ao Cairo. Continua em exibição permanente no seu túmulo, ainda deitado no seu tabuleiro de areia, mas agora coberto por um simples lençol de linho que lhe deixa o rosto e os pés expostos, e o seu amassado corpo escondido da vista. Foi despojado dos seus objetos fúnebres, tão cuidadosamente escolhidos, e despojado das ligaduras que constituíam uma parte essencial da sua transformação no deus Osíris. Cabe-nos refletir se esta é a imagem de si mesmo que Tutankamon gostaria de apresentar ao mundo.

EPÍLOGO

A FAMÍLIA DE TUTANKAMON

Tradicionalmente, os novos estudantes — uso aqui o termo em sentido lato para abranger todos os que tenham interesse em aprender mais — eram atraídos para o Antigo Egito através de uma combinação de visitas a museus, conferências públicas e extensas leituras. Hoje em dia, é mais provável que os mesmos estudantes sejam atraídos para o Antigo Egito por documentários televisivos, recursos na Internet e, cada vez mais, jogos. Sob muitos aspetos, isto é bom: um tema que estava outrora reservado aos académicos abriu-se a uma audiência bastante mais vasta. Mas na verdade causa um grande problema. Embora se reconheça geralmente que os jogos apresentam um mundo de fantasia e que a Internet proporciona uma massa de informação diversa com exatidão variável, os documentários de produção dispendiosa tendem a ser inquestionavelmente aceites como a «verdade». É, portanto, uma infelicidade que os criadores de documentários sejam propensos a simplificar o passado e a identificar apenas uma das muitas sequências de eventos possíveis como sendo a correta. Com demasiada frequência, o desejo de contarem uma história com um final positivo e idealmente espetacular dentro dos severos limites orçamentais e temporais sobrepõe-se a qualquer desejo de contar uma história completa ou bem acabada. A crença subjacente é que os espectadores — os mesmos que alegremente decifrarão as intrincadas pistas e ardis apresentados na ficção criminal baseada em atividades forenses — não conseguem aguentar um enredo complicado. Muitos estudantes chegam à universidade convencidos de que já dispõem de uma boa compreensão de Tutankamon e do seu mundo porque (no melhor cenário) já viram alguns documentários persuasivos ou (no pior cenário) viram uma «imaginativa» minissérie.

A relutância em contar uma história completa torna-se mais significativa quando os criadores de documentários passam da observação e do relato ao efetivo financiamento de trabalhos arqueológicos. Isso, em si mesmo, não é uma coisa má. A arqueologia pode ser muitíssimo dispendiosa e os egiptólogos raramente têm acesso a recursos infinitos. No entanto, há desvantagens. As cadeias de difusão raramente estão interessadas numa plena publicação científica dos resultados. E, como já observámos, também não estão interessadas nas subtilezas e nas complexidades que constituem uma parte fundamental dos estudos do mundo antigo. Finalmente, infligem um calendário impiedoso aos que trabalham com eles. Entretanto, sem nenhuma evidência de que alguém questione ou contradiga os resultados espetaculares, os espectadores são condicionados a aceitar a história difundida, particularmente quando ela é narrada por uma voz reconfortantemente familiar.

Aqueles de nós que apreciam a ficção criminal sabem que as provas científicas não contaminadas são indiscutíveis. Ficamos a olhar, fascinados, enquanto os patologistas da televisão se debruçam sobre os defuntos recentes, recolhendo as amostras de sangue e de tecidos que, ao fim de uma ou duas horas de visionamento, levarão a uma detenção e à condenação. A prova de ADN, em particular, é aceite como inquestionável; nunca ninguém se levanta numa cena de tribunal televisivo para defender que a ciência está errada, muito embora, nos bastidores, existam diferentes métodos de analisar diferentes formas de ADN e diferentes métodos de interpretar as provas, alguns reconhecidos como mais fiáveis que outros.[247]

Infelizmente, não se pode dizer o mesmo sobre o ADN antigo: a prova cada vez mais procurada nas múmias reais do Egito. Este tornou-se um tema altamente divisor, com alguns especialistas a aceitar a análise de ADN da múmia como um instrumento científico viável e outros a defenderem veementemente que não o é. Existem certamente muitos problemas associados ao processo. É esta incerteza quanto à exatidão do método que me levou a relegar as «provas» de ADN para um epílogo separado, onde elas podem ser consideradas a par, mas à parte, das provas arqueológicas e das provas médicas obtidas pela observação e dedução à moda antiga.

Sabe-se que o ADN se degrada ao longo do tempo, e que as temperaturas mais elevadas conduzem a maiores ritmos de desagregação. Isso significa que o tecido congelado recolhido numa montanha gélida preservará muito melhor o ADN do que o tecido mumificado recolhido no quente deserto egípcio. Ao mesmo tempo, a contaminação é um enorme problema. As ínfimas quantidades de ADN antigo degradado que se conseguem recuperar nos que faleceram há muito estão sujeitas a ser dominadas por ADN moderno vindo de bactérias que circulem pelo ar e, evidentemente, vindo dos próprios cientistas. Isso poderá não ser um problema se os cientistas andarem à procura de ADN animal, mas quando eles lidam com humanos existe uma imensa quantidade de potenciais contaminações.

Já vimos como, ao longo dos últimos cento e cinquenta anos, os egiptólogos conseguiram recuperar do Vale dos Reis a maioria dos monarcas da XVIII dinastia do Egito. Esses reis jazem agora pacificamente nos seus caixões no Cairo, mostrando poucos sinais de perturbação. Um visitante da sala das múmias poderá ser desculpado caso pense que elas foram simplesmente retiradas dos seus sarcófagos e transportadas para norte para sua própria proteção. Mas sabemos que está longe de ser esse o caso. Nenhuma destas múmias foi recuperada de algo que se assemelhe a uma «cena do crime» descontaminada, e algumas sofreram repetidas interferências ao longo dos séculos. Todas foram evisceradas, separadas, oleadas e embrulhadas, num demorado ritual na casa de embalsamamento que ocorreu pouco após a morte. Foram depois atacadas e pelo menos parcialmente despidas por salteadores de túmulos. Muitos anos depois, elas (ou as suas partes sobreviventes) foram retiradas dos seus túmulos, lavadas e reembrulhadas pelos sacerdotes do Terceiro Período Intermédio. Algumas tiveram de ser reconstruídas: Tutmés III, por exemplo, estava tão danificado que teve de ser robustecido com quatro hastes em forma de remo escondidas no interior das ligaduras. Três mil anos depois, foi novamente atacado quando os irmãos el-Rassul lhe romperam as novas e limpas ligaduras em busca do seu inexistente escaravelho no coração. Finalmente, no Cairo, foi extraoficialmente desembrulhado por Émile Brugsch (1881) e oficialmente por Gaston Mapero (1886). Ambos os egiptólogos trabalharam diante de uma audiência que se acumulou ao redor da mesa de autópsia.

Tutankamon passou pelo mesmo extenso processo de mumificação. Foi poupado à indignidade dos antigos roubos e restauros, mas nos tempos modernos foi examinado por Derry, Harrison, Harris, Hawass e respetivas equipas. Também poderá ter sido roubado uma ou mais vezes entre 1926 e 1968. O que é crucial, o seu corpo sofreu danos químicos e queimaduras causadas pelos unguentos vertidos sobre o seu corpo, que se lhe infiltraram nos ossos. Na mais recente ocasião em que foi removido do seu sarcófago protegido por vidro, a equipa foi vista pairando a poucos centímetros do corpo dele, sem o benefício de vestuário de proteção.

Ao problema geral da contaminação humana devem ser acrescentados os problemas específicos dos danos químicos causados durante o processo de embalsamamento.[248] Aqui, felizmente, os egiptólogos têm um corpo mumificado moderno que proporciona um controlo. Em 1994, o professor Bob Brier mumificou um homem de setenta anos utilizando técnicas, instrumentos e sais de secagem alinhados tanto quanto possível com os antigos.[249] A múmia está sujeita a inspeções regulares, e isso mostrou que as células da pele já estão a mostrar sinais de danos. Isto torna claro que os ossos (idealmente os ossos lisos) ou os dentes são a melhor fonte para o ADN de múmia. O qual tem de ser recolhido numa minúscula amostra usando uma agulha de biópsia para que a múmia não sofra danos.

Finalmente, temos o problema da identidade. Tutankamon, e os pais de Tiy, Yuya e Thuya, são os únicos membros da família real do final da XVIII dinastia que foram encontrados nos seus próprios túmulos, quase intactos. Todos os outros foram identificados por dedução arqueológica (KV55) ou pelos rótulos aplicados pelos sacerdotes do Terceiro Período Intermédio. Em pelo menos um caso é provável que esses rótulos estejam incorretos. O corpo identificado como sendo de Amenotep III foi mumificado usando uma técnica invulgar para o final da XVIII dinastia. Embora se tenha sugerido que poderá tratar-se de Ay, a múmia deveria provavelmente ser considerada como pertencente à XX dinastia.

Em 2004, a National Geographic ofereceu ao Supremo Conselho de Antiguidades (o antigo Serviço de Antiguidades egípcio) o generoso donativo de um aparelho de TAC Siemens último modelo. Esse aparelho tornou-se a base de um ambicioso projeto para estudar as múmias em todo o Egito. Em janeiro de 2005, Tutankamon tornou-se a primeira múmia a ser examinada. Os resultados da TAC seriam mais tarde combinados com um projeto para usar a análise de ADN de modo a identificar a família de nascimento de Tutankamon e resolver os enigmas da sucessão de Amarna. Seriam recolhidas amostras de ADN em onze múmias para desenvolver marcadores genéticos do ADN herdado dos pais dele. Os cientistas também procurariam ADN mitocôndrico (transmitido pela linhagem feminina) e cromossomas Y no ADN. As múmias envolvidas nesse estudo eram:

Tutankamon;
KV55;
Amenotep III;
Yuya;
Thuya;
Feto 1;
Feto 2;
KV35EL (A Senhora Idosa);
KV35YL (A Senhora Mais Nova);
KV21a;
KV21b.

Já conhecemos anteriormente todas elas, menos as duas múmias femininas recuperadas no túmulo KV21. A olaria encontrada nesse túmulo sugere que datam do início da XVIII dinastia, mas como ambas foram mumificadas com o braço esquerdo dobrado, o que é muitas vezes aceite como sinal de realeza, os investigadores acharam que, também elas, poderiam estar relacionadas com Tutankamon.

Em 2007, o Discovery Channel difundiu *Segredos da Rainha Perdida do Egito*, a pungente história da demanda forense para identificar a múmia perdida da faraó Hatshepsut. O programa tornou-se imensamente popular junto do público, abrindo caminho para um grande contrato com o Discovery Channel que haveria de financiar a instalação de um laboratório dedicado ao ADN antigo na cave do Museu do Cairo, e de um segundo laboratório na Universidade do Cairo, onde os resultados do primeiro laboratório poderiam ser sujeitos a testes independentes. Para reduzir a contaminação, a equipa de filmagem seria banida dos laboratórios, e todas as cenas laboratoriais posteriormente emitidas seriam reconstituições. O projeto viria a ser difundido em 2010 como um documentário de quatro horas dividido em duas partes e intitulado *O Rei Tut Desembrulhado.* Nem todos ficaram satisfeitos com esta colaboração egípcio-americana; pareceu a alguns que os não-egípcios estavam de novo a interferir com Tutankamon.

Os resultados científicos do projeto foram anunciados em 17 de fevereiro de 2010, através de um comunicado de imprensa emitido pelo Supremo Conselho de Antiguidades, de uma conferência de imprensa no Museu do Cairo e de um artigo publicado no *Journal of the American Medical Association.*[250] As conclusões eram impressionantes, com todas as múmias a proporcionarem ADN, algumas mais do que outras. Os destaques do relatório eram:

- KV35EL (A Senhora Idosa) é filha de Yuya e Thuyu e, portanto, é a rainha Tiy.
- KV55 é o filho de Amenotep III e de KV35EL. É, portanto, Akhenaton, o seu irmão mais velho, Tutmés, ou um irmão anteriormente não identificado que poderá ser Smenkhkare. A conclusão foi de que ele é «muito provavelmente Akhenaton».
- KV55 é o pai de Tutankamon.
- KV35YL (A Senhora Mais Nova) é simultaneamente a mãe de Tutankamon e plena irmã de KV55. É, portanto, filha de KV35EL e de Amenotep III.
- Os fetos não proporcionaram ADN suficiente para permitir uma identificação completa, mas não havia nada que sugerisse que não eram filhas de Tutankamon.
- KV21A foi identificada como a provável mãe dos fetos, sugerindo que ela era Ankhesenamon.

Enquanto a imprensa mundial celebrava este triunfo científico — «O Enigma do Rei Tut: ADN Desvenda Segredos» —, os egiptólogos e os cientistas não estavam tão certos.[251] Os egiptólogos foram cautelosos na sua resposta, relutantes, porventura, em prejudicarem a sua relação com o Supremo Conselho de Antiguidades. Quando Jo Merchant, uma jornalista com formação científica, tentou obter respostas ao estudo que ela pudesse citar, descobriu que «Quase ninguém vem dizer que os dados sobre Tutankamon e a família estão certamente errados, e tenho dificuldade em encontrar alguém que acredite neles».[252]

A identificação de KV35EL como Tiy foi geralmente aceite. A identificação de KV55 como parente próximo de Tutankamon também pareceu razoável: a anatomia já havia sugerido que era esse o caso. No entanto, como vimos anteriormente, muitos especialistas concordam em que KV55 tinha perto de vinte anos quando morreu, o que torna difícil que ele seja Akhenaton.

A identificação da múmia KV21A como Ankhesenamon causou mais surpresa, uma vez que não havia nada a indicar que KV21 fosse um túmulo real, e é difícil imaginar como é que o corpo dela terá ido parar ali. Não é inteiramente claro porque é que essa múmia, que em geral se acreditava datar do início da XVIII dinastia, foi incluída nos testes.

A identificação de KV35YL como mãe de Tutankamon e plena irmã de Akhenaton foi igualmente surpreendente. Amenotep III e Tiy mostram as filhas na arte oficial; podemos designá-las e, até certo ponto, descrever as suas vidas. Não existe nenhuma indicação de que alguma delas tenha desposado o irmão. Poderia Nefertiti ser uma irmã de Akhenaton que outrora ostentara um nome diferente? Ou, se o KV55 é, como a presente autora crê, o filho de Akhenaton Smenkhkare, poderia KV35YL ser Meritaton (o que sugere que Smenkhkare e Meritaton possam ter sido os pais de Tutankamon) ou Ankhesenamon, se esta não for KV21A? Um membro da equipa de investigação foi citado na imprensa alemã a declarar que KV35YL poderá ter sido a neta e não a filha de KV35EL. Se assim for, é deveras possível que KV35YL possa ser uma das princesas perdidas de Amarna. No entanto, um exame posterior dos dados genéticos publicados pela equipa egípcia indica que os fetos não podiam ser filhos de Tutankamon e de alguma filha gerada por KV55.[253] Isto deixa-nos três possibilidades: Tutankamon teve uma ou mais esposas desconhecidas que foram mãe(s) dos fetos; KV55 não é Akhenaton, pai de Ankhesenamon, que é ela própria mãe dos fetos; ou os fetos não são membros da família imediata.

Os cientistas, mais diretos na sua abordagem, criticaram a metodologia subjacente à recolha e análise de ADN, e realçaram as discrepâncias entre a informação fornecida no comunicado de imprensa e a informação do artigo publicado. Em particular, exprimiram surpresa por ter sido possível recolher tanto ADN útil dos antigos despojos egípcios.[254] Também exprimiram preocupações sobre as técnicas analíticas usadas. Embora os estudos das múmias normalmente procurem ADN mitocôndrico — o ADN que passa da mãe para o filho — a equipa da família de Tutankamon havia procurado ADN nuclear, que analisaram usando marcadores de ADN. Este é um método menos fiável, mais propenso a erros causados pela contaminação. Finalmente, defendeu-se que os testes deveriam ter sido feitos às cegas para eliminar a possibilidade de influência e de viés inconsciente, e que os dados brutos deveriam ter sido inteiramente publicados, mas, até agora, não o foram.

Evidentemente, é muito fácil criticar uma ousada tentativa de usar uma nova técnica para desvendar os mistérios do passado. A análise ao ADN das múmias é uma ciência relativamente nova e teremos de esperar por testes mais sofisticados, um mais eficaz controlo da contaminação e uma análise de dados mais rigorosa para termos a certeza de que os resultados obtidos são válidos. Entretanto, ficamos com a forte possibilidade de que Akhenaton, Smenkhkare e Ankhesenamon ainda tenham de ser identificados. Terão os cientistas conseguido identificar a família de Tutankamon? Como em tantas outras questões relacionadas com Tutankamon, os especialistas estão divididos, com alguns a dizerem um firme «sim» e outros um igualmente firme «não».

GLOSSÁRIO DOS PRINCIPAIS TERMOS

Alto Egito (ou Egito do Sul): O quente, comprido e estreito vale do Nilo.

Amarna: O nome moderno para a antiga cidade de Aketaton, construída propositadamente por Akhenaton para servir o seu deus, Aton.

Aton: Um deus solar; o foco da adoração estatal durante a Época de Amarna.

Baixo Egito (ou Egito do Norte): A região húmida, ampla e plana do delta do Nilo.

Campo de Juncos: A terra dos mortos, governada pelo deus Osíris.

Cártula: O laço que rodeia o nome de trono e o nome pessoal do rei.

Dinastia: Um termo moderno para uma linhagem de reis que estavam ligados, mas não necessariamente relacionados, pelo sangue. Tutankamon governou durante a XVIII dinastia.

Época de Amarna: Os reinados de Akhenaton e Smenkhkare, quando o Egito foi governado a partir de Amarna e dedicado à divindade solar conhecida como Aton.

Época Dinástica: O período em que o Egito foi um território independente governado por um rei hoje conhecido como o «faraó». A Época Dinástica começou aproximadamente em 3100 a. C. com a unificação das cidades-estado independentes do Delta e do vale do Nilo, e terminou em 30 a. C. com a morte de Cleópatra VI.

Estela: Uma pedra ou placa de madeira gravada ou pintada, usada para transmitir um importante texto ou imagem. As «Estelas dos Limites» de Amarna rodeavam a cidade e contavam a história da sua fundação.

Hierático: A escrita cursiva, quotidiana, do Novo Reino do Egito.

Hieróglifos: A «escrita pictural» usada nos monumentos e nos textos mais importantes.

Lista do Rei: Um registo dos nomes reais e das durações dos reinados que era mantido pelos sacerdotes egípcios.

Madeixa lateral: Uma elaborada trança usada pelas crianças da elite num dos lados da sua cabeça rapada.

Novo Reino: Um termo moderno para as dinastias XVIII–XX (1550–1069 a. C.)

Pilone: Um portão monumental do templo.

Templo mortuário (ou templo memorial): O local onde o culto dos mortos poderia ser eternamente mantido.

Ureu: A cobra erguida representada na testa do rei.

RECURSOS E FONTES

Recursos em linha

Tutankhamun: Anatomy of an Excavation permite livre acesso aos registos, fotografias, anais e diários que registam a descoberta e esvaziamento do túmulo de Tutankamon a partir de vários pontos de vista: http://www.griffith.ox.ac.uk/discoveringtut/

The Amarna Project Website permite que os visitantes explorem a cidade dos primeiros anos de Tutankamon: www.amarnaproject.com

The Theban Mapping Project proporciona um passaporte digital para o Vale dos Reis: https://thebanmappingproject.com/

Fontes publicadas

Agnew, N. e Wong, L. (2019), Conserving and Managing the Tomb of Tutankhamen, *Getty Magazine*, inverno de 2019: 8–11.

Aldred, C. (1973), *Akhenaten and Nefertiti*. Londres: Viking Press.

Aldred, C. (1988), *Akhenaten: King of Egypt*. Londres: Thames and Hudson.

Allen, J. P. (1988), Two Altered Inscriptions of the Late Amarna Period, *Journal of the American Research Center in Egypt* 25: 117–26.

Allen, J. P. (2009), The Amarna Succession, in P. J. Brand e L. Cooper, eds., *Causing His Name to Live: Studies in Egyptian Epigraphy and History in Memory of William J. Murnane*. Leiden: Brill: 9–20.

Allen, J. P. (2010), The Original Owner of Tutankhamun's Canopic Coffins, in Z. Hawass e J. Houser Wenger, eds., *Millions of Jubilees: Studies in Honour of David P. Silverman*. Cairo: American University in Cairo Press: 27–41.

Allen, S. J. (2002), Tutankhamun's Embalming Cache Reconsidered, in Z. Hawass, ed., *Egyptology at the Dawn of the 21st Century: Proceedings of the Eighth International Congress of Egyptologists, Cairo, Egypt. 2000.* Cairo: American University in Cairo Press: 23–9.

Arnold, D. (1996), Aspects of the Royal Female Image during the Amarna Period, in D. Arnold, ed., *The Royal Women of Amarna: Images of Beauty from Ancient Egypt.* Nova Iorque: The Metropolitan Museum of Art: 85–120.

Beinlich, H. (2006), Zwischen Tod und Grab: Tutanchamun und das Begräbnisritual, *Studien zur altägyptischen Kultur* 34: 17–31.

Belekdanian, A. O. (2015), The Coronation Ceremony during the Eighteenth Dynasty of Egypt: An Analysis of three 'Coronation' Inscriptions. Tese de Doutoramento não publicada, Universidade de Oxford.

Bell, M. A. (1990), An Armchair Excavation of KV 55, *Journal of the American Research Center* 27: 97–137.

Belzoni, G. B. (1820), *Narrative of the Operations and Recent Discoveries in Egypt and Nubia,* Verona. Nova edição de 2001, editada por Alberto Siliotti. Londres: British Museum Press.

Berman, L. M. (1998), Overview of Amenhotep III and His Reign, in D. O'Connor e. H. Cline, eds., *Amenhotep III: Perspectives on His Reign.* Ann Arbor: University of Michigan Press: 1–25.

Bickerstaffe, D. (2005), The Royal Cache Revisited, *Journal of the Ancient Chronology Forum* 10: 9–25.

Bickerstaffe, D. (2009), *Identifying the Royal Mummies: The Royal Mummies of Thebes.* Chippenham: Canopus Press.

Bosse-Griffiths, K. (1973), The Great Enchantress in the Little Golden Shrine of Tutankhamun, *Journal of Egyptian Archaeology* 59: 100–108.

Boyer, R. S., Rodin, E. A., Grey, T. C. e Connolly, R. C. (2003), The Skull and Cervical Spine Radiographs of Tutankhamen: A Critical Appraisal, *American Journal of Neuroradiology* 24: 1142–7.

Brier, B. e Wade, R. S. (2001), Surgical Procedures during Ancient Egyptian Mummification, *Chungará* 33: 1.

Bruce, J. (1790), *Travels to Discover the Source of the Nile,* Vol. 1. Edimburgo.

Bryan, B. (2006), Administration in the Reign of Thutmose III, in E. H. Cline e D. O'Connor, eds., *Tuthmose III: A New Biography.* Ann Arbor: University of Michigan Press: 69–122.

Carnarvon, F. (2007), *Carnarvon and Carter: The Story of the Two Englishmen Who Discovered the Tomb of Tutankhamun.* Newbury: Highclere Enterprises.

Carter, H. (1927), *The Tomb of Tut.ankh.Amen: The Burial Chamber.* Londres: Cassell and Company Limited. Reimpresso em 2001 com um prefácio de Nicholas Reeves. Londres: Gerald Duckworth and Co. Ltd.

Carter, H. (1933), *The Tomb of Tut·ankh·Amen: The Annexe and Treasury*. Londres: Cassell and Company Limited. Reimpresso em 2000 com um prefácio de Nicholas Reeves. Londres: Gerald Duckworth and Co. Ltd.

Carter, H. e Mace, A. C. (1923), *The Tomb of Tut·ankh·Amen: Search, Discovery and Clearance of the Antechamber*. Londres: Cassell and Company Limited. Reimpresso em 2003 com um prefácio de Nicholas Reeves. Londres: Gerald Duckworth and Co. Ltd.

Carter, H. e White, P. (1923), The Tomb of the Bird, *Pearson's Magazine* 56 (November): 433–7.

Cerny, J. (1929), Papyrus Salt 124, *Journal of Egyptian Archaeology* 15: 243–58.

Chamberlain, G. (2001), Two Babies That Could Have Changed World History, *The Historian* 72: 6–10.

Colla, E. (2007), *Conflicted Antiquities: Egyptology, Egyptomania, Egyptian Modernity*. Durham, NC, e Londres: Duke University Press.

Connolly, R. C. et al. (1980), An Analysis of the Interrelationship between Pharaohs of the 18th Dynasty, *Museum Applied Science Centre for Archaeology Journal* 1(6): 178–81.

Cross, S. W. (2008), The Hydrology of the Valley of the Kings, *Journal of Egyptian Archaeology* 94: 303–10.

Crowfoot, G. M. e Davies, N. de G. (1941), The Tunic of Tut'ankhamūn, *Journal of Egyptian Archaeology* 27: 113–30.

Curl, J. S. (1994), *Egyptomania the Egyptian Revival: A Recurring Theme in the History of Time*. Manchester: Manchester University Press.

Darnell, J. C. e Manassa, C. (2007), *Tutankhamun's Armies: Battle and Conquest during Egypt's Late Eighteenth Dynasty*. Hoboken: John Wiley & Sons, Inc.

Davies, B. G. (1992), *Egyptian Historical Records of the Later Eighteenth Dynasty, Fascicle IV*. Warminster: Aris & Phillips.

Davies, B. G. (1995), *Egyptian Historical Records of the Later Eighteenth Dynasty, Fascicle VI*. Warminster: Aris & Phillips.

Davies, N. de G. (1905), *The Rock Tombs of el-Amarna*, Part II: *The Tombs of Panehesy and Meryra II*. Londres: Egypt Exploration Society.

Davies, N. de. G. (1906), *The Rock Tombs of El Amarna*, Part IV: *The Tombs of Penthu, Mahu and Others*. Londres: Egypt Exploration Society.

Davies, N. de G. (1923), Akhenaten at Thebes, *Journal of Egyptian Archaeology* 9: 132–52.

Davies, N. de G., e Gardiner, A. H. (1926), *The Tomb of Huy: Viceroy of Nubia in the Reign of Tut'ankhamun*. Londres: Egypt Exploration Society.

Davis, T. M. (1910), *The Tomb of Queen Tiyi*. Londres: Archibald Constable and Co. Reimpresso em 2001 com um prefácio de Nicholas Reeves. Londres: Gerald Duckworth and Co. Ltd.

Davis, T. M. (1912), *The Tombs of Harmhabi and Touatânkhamanou.* Londres: Archibald Constable and Co. Reimpresso em 2001 com um prefácio de Nicholas Reeves. Londres: Gerald Duckworth and Co. Ltd.

Derry, D. E. (1927), Appendix I: Report upon the Examination of Tut-Ank--Amen's Mummy, in H. Carter, *The Tomb of Tut.ankh.Amen: The Burial Chamber.* Londres: Cassell and Company Limited: 143–61.

Derry, D. E. (1931), in R. Engelbach, The So-Called Coffin of Akhenaten, *Annales du Service des Antiquités* 31: 98–114.

Derry, D. E. (1972), The Anatomical Report on the Royal Mummy, in F. F. Leek, *The Human Remains from the Tomb of Tut'ankhamūn.* Oxford: Griffith Institute: 11–20.

Diodorus Siculus, *Library of History,* Livro I. Traduzido por C. H. Oldfather (1933), Vol. I, Loeb Classical Library. Harvard University Press: Cambridge, Mass.; e Heinemann: Londres.

Dodson, A. (1990), Crown Prince Djhutmose and the Royal Sons of the Eighteenth Dynasty, *Journal of Egyptian Archaeology* 76: 87–96.

Dodson, A. (1999), The Canopic Equipment from the Serapeum of Memphis, in A. Leahy e J. Tait, eds., *Studies on Ancient Egypt in Honour of H. S. Smith.* Londres: Egypt Exploration Society: 59–75.

Dodson, A. (2009a), Amarna Sunset: The Late-Amarna Succession Revisted, in S. Ikram e A. Dodson, eds., *Beyond the Horizon: Studies in Egyptian Art, Archaeology and History in Honour of Barry J. Kemp.* Cairo: Supreme Council of Antiquities: 29–43.

Dodson. A. (2009b), *Amarna Sunset: Nefertiti, Tutankhamun, Ay, Horemheb and the Egyptian Counter-Reformation.* Cairo: American University in Cairo Press.

Eaton-Krauss, M. (1993), *The Sarcophagus in the Tomb of Tutankhamen.* Oxford: Griffith Institute.

Eaton-Krauss, M. (2000), Restorations and Erasures in the Post-Amarna Period, in Z. Hawass, ed., *Egyptology at the Dawn of the Twenty-First Century: Proceedings of the Eighth International Conference of Egyptologists,* Vol. 2: 194–202.

Eaton-Krauss, M. (2015), *The Unknown Tutankhamun.* Londres: Bloomsbury Academic.

Edgerton, W. F. (1951), The Strikes in Ramses III's Twenty-Ninth Year, *Journal of Near Eastern Archaeology* 10(3): 137–45.

Edwards, I. E. S. (2000), *From the Pyramids to Tutankhamen: Memoirs of an Egyptologist.* Oxford: Oxbow Books.

El-Khouly, A. e Martin, G. T. (1984), *Excavations in the Royal Necropolis at El-Amarna.* Cairo: Supplément aux Annales du Service des Antiquités de l'Égypte, Cahier 33.

Engelbach, R (1915), *Riqqeh and Memphis VI.* Londres: British School of Archaeology in Egypt.

Engelbach, R. (1931), The So-Called Coffin of Akhenaten, *Annales du Service des Antiquités de l'Égypte* 31: 98–114.

Faulkner, R. O. (1994), *The Egyptian Book of the Dead.* São Francisco: Chronicle Books.

Fletcher, J. (2004), *The Search for Nefertiti; The True Story of a Remarkable Discovery,* Londres: Hodder and Stoughton.

Forbes, D. C. (2014), New 'Virtual Autopsy' Creates a Grotesque Tutankhamen, *KMT* 25(4): 24–5.

Frayling, C. (1992), *The Face of Tutankhamun.* Londres: Faber and Faber.

Gardiner, A. (1946), Davies's Copy of the Great Speos Artemidos Inscription, *Journal of Egyptian Archaeology* 32: 43–56.

Gardiner, A. (1953), The Coronation of King Haremhab, *Journal of Egyptian Archaeology* 39: 13–31.

Gardiner, A. (1957), The So-Called Tomb of Queen Tiye, *Journal of Egyptian Archaeology* 43(1): 10–25.

Geddes, L. (2010), Fallible DNA Evidence Can Mean Prison or Freedom, *New Scientist Online,* 11 de agosto.

Germer, R. (1984), Die angebliche Mumie der Teje: Probleme interdisziplinärer Arbeiten, *Studien zur altägyptischen Kultur* 11: 85–90.

Giménez, J. (2017), Integration of Foreigners in Egypt: The Relief of Amenhotep II Shooting Arrows at a Copper Ingot and Related Scenes, *Journal of Egyptian History* 10: 109–23.

Graefe, E. (2004), Final Reclearance of the Royal Mummies Cache DB320, *Kmt* 15(3): 48–57 e 62–3.

Green, L. (1996), The Royal Women of Amarna: Who was Who, in D. Arnold, ed., *The Royal Women of Amarna: Images of Beauty from Ancient Egypt.* Nova Iorque: The Metropolitan Museum of Art: 7–15.

Grimm, A. (2001), Goldsarg ohne Geheimnis, in S. Schoske e A. Grimm, eds., *Das Geheimnis des goldenen Sarges: Echnaton und das Ende der Amarnazeit.* Munich: Staatliches Museum Ägyptischer Kunst: 101–20.

Güterbock, H. G. (1959), The Deeds of Suppiluliuma as Told by His Son, Mursili II, *Journal of Cuneiform Studies* 10: 41–68, 75–98, 107–30.

Haikal, F. (2010), Egypt's Past Regenerated by Its Own People, in S. MacDonald e M. Rice, eds., *Consuming Ancient Egypt.* Londres: UCL Press.

Hankey, J. (2001), *A Passion for Egypt: Arthur Weigall, Tutankhamun and the 'Curse of the Pharaoh'.* Londres e Nova Iorque: I. B. Tauris.

Harer, W. B. (2007), Chariots, Horses or Hippos: What Killed Tutankhamun? *Minerva* 18: 8–10.

Harer, W. B. (2011), New Evidence for King Tutankhamun's Death: His Bizarre Embalming, *Journal of Egytpian Archaeology* 97: 228–33.

Harris, J. (1973a), Neferneferuaten, *Göttinger Miszellen* 4: 15–17.

Harris, J. (1973b), Nefertiti Rediviva, *Acta Orientalia* 35: 5–13.

Harris, J. (1974), Neferneferuaten Regnans, *Acta Orientalia* 36: 11–21.

Harris, J. E. et al. (1978), Mummy of the 'Elder Lady' in the Tomb of Amenhotep II: Egyptian Museum Catalogue Number 61070, *Science* 200: 1149–51.

Harris, J. E. e Wente, E. F. (1980), *An X-Ray Atlas of the Royal Mummies.* Chicago: University of Chicago Press.

Harrison, R. G. (1966), An Anatomical Examination of the Pharaonic Remains Purported to be Akhenaten, *Journal of Egyptian Archaeology* 52: 95–119.

Harrison, R. G. (1971), Post Mortem on Two Pharaohs: Was Tutankhamen's Skull Fractured? *Buried History* 4: 114–29.

Harrison, R. G., Connolly, R. C. e Abdalla A. 1969), Kinship of Smenkhkare and Tutankhamen Affirmed by Serological Micromethod: Kinship of Smenkhkare and Tutankhamen Demonstrated Serologically, *Nature* 224: 325–6.

Harrison, R. G., Connolly, R. C., Ahmed, S., et al. (1979), A Mummified Foetus from the Tomb of Tutankhamun, *Antiquity* 53(207): 19–21.

Hawass, Z. et al. (2009), Computed Tomographic Evaluation of Pharaoh Tutankhamun, ca. 1300 BC, *Annales du Service des Antiquités de l'Égypte* 81: 159–74.

Hawass, Z. et al. (2010), Ancestry and Pathology in King Tutankhamun's Family, *Journal of the American Medical Association* 303(7): 638–47.

Hellier, C. A. e Connolly, R. C. (2009), A Re-assessment of the Larger Fetus Found in Tutankhamen's Tomb, *Antiquity* 83: 165–73.

Herodotus, *The Histories.* Traduzido por A. de Sélincourt (1954), revisto com introdução e notas de J. Marincola (1996). Londres: Penguin Books.

Hohneck, H. (2014), Alles für die Katz'? Nochmals zum „Katzensarkophag" des Prinzen Thutmosis, *Zeitschrift für Ägyptische Sprache und Altertumskunde* 141(2): 112–31.

Hoving, T. (1978), *Tutankhamun: The Untold Story.* Nova Iorque: Simon and Schuster.

Ikram, S. (2013), Some Thoughts on the Mummification of King Tutankhamun, *Institut des Cultures Méditerranéennes et Orientales de l'Académie Polonaise des Sciences. Etudes et Travaux* 26: 292–301.

James, T. G. H. (1992), *Howard Carter: The Path to Tutankhamun.* Londres: Kegan Paul International.

Johnson, W. R. (2009), Tutankhamen-Period Battle Narratives at Luxor, *Kmt* 20(4): 20–33.

Johnson, W. R. (2010), Warrior Tut. *Archaeology* 63(2): 26–8.

Krauss, R. (1986), Kija — ursprüngliche Besitzerin der Kanopen aus KV 55, *Mitteilungen des Deutschen Archäologischen Instituts Abteilung Kairo* 42: 67–80.

Kurth, D. (2012), Die Inschriften auf den Stöcken und Stäben des Tutanchamun, in H. Beinlich, ed., *'Die Männer hinter dem König': 6. Symposium zur ägyptischen Königsideologie.* Wiesbaden: Harrassowitz: 67–88.

Lansing, A. (1951), A Head of Tut'ankahmūn, *Journal of Egyptian Archaeology* 37: 3–4.

Lawton, J. (1981), The Last Survivor, *Saudi Aramco World* 32(6): 10–21.

Leek, F. F. (1972), *The Human Remains from the Tomb of Tut'ankhamūn*. Oxford: Griffith Institute.

Leek, F. F. (1977), How Old was Tut'ankhamūn?, *Journal of Egyptian Archaeology* 63: 112–15.

Lichtheim, M. (1973), *Ancient Egyptian Literature*, vol. I: *The Old and Middle Kingdoms*. Berkeley: University of California Press.

Lichtheim, M. (1976), *Ancient Egyptian Literature*, vol. II: *The New Kingdom*. Berkeley: University of California Press.

Loeben, C. E. (1986), Eine Bestattung der grossen königlichen Gemahlin Nofretete in Amarna? — die Totenfigur der Nofretete, *Mitteilungen des Deutschen Archäologischen Instituts Abteilung Kairo* 42: 99–107.

Loeben, C. E. (1994), No Evidence of a Coregency: Two Erased Inscriptions from Tutankhamun's Tomb, *Amarna Letters* 3: 105–9.

Loret, V. (1899), Les Tombeaux de Thoutmès III et d'Aménophis II, *Bulletin de l'Institut Égyptien*, Cairo.

Lucas, A. (1931), The Canopic Vases from the 'Tomb of Queen Tiyi', *Annales du Services des Antiquités* 31: 120–22.

Lucas, A. (1942), Notes on Some Objects from the Tomb of Tut-Ankhamun, *Annales du Service des Antiquités de l'Égypte* 41: 135–47.

Mace, A. C. (1923), The Egyptian Expedition 1922–23, *The Metropolitan Museum of Art Bulletin* 18(2): 5–11.

Mallinson, M. (1989), Investigation of the Small Aten Temple, in B. J. Kemp, ed., *Amarna Reports 5*. Londres: Egypt Exploration Society.

Martin, G. T. (1985), Notes on a Canopic Jar from Kings' Valley Tomb 22, in P. Posener-Kriéger, ed., *Mélanges Gamal Eddin Mokhtar II*. Cairo: Institut Français d'Archéologie Orientale: 111–24.

Martin, G. T. (1989a), *The Memphite Tomb of Horemheb, Commander-in-Chief of Tutankhamun*, vol. I: *The Reliefs, Inscriptions and Commentary*. Londres: Egypt Exploration Society.

Martin, G. T. (1989b), *The Royal Tomb at el-Amarna 2*. Londres: Egypt Exploration Society.

Martin, G. T. (1991), *A Bibliography of the Amarna Period and Its Aftermath*. Londres: Kegan Paul International.

Mayes, S. (1959), *The Great Belzoni: The Circus Strongman Who Discovered Egypt's Ancient Treasures*. Londres: Bloomsbury.

McDowell, A. G (1999), *Village Life in Ancient Egypt: Laundry Lists and Love Songs*. Oxford: Oxford University Press.

Merchant, J. (2011), New Twist in the Tale of Tutankhamun's Club Foot, *New Scientist* 212(2833): 10.

Merchant, J. (2013), *The Shadow King: The Bizarre Afterlife of King Tut's Mummy.* Philadelphia: Da Capo Press.

Moran, W. L. (1992), *The Amarna Letters.* Baltimore: Johns Hopkins University Press.

Moser, S. (2006), *Wondrous Curiosities: Ancient Egypt at the British Museum.* Chicago e Londres: University of Chicago Press.

Murnane, W. J. (1977), *Ancient Egyptian Coregencies.* Chicago: Oriental Institute Studies in Ancient Oriental Civilization: 40.

Murnane, W. J. (1995), *Texts from the Amarna Period in Egypt.* Atlanta: Society of Biblical Literature.

Murnane, W. J. e Van Sicklen, C. C. (1993), *The Boundary Stelae of Akhenaten.* Londres e Nova Iorque: Kegan Paul International.

Navratilova, H. (2012), *Visitors' Graffiti of Dynasties 18 and 19 in Abusir and Northern Saqqara.* Liverpool: Abercromby Press.

Newberry, P. E. (1927), Appendix III: Report on the Floral Wreaths Found in the Coffins of Tut-ank-Amen, in H. Carter, *The Tomb of Tut·ankh·Amen: The Burial Chamber.* Londres: Cassell and Company Limited: 189–96.

Newberry, P. E. (1928), Akhenaten's Eldest Son-in-Law 'Ankhkheperure, *Journal of Egyptian Archaeology* 14: 3–9.

Newberry, P. E. (1932), King Ay, the Successor of Tut'ankhamūn, *Journal of Egyptian Archaeology* 18(1): 50–52.

Ockinga, B. (1997), *A Tomb from the Reign of Tutankhamun.* Warminster: Aris & Phillips.

Peden, A. J. (1994), *Egyptian Historical Inscriptions of the Twentieth Dynasty,* Jonsered: Paul Åstroms förlag.

Pendlebury, J. D. S. (1935), *Tell el-Amarna.* Londres: Lovat Dickson & Thompson.

Pendlebury, J. D. S. (1951), *The City of Akhenaten,* Part III: *The Central City and the Official Quarters.* Londres: Egypt Exploration Society.

Perlin, M. W., Belrose, J. L. e Duceman, B. W. (2013), New York State True Allele® Casework Variation Study, *Journal of Forensic Sciences* 58: 6: 1458–66.

Pfluger, K. (1946), The Edict of King Haremhab, *Journal of Near Eastern Studies* 5(1): 260–76.

Phizackerley, K. (2010), *DNA Shows the KV55 Mummy Probably Not Akhenaten,* http://www.kv64.info/2010/03/dna-shows-that-kv55-mummy-probably-not.html (2 de março de 2010).

Pococke, R. (1743), *A Description of the East and Some Other Countries,* vol. 1: *Observations on Egypt.* Londres.

Porter, B e Moss, R. L. B. (1972), *Topographical Bibliography of Ancient Egyptian Hieroglyphic Texts, Reliefs, and Paintings,* vol. II: *Theban Temples,* 2.ª ed., revista e aumentada. Oxford: Clarendon Press.

Price, C. (no prelo), Interpreting the 'Two Brothers' at Manchester Museum; Science, Knowledge and Display. *Archaeologies: The Journal of World Archaeology.*

Ray, J. (1975), The Parentage of Tutankhamūn, *Antiquity* 49: 45–7.

Redford, D. B. (1975), Studies on Akhenaten at Thebes II: A Report on the Work of the Akhenaten Temple Project of the University Museum, The University of Pennsylvania, for the Year 1973–4, *Journal of the American Research Center in Egypt* 12: 9–14.

Reeves, C. N. (1981), A Reappraisal of Tomb 55 in the Valley of the Kings, *Journal of Egyptian Archaeology* 67: 48–55.

Reeves, C. N. e Wilkinson, R. H. (1996), *The Complete Valley of the Kings: Tombs and Treasures of Egypt's Greatest Pharaohs.* Londres: Thames and Hudson.

Reeves, N. (1990), *The Complete Tutankhamun: The King, the Tomb, the Royal Treasure.* Londres: Thames and Hudson.

Reeves, N. (2015a), *The Burial of Nefertiti?* Amarna Royal Tombs Project: Valley of the Kings, Occasional Paper 1.

Reeves, N. (2015b), Tutankhamun's Mask Reconsidered, in A. Oppenheim e O. Goelet, eds., *The Art and Culture of Ancient Egypt: Studies in Honor of Dorothea Arnold.* Bulletin of the Egyptological Seminar 19: 511–26.

Reid, D. M. (2015), *Contesting Antiquity in Egypt: Archaeologies, Museums, and the Struggle for Identities from World War I to Nasser.* Cairo e Nova Iorque: American University in Cairo Press.

Riggs, C. (2014), *Unwrapping Ancient Egypt.* Londres: Bloomsbury.

Riggs, C. (2018), *Photographing Tutankhamun: Archaeology, Ancient Egypt, and the Archive.* Londres: Routledge.

Riggs, C. (2020), Water Boys and Wishful Thinking. Photographing Tutankhamun blog, 20 de junho: https://photographing-tutankhamun.com/2020/06/20/the-water-boy-who-wasn't/.

Riggs, C. (2021), *Treasured: How Tutankhamun Shaped a Century.* Londres: Atlantic Books.

Robins, G. (1981), *Hmt nsw wrt* Meritaten, *Gottinger Miszellen* 52: 75–81.

Robins, G. (1984), Isis, Nephthys, Selket and Neith Represented on the Sarcophagus of Tutankhamun and in Four Free-Standing Statues Found in KV 62, *Göttinger Miszellen* 72: 21–5.

Romer, J. (1988), *Valley of the Kings.* Londres: Michael O'Mara Books.

Schulman, A. R. (1978), Ankhesenamun, Nofretity and the Amka Affair, *Journal of the American Research Center in Egypt* 15: 43–8.

Seele, K. C. (1955), King Ay and the Close of the Amarna Age, *Journal of Near Eastern Studies* 14: 168–80.

Smith, G. E. (1910), A Note on the Estimate of the Age Attained by the Person Whose Skeleton was Found in the Tomb, in T. M. Davis, *The Tomb of Queen Tîyi.* Londres: Archibald Constable and Co.: xxiii–xxiv.

Smith, G. E. (1912), *The Royal Mummies.* Cairo: Service des Antiquités de l'Égypte.

Snape, S. (2011), *Ancient Egyptian Tombs: The Culture of Life and Death*. Oxford: Wiley–Blackwell.

Stevens, A. (2017), Death and the City: The Cemeteries of Amarna in Their Urban Context, *Cambridge Archaeological Journal* 28:1: 103–26.

Strouhal, E. (2010), Biological Age of Skeletonized Mummy from Tomb KV 55 at Thebes, *Anthropologie* XLVIII(2): 97–112.

Strudwick, N. (2005), *Texts from the Pyramid Age*. Atlanta: Society of Biblical Literature.

Troy, L. (1986), *Patterns of Queenship in Ancient Egyptian Myth and History*. Uppsala: Acta Universitatis Upsaliensis.

Tyldesley, J. A. (1998), *Nefertiti: Egypt's Sun Queen*. Londres: Viking.

Tyldesley, J. A. (2012), *Tutankhamun's Curse: The Developing History of an Egyptian King*. Londres: Profile Books.

Tyldesley, J. A. (2018), *Nefertiti's Face: The Creation of an Icon*. Londres: Profile Books.

Tyndale, W. (1907), *Below the Cataracts*. Londres: Heinemann.

Van der Perre, A. (2012), Nefertiti's Last Documented Reference (for Now), in F. Seyfried, ed., *In the Light of Amarna: 100 Years of the Nefertiti Discovery*. Berlim: Michael Imhof Verlag: 195–7.

Van Dijk, J. (1993), The New Kingdom Necropolis of Memphis: Historical and Iconographical Studies. Tese de doutoramento, Universidade de Groningen.

Van Dijk, J. e Eaton-Krauss, M. (1986), Tutankhamun at Memphis, *Mitteilungen des Deutschen Archäologischen Instituts Abteilung Kairo* 42: 35–41.

Vandenberg, P. (1975), *The Curse of the Pharaohs*, trad. T. Weyr. Londres: Book Club Associates.

Vogelsang-Eastwood, G. M. (1999), *Tutankhamun's Wardrobe: Garments from the Tomb of Tutankhamun*. Leiden: Van Doorn & Co.

Weigall, A. E. P. B (1922), The Mummy of Akhenaten, *Journal of Egyptian Archaeology* 8: 193–200.

Weigall, A. E. P. B. (1923), *Tutankhamen and Other Essays*. Londres: Thornton Butterworth.

Wente, E. F. (1990), *Letters from Ancient Egypt*. Atlanta: Society of Biblical Literature.

Willerslev, E. e Lorenzen, E. (2010), King Tutankhamun's Family and Demise, *Journal of the American Medical Association* 303(24): 2471.

Winlock, H. E. (1941); *Materials Used at the Embalming of King Tutankhamun: The Metropolitan Museum of Art Papers 10*. Reimpresso em 2010 com um prefácio de D. Arnold intitulado *Tutankhamun's Funeral*. Nova Iorque: The Metropolitan Museum of Art; New Haven e Londres: Yale University Press.

Zivie, A. (2009), *La Tombe de Maïa: mère nourricière du roi Toutânkhamon et grande du harem*. Toulouse: Caracara Edition.

Zivie, A. (2013), *La Tombe de Thoutmès: Directeur des Peintres dans la Place de Maât.* Toulouse: Caracara Edition.

Zivie, A. (2018), Pharaoh's Man: 'Abdiel: The Vizier with a Semitic Name, *Biblical Archaeology Review* 44(4): 22–31.

Zwar, D. (2007), Tutankhamun's Last Guardian, *History Today* 57:11.

NOTAS

1 *Anatomy of an Excavation*: www.griffith.ox.ac.uk/gri/4tut.html

2 *National Geographic online*, 8 de novembro de 2017.

3 *Egypt Today online*, 31 de março de 2020.

4 Excerto do *Grande Hino a Aton*, inscrito na parede do túmulo de Ay em Amarna. Tradução de Steven Snape. Para uma tradução do texto completo, ver Lichtheim (1976: 96–100).

5 Estatueta de sacerdote, Museu do Louvre, Paris E2749 N792, e Dodson (1990); sarcófago de gato, Museu do Cairo CG5003, mas ver Hohneck (2014); estatueta de múmia, Ägyptisches Museum Berlin VAGM1997/117.

6 Allen (2009: 13 e Fig. 5).

7 Excerto da Estela S dos Limites de Amarna. Tradução de Steven Snape. Para uma tradução do texto completo, ver Lichtheim (1976: 48–51).

8 Para pormenores dos cântaros de vinho de Tutankamon, ver Reeves (1990: 202–3).

9 Derry (1972: 15). A investigação de Derry foi ela própria investigada por Leek (1977).

10 Pendlebury (1951, Vol. 2: pl. 95: no. 279).

11 Carter e Mace (1923: 171).

12 Carter e Mace (1923: 172).

13 Reeves (1990: 158).

14 Oriental Institute Museum, Chicago E12144.

15 British Museum, Londres EA2; Ray (1975).

16 Tyldesley (2018: 9).

17 Excerto da Estela K dos Limites de Amarna. Tradução de Steven Snape. Para uma tradução do texto completo, ver Murnane e Van Siclen (1993: 33–47).

18 Martin (1989b: 37–41).

[19] Discutido em Arnold (1996: 115).
[20] Metropolitan Museum of Art, Nova Iorque 1991.237.70.
[21] Túmulo Bubasteion 1.20: Zivie (2009).
[22] Bryan (2006: 97–9).
[23] Zivie (2018).
[24] Ockinga (1997).
[25] A *Sátira dos Ofícios*. Para uma tradução completa, ver Lichtheim (1975: 184–92).
[26] Reeves (1990: 166–7).
[27] TT109. Discutido em Giménez (2017).
[28] Excerto da Estela Esfinge de Amenotep II. Tradução de Steven Snape. Para uma tradução do texto completo, ver Lichtheim (1976: 41–2).
[29] Excerto do *Grande Hino a Aton*. Tradução de Steven Snape. Para uma tradução do texto completo, ver Lichtheim (1976: 96–100).
[30] Stevens (2017).
[31] Mallinson (1989: 138).
[32] Davies, N. de. G. (1906: 16 e Placa XXXII).
[33] Davies, N. de G. (1905: 38–43 e Placa XXXVII).
[34] Tyldesley (1998: 151).
[35] Ver, por exemplo, Davies (1923: 133); Pendlebury (1935: 28–9); Seele (1955: 168–80).
[36] Van der Perre (2012).
[37] Excerto da inscrição no templo de Seti em Abidos. Tradução de Steven Snape. Para uma tradução do texto completo, ver Murnane (1977: 58).
[38] Excerto da Estela Kuban. Tradução de Steven Snape. Para uma tradução do texto completo, ver Murnane (1977: 59).
[39] Harris (1973a, 1973b, 1974).
[40] Davies (1905: 43–4).
[41] Reeves (1990: 199); Loeben (1994).
[42] Allen (2009: 9).
[43] EA10: British Museum, London EA 029786. Tradução de Moran (1992: 19).
[44] Excerto da Estela de Restauração de Tutankamon. Tradução de Steven Snape. Para uma tradução do texto completo, ver Murnane (1995: 212–14).
[45] Museu de Turim 1379. Tradução de Steven Snape. Para uma tradução do texto completo, ver Gardiner (1953).
[46] Belekdanian (2015).
[47] Lansing (1951) e Eaton-Krauss (2015: 55–6). Metropolitan Museum of Art, Nova Iorque 50.6.
[48] Reeves (1990: 153–4). Um terceiro mangual não tem inscrições e falta-lhe o bordão (no. 44u).
[49] Tradução de Steven Snape.

[50] Ägyptisches Museum Berlin ÄM 37391 e ÄM 34701.

[51] Túmulo Bubasteion 1.19: Zivie (2013).

[52] Tyldesley (2018).

[53] Murnane (1995: 2111[97]).

[54] Navratilova (2015: 122–5).

[55] As peças separadas das *shabti* estão guardadas no Museu do Louvre, em Paris, e no Museu de Brooklyn. Ver Loeben (1986) e Aldred (1988: 229).

[56] Tradução de Steven Snape. Para uma tradução do texto completo, ver Davies, B. G. (1995: 30–33). Parte de um texto duplicado foi descoberta nas fundações do templo de Montu. Museu do Cairo JE 41504 e 41565.

[57] Excerto da inscrição em Speos Artemidos. Para uma tradução do texto completo, ver Gardiner (1946: 47–8).

[58] Tradução de Steven Snape. Para ler mais sobre os decretos de Horemheb, ver Pfluger (1946).

[59] EA64: British Museum, Londres EA29816. Para uma tradução da carta completa, ver Moran (1992: 135–6).

[60] EA170: Staatliche Museen, Berlin VAT327. Para uma tradução da carta completa, ver Moran (1992: 257–8).

[61] Johnson (2009) e (2010).

[62] Reeves (1990: 170–73).

[63] Hawass et al. (2010).

[64] Merchant (2011).

[65] Kurth (2012).

[66] Lichtheim (1973: 61–80).

[67] Excerto da Estela de Maya: Garstang Museum, Universidade de Liverpool E583. Tradução de Steven Snape. Para uma tradução do texto completo, ver Murnane (1995: 215–16).

[68] Museu do Cairo JE57 195; Van Dijk e Eaton-Krauss (1986: 39–41).

[69] Discutido em Eaton-Krauss (2015: 49).

[70] Murnane (1995: 219).

[71] Os projetos núbios de Tutankamon são discutidos em Eaton-Krauss (2015: 70–71).

[72] Eaton-Krauss (2000).

[73] Museu Egípcio, Cairo CG 42091.

[74] Carter (1927: 41).

[75] Vogelsang-Eastwood (1999: 17–19).

[76] Números fornecidos em *The Independent*, 3 de agosto de 2000.

[77] Carter, diário, 16 de novembro de 1925.

[78] Zahi Hawass: comunicado de imprensa, Supremo Conselho de Antiguidades, 10 de maio de 2005.

[79] Martin (1989b: placas 110–12).

[80] Dodson (1999: 62).

[81] Nina de G. Davies e Gardiner (1926: placas IV–VIII e XXII–XXXI).

[82] Newberry (1927).

[83] Carter (1927: 86).

[84] Mace (1923: 6).

[85] Harrison (1971).

[86] Boyer, Rodin, Grey e Connolly (2003:1146–7); Hawass et al. 2010.

[87] Zahi Hawass: comunicado de imprensa, Supremo Conselho de Antiguidades, 10 de maio de 2005.

[88] Harer (2007).

[89] Tradução de Steven Snape. Para uma tradução e discussão do conjunto completo dos textos no sarcófago de Tutankamon, ver Eaton-Krauss (1993).

[90] Tradução de Steven Snape. Para uma tradução do texto completo, ver Gardiner (1953, 14).

[91] Discutido em Van Dijk (1993: 10–64).

[92] Darnell e Manassa (2007: 178–84).

[93] Snape (2011: 242) discute o mecanismo de comprar um caixão numa terra onde não havia moeda.

[94] Heródoto, *Histórias* 2: 86. Traduzido por de Sélincourt (1954: 127–8).

[95] Brier e Wade (2001).

[96] Porter e Moss (1972: 454–9).

[97] Museu do Cairo JE 59869; Oriental Institute, Chicago 14088; Ägyptisches Museum Berlim 1479/1.

[98] Heródoto, *Histórias* 2: 89. Traduzido por de Sélincourt (1954: 128).

[99] Diodorus Siculus, *Library of History* 1: 91. Traduzido por Oldfather (1933: 309, 311).

[100] Harer (2011).

[101] Brier e Wade (2001).

[102] Allen (2010).

[103] Carter e Mace (1923: 184).

[104] Robins (1984).

[105] Papiro Vindob 3873: Österreichische Nationalbibliothek, Viena.

[106] Carter, diário, 18 de novembro de 1925.

[107] A máscara é feita de folhas de ouro sobrepostas e marteladas, sendo a superfície em ouro de 18,4 carates, o toucado de 22,5 carates e a máscara por baixo de 23 carates.

[108] Excerto do *Livro dos Mortos*, Encantamento 151. Tradução de Steven Snape. Para uma tradução completa deste encantamento, ver Faulkner (1994: 123).

[109] Reeves (2015b).

[110] Winlock (1941: 21–3).

[111] Winlock (1941).

[112] Discutido em S. J. Allen (2002).

[113] Discutido por Arnold em Winlock (1941: 16–17).

[114] Sendo os outros o KV55 e o KV63.

5 Eaton-Krauss (2015: 106); todas as medidas são tiradas de Reeves (1990: 70––71).

[116] Tradução de Steven Snape.

[117] Reeves (2015b: 514–15).

[118] Beinlich (2006).

[119] Carter (1927: 41).

[120] Güterbock (1959: 94).

[121] Neues Museum, Berlim 14145.

[122] Tradução de Steven Snape. Para uma tradução do texto completo, ver Lichtheim (1976: 96–100).

[123] Redford (1975); Robins (1981).

[124] Excerto das *Instruções do Novo Reino de Ani*. Tradução de Steven Snape. Para uma tradução, ver Lichtheim (1976: 135–46).

[125] Discutido com outras referências em Eaton-Krauss (2015: 3–6).

[126] Carter e Mace (1923: 119). As cenas que decoram o Pequeno Relicário são discutidas em Troy (1986: 100ff). Ver também Bosse-Griffiths (1973).

[127] Carter e Mace (1923: 117).

[128] Arnold (1996: 107).

[129] Eaton-Krauss (1993); Robins (1984).

[130] Derry citado em Leek (1972: 21–3).

[131] Museu do Cairo JE 39711; Reeves (1990: 123).

[132] Harrison et al. (1979).

[133] Chamberlain (2001); Hellier e Connolly (2009).

[134] Carter (1933: 28).

[135] Newberry (1932).

[136] «Escaravelho de Casamento» de Amenotep III: Davies, B. G. (1992: 38).

[137] Güterbock (1959: 94–5). Ver também Schulman (1978).

[138] EA4: Staatlichen Museen, Berlim VAT1657. Para uma tradução da carta completa, ver Moran (1992: 8–9).

[139] Güterbock (1959: 96–7).

[140] Excerto do hierático Papiro Mayer B. Reeves e Wilkinson (1996: 192).

[141] Engelbach (1915: 11).

[142] Inscrição de advertência no túmulo de Gizé de Peteti. Strudwick (2005: 437).

[143] Túmulo de Ineni: TT81.

[144] Ostracon OIC 16991 (McDowell [1999: 218]) e Ostracon Deir el-Medina 317 (Wente [1990: 154]).

[145] Cross (2008) e comunicação pessoal.

[146] Tradução baseada em Edgerton (1951: 141).
[147] Peden (1994: 245–57).
[148] Davis (1912: 3).
[149] Heródoto, *Histórias* I: 46, tradução de Oldfather (1933).
[150] Homero, *Ilíada*, Livro IX: 381–2.
[151] Pococke (1743: 97–8).
[152] Bruce (1790: 126–8).
[153] Moser (2006: 34).
[154] O British Museum recusou pagar duas mil libras pelo sarcófago, que está hoje em dia exposto no *Sir* John Soane's Museum, em Londres.
[155] British Museum, Londres EA24.
[156] Para uma reavaliação da jazida DB320, ver Bickerstaffe (2005). Para pormenores do inquérito mais recente, ver Graefe (2004).
[157] Loret (1899).
[158] Loret (1899), tradução de Romer (1988: 161–2).
[159] Smith (1912: 38).
[160] Harris et al. (1978).
[161] Germer (1984).
[162] Connolly et al. (1980).
[163] Bickerstaffe (2009: 105–12).
[164] Hawass et al. (2010).
[165] Weigall (1922: 193).
[166] Davis (1910). A publicação de Davis deve ser lida conjuntamente com Bell (1990) e Reeves (1981).
[167] Cross (2008: 305) e comunicação pessoal 2011.
[168] Martin (1985: 112).
[169] Krauss (1986).
[170] Lucas (1931).
[171] Citado em Gardiner (1957: 25).
[172] Davis (1910: 9 e 2). As folhas de ouro com inscrições estão guardadas no Museu do Cairo. Seis folhas sem inscrições foram dadas a Davis; hoje em dia, estão nas coleções do Metropolitan Museum of Art, Nova Iorque.
[173] Engelbach (1931: 98ff).
[174] Tradução de Steven Snape. Ver Allen, J. P. (1988) e Gardiner (1957: 19–20).
[175] Davis (1910: 2).
[176] Weigall (1922:196).
[177] Hankey (2001: 93).
[178] Derry (1972: 14); Connolly, Harrison e Ahmed (1976).
[179] Smith (1910: xxiv).
[180] Smith (1912: 52, 54).
[181] Derry (1931: 116).

[182] Harrison (1966: 111).

[183] Harris e Wente (1992).

[184] Discutido por Eaton-Krauss (2015: 8, fn. 28).

[185] Hawass et al. (2010: 640).

[186] Gardiner (1957: 10).

[187] Citado no *Manchester Guardian*, 27 de janeiro de 1923.

[188] Davis (1912: 3).

[189] A contribuição de Maspero para a publicação de Davis (1912: 111–23) ignora mais ou menos a sua «descoberta do túmulo de Tutankamon».

[190] Carter e Mace (1923: 76).

[191] *The Times*, 30 de novembro de 1922.

[192] Carnarvon (2007: 14).

[193] Introdução a Carter e Mace (1923: 25).

[194] Citado em James (1992: 413–15).

[195] Carter e Mace (1923: 82).

[196] Carnarvon escrevendo para o *The Times*, 11 de dezembro de 1922.

[197] Carter e Mace (1923: 86).

[198] Carter e Mace (1923: 87); Carter, diário, 1 de novembro de 1922; Cross (2008: 308, Fig. 4).

[199] Carter e Mace (1923: 95–6).

[200] James (1992: 253).

[201] Lucas (1942: 136).

[202] Mace entrada de diário datada de 12 de fevereiro de 1924.

[203] Carter entrada de diário datada de 28 de outubro de 1925.

[204] Agnew e Wong (2019); os detalhes deste projeto são fornecidos no sítio Internet da Getty: https://www.getty.edu/conservation/our_projects/field_projects/tut/index.html.

[205] https://www.factumfoundation.org/pag/207/recording-the-tomb-of-tutankhamun.

[206] Reeves (2015a).

[207] Citado no artigo da BBC *online* «Nefertiti was Buried inside King Tut's Tomb», 11 de agosto de 2015.

[208] Abaza (1924) citado em Colla (2007: 172).

[209] Curl (1994: 211–20).

[210] Colla (2007: 13); Haikal (2010).

[211] Discutido em Reid (2015: 64).

[212] Hankey (2001).

[213] Frayling (1992: 33).

[214] James (1992: 326).

[215] Ver, por exemplo, Hoving (1978: 194).

[216] Weigall (1923: 136).

[217] Que todas as luzes do Cairo se tenham apagado está longe de ser notável. Susie aparentemente morreu pouco antes das 4 da manhã, pela hora de Londres. Em 1923, a hora inglesa estava duas horas atrasada em relação ao Egito. Na realidade, Susie morreu quatro horas depois do seu dono.

[218] Vandenberg (1975: 20).

[219] Vandenberg (1975: 20).

[220] Tradução de Steven Snape, ver Carter (1933: 33, 40–41).

[221] Artigo não publicado citado em James (1992: 371).

[222] Carter e White (1923).

[223] Carta Escrita a Edward Robinson, diretor do Metropolitan Museum of Art, 28 de março de 1923. Citado em Hoving (1978: 82).

[224] Weigall (1923: 138).

[225] Winlock, *The New York Times* (26 de janeiro de 1934: 19–20).

[226] Edwards (2000: 271–2).

[227] Ver Riggs (2014) para a importância dos têxteis como envoltórios.

[228] Discutido em Price (no prelo).

[229] Lawton (1981).

[230] Zwar (2007).

[231] Hoving conta esta história (1978: 76–7), citando uma memória não publicado do agente americano de Carter, Lee Keedick. É discutida por Riggs (2020).

[232] Carter (1927: XXIV).

[233] Discutido por Riggs (2018: 5). O próprio Burton era apoiado no seu trabalho fotográfico por «moços de câmara» egípcios adultos.

[234] Carta escrita à sua esposa, Hortense; citado em Hankey (2001: 51).

[235] Citado em Hankey (2001: 265).

[236] Carter e Mace (1923: 125–6).

[237] James (1992: 315).

[238] *The Times*, 3 de fevereiro de 1923.

[239] *The Times*, 13 de fevereiro de 1923.

[240] *The Times*, 20 de março de 1923.

[241] *The New York Times*, 24 de fevereiro de 1923.

[242] Belzoni, *Narrative* (1820/2001: 168–9).

[243] Riggs (2014) discute a importância de se considerar uma múmia envolvida como uma entidade completa, e não como um pacote embrulhado.

[244] Derry (1927: 145).

[245] Derry publicou um breve sumário da sua obra como apêndice ao segundo e popular livro de Carter sobre Tutankamon (1927), mas o seu relatório científico continuou por publicar até Leek (1972) reconstruir os resultados da autópsia.

[246] Forbes (2014).

[247] Ver, por exemplo, Geddes (2010); Perlin et al. (2013).

[248] Um argumento alternativo, o de que o rápido processo de dessecação e, em particular, a resina, poderão ter, na verdade, ajudado a preservar o ADN é discutido por Merchant (2013: 206).

[249] Brier e Wade (2001).

[250] Hawass et al. (2010).

[251] Título no *Sydney Morning Herald*, 18 de fevereiro de 2010.

[252] Merchant (2013: 198).

[253] Phizackerley (2010).

[254] Por exemplo, Willerslev e Lorenzen (2010) indicam que na maioria dos antigos despojos egípcios o ADN não sobrevive a um nível que seja presentemente recuperável.